2019

绍兴鲁迅研究

绍兴鲁迅纪念馆
绍兴市鲁迅研究中心 编

上海社会科学院出版社
SHANGHAI ACADEMY OF SOCIAL SCIENCES PRESS

目　录

五四百年与鲁迅

书评

史海钩沉

域外择枝

与鲁迅同时代人研究

回忆与纪念

三味论坛

五四百年与鲁迅

“百年五四”与鲁迅文学

蔡洞峰

鲁迅与五四新文化运动的相遇，是中国现代思想史和文学史的一个显赫事件，要揭橥鲁迅思想与五四精神的内在关联和现实意义，需要从鲁迅思想形成的源头着手。

1905 年，鲁迅受“幻灯片”事件影响而“弃医从文”，对于鲁迅而言，是其志业的选择和转折，同时也是 20 世纪中国文学的一件颇具影响的文学事件。在救亡图存的时代背景下，鲁迅将民族“救亡”动机诉诸“文学”，借助“文学”实现“立人”愿景。至此，文学与救亡发生了深刻关联，而这一时期的鲁迅文学志业的选择，遥远地呼应了十年以后的五四新文化运动，成为鲁迅与五四相遇的契机。同时，受晚清时期西学东渐的影响，包括鲁迅在内的一批知识分子为实现救亡图存而“别求心声于异邦”，希望用西方启蒙之火来照亮中华民族复兴之路，因此“五四新文化运动也是现代西学挑战中国传统文化的运动。陈独秀、胡适、鲁迅、钱玄同、刘半农、蔡元培等一批受新式教育的人物发起了一场‘反传统、反儒教、反文言’的思想文化革新、文学革命运动”[1]。文学在鲁迅的救亡方案中，成为实现民族国家现代转型的一个独特的路径。鲁迅的文学思想形成于留学日本时期，文言论文《文化偏至论》《摩罗诗力说》《破恶声论》集中体现了其“文学自觉”的文学立人想象，形成了一个自成体系独具深度的视点，成为鲁迅文学思想的起点，终其一生，虽然后来随着社会转型和自身的实感而对早期思想有了一些反思和纠偏，但其变化始终围绕着不变的文学初心，即以“立人”为核心的文学主义。在“五四”新文化运动中以启蒙主义来烛照中国的国民性，并且“由参加者变成了真正意义上的领导者”[2]，开创了中国现代文学中的“鲁迅传统”。

一

五四与20世纪中国有着太多的关联，20世纪中国波澜壮阔的历史中包括的启蒙、救亡、革命、解放、运动、改革等都可以在五四新文化运动中找到回声。但不可否认，所有这一切都是以“文学”为发轫的，因此，就文学与20世纪中国的关联和影响来看，“20世纪是文学的世纪”，并且“在后来政治革命和社会革命的主潮中，文学或固守自己的方式，或主动、被动地成为政治革命的重要‘一翼’，深度介入了整个20世纪的现代性建构”[3]。在20世纪初的民族救亡图存大背景下，新文学发生的契机是救亡意识的流行，也即是说“文学与救亡”是新文学的鲜明标志。晚清时期梁启超提出了“新民说”，希望通过“小说”作为“新民”的工具。1902年梁启超发表的《论小说与群治之关系》中断言：“欲新一国之民，不可不先新一国之小说。故欲新道德，必新小说；欲新宗教，必新小说；欲新政治，必新小说；欲新风俗，必新小说；欲新学艺，必新小说；乃至欲新人心，欲新人格，必新小说。何以故？小说有不可思议之力支配人道故。”[4]以小说来“新民”，梁启超成为“文学救国论”的肇始者。其时鲁迅在日本，经常阅读梁启超的相关文章，无疑受到梁启超思想的影响。周作人回忆鲁迅的文章中说道：

> 梁任公所编刊的《新小说》《清议报》与《新民丛报》的确都读过也很受影响，但是《新小说》的影响总是只有更大不会更小。梁任公的《论小说与群治之关系》当初读了的确很有影响，虽然对于小说的性质与种类后来意思稍稍改变，大抵

由科学或政治的小说渐转到更纯粹的文艺作品上去了。[5]

鲁迅“弃医从文”，以文学作为志业寻求“立人救国”理想，应该有梁启超的思想影响。“在中国传统文化与梁启超之间很容易看到一个重大变化。贯彻社会达尔文主义并以强权主义者和种族主义者面貌出现的梁启超，完全是自觉地向中国传统文化特别是儒家文化发出了挑战，其颠覆性甚至比五四新文化运动还要严重。”[6]联想到鲁迅五四时期的反传统思想，梁启超对鲁迅影响应该不可小觑。但梁启超作为传统文人的代表，他对文学的看法和态度离不开传统士大夫的眼界，即看重文学的政治功用，与传统文学的“载道”功能息息相关。鲁迅新文学观的形成，一方面受梁启超的“新小说”启蒙改造国人精神的影响，另一方面还受域外文学思想的影响，形成其独特的文学观，这种文学观在五四新文化运动中结合当时的思想革命与文学革命而成为五四新文学传统，直接影响了 20 世纪文学的介入现实和干预历史的现实品格和发展路径，鲁迅传统成为中华文化的重要组成部分。

鲁迅在日本时期最初从事文学活动的实绩是在《河南》杂志发表系列文言论文，与二弟周作人共同翻译《域外小说集》，构成了鲁迅以文学来改变国人精神的“立人”想象。在系列文言论文中，鲁迅立足中西文化的差别，对中西文化关系作了系统的历史考察，首先梳理了西方进化论、科学史以及 19 世纪西方文明史，在进化论的背景下，考察西方先进文明背后的根源，即支撑文明背后的“精神”“神思”等重要性，对晚清的“黄金黑铁”“国会立宪”救国方案的偏颇给予批判，进而提出“立人”主张，形成关于人、社会、文明之间的关联思想，立人的核心在于精神的振拔，“掊物质而张灵明，尊个性而张精神”。精神的振拔有赖“心声”：“盖人文之留遗后世者，最有力莫如心声”[7]，考虑到当时中国社会“劳劳独躯壳之事是图，而精神日就于荒落；新潮来袭，遂以不支”。[8]鉴于国中“诗人绝迹”而心声萧条，鲁迅疾呼“吾人所待，则有介绍新文化之士人”[9]，希望通过“心声”——新声（诗）的发出来振拔国人“精神”，实现“立人”愿景，此即“第二维新之声”。究其文学实质而言，文学是神思的结果，是“心之声”，也即鲁迅的“心学”。郜元宝认为“鲁迅的‘心学’与他的‘文学’一同开始，‘心学’就是‘文学’”。[10]在鲁迅的文学想象中，真正的新文学来自“新的心”，即“心的文学”。由此看来，“幻灯片事件”显现了鲁迅对国人精神危机的警醒，他希望通过文学改变国人精神俾获得新生。系列文言论文展示了鲁迅文学的一个全新理路，为20世纪文学确立了一个介入现实和干预历史的严肃文学范式。

在鲁迅的文学想象中，文学的功用在于“立人”，“立人”思想的形成一般认为是受西方思想影响，但从鲁迅文学中强调“心声”的文学出发，则包含着中国传统心学资源。鲁迅早年读过的《周易》《孟子》也是宋明心学之源，周作人在其日记中也记载了“鲁迅很早就通读过《王阳明全集》和《周濂溪集》”[11]。在日本时期，章太炎、梁启超都对鲁迅思想的形成产生过影响，他们都深谙心学，因此可以断定鲁迅是在中国传统心学基础上接受西方的以尼采、斯蒂纳等异域新宗“主观主义”“个性主义”思想的。鲁迅从其思想中接受“个人”和“精神”，肯定那些“轨道破坏者”，因为他们反抗近代西方惟外在物质是务，惟众是从的文化偏至而崇尚倡导主观内面的精神生活的光耀，批判“辁才小慧之徒”主张以物质和群众来压制个性而主张个人的反抗与创造。鲁迅从易卜生、尼采等人思想中汲取了“个人”“精神”中挣天抗俗的一面。鲁迅借助文学改变精神和唤醒精神主体之自我，彰显了全新的文学范式，从而实现救亡—精神—文学的民族现代转型之路。

鲁迅的文学救亡理路，通过“五四”新文化运动而得以实践，五四新文化运动本质上是借助文学而推进思想革命，“新兴的知识分子不仅公开主张需要介绍西方科学技术、法律及政治制度，而且还宣称传统的中国哲学、伦理观念、自然科学、社会学说和制度，都应该彻底重估"[12]，并以一种全新的文化来取代旧的一切。文学作为一种介入历史和干预现实的有效工具而被先驱者所推崇，希望通过新文化运动给国家带来新面貌和希望。杜威对新文化运动如此评价：

> 我们可以这样肯定说，新文化运动，即使是那么芜杂和不安定，却给予中国以新的前瞻和远大的希望。它固然不能代替比较好的交通系统（如铁路和公路），缺少交通系统，这个国家不能统一，因此也不能富强。可是中国也需要民心一致，这点没有新思想知识运动是不能达到的。而且当形成民心一致时，这民心是瞻望过去，还是与当前世界潮流配合而同情于现代思想，也会造成完全不同的后果。[13]

因此五四新文化运动的明显实绩是促进了民心的觉醒和现代国家意识的确立，鲁迅的文学想象契合了五四文学对人生和社会的关注与介入，其所确立的五四现实主义文学传统体现在"为人生"和"改良人生"的文学创作实践中，以及20世纪文学与革命、政治的复杂纠缠中，深度介入了中国社会的现代转型。

二

鲁迅提出"尊个性而张精神"的立人救国理路，将中华民族现代转型寄寓个体精神的张扬，其深度指向不仅超出了洋务派和维新派，也与当时的革命派相异，其超前的救亡方案并不能为时人理解，遂成空谷回音，导致其陷入深深的绝望之中，以致十年沉默。十年后随着五四新文化运动的开展，五四"思想革命"与"文学革命"的大纛在某种程度上呼应了"精神"和"诗"为契机的立人方案。S会馆中与钱玄同关于“铁屋子”对话中，终于加入《新青年》团体，促成了五四文学革命的真正展开。

以救亡图存为旨归的鲁迅文学与五四新文化运动背后有着共同的时代主题，即中华民族的存亡和振兴，其根基在于国人精神的现代转型。核心在于国人精神的振拔，鲁迅的文学想象在于以“诗”来影响“精神”。在鲁迅看来，个体精神的确立是“立人”的前提和基础，“个性张，沙聚之邦，由是转为人国”[14]。个体精神振拔的具体表现：“人各有己”，“朕归于我”，借助国人个体精神的觉醒而建立“人国”。显然这一立人方案一方面受到传统心学影响，另一方面受到以施蒂纳为代表的“新神思宗”思想启发而形成独特的“个人主义”思想。对此，郜元宝说道：

> 作为鲁迅思想出发点的两个概念“个人”与“精神”，是反宗教反理性的生物主义的个人与中国“心学”传统含义灵活的“心”——与肉体密切相联、善于容纳也善于拒绝的空虚灵动的“腔子”——的大胆拼合。这是鲁迅对“神思新宗”和“心学”的双重误读，其创造性的深层含义，则是孤立的个体肉身面对笼罩性的“世道人心”时几乎毫无援助的精神承担。[15]

《新青年》杂志高举民主、科学的旗帜，声讨封建专制主义和“三纲五常”，成为五四反传统之路标。早在日本期间，青年鲁迅就对此类问题进行思考和反思，从精英主义立场出发，提出以“尊个性而张精神”为核心的鲁迅文学立人想象，个性主义的推崇在于纠偏当时国内所谓“识时之士”将“个人一语”看作大诟，甚至“与民贼同”的“恶声”，这样的结果会导致“精神益趋于固陋”，“托平等之名，实乃愈趋于恶浊”[16]，人类个性尊严，人类之价值将荡然无存。说到底，鲁迅是从“立人”的角度来讨论西方文化中的平等和自由，揭示西方19世纪“物质”“众数”文明的由来以及“新神思宗”对国人精神振拔的重要性，昭示了青年鲁迅早在五四之前就对中国近代危机的洞察和对现代转型之路进行反思。十年后对接五四新文化运动的呼声，周树人遂成为鲁迅。

鲁迅生活的年代正是中华民族“三千年未有之大变局”的时代，古老中国被迫进入现代转型，转型背后的实质是中西文明的冲突和较量。五四可以说是面对这种冲突的直接反应。

鲁迅留日时期的文言论文是在中西文明的比较语境中展开的，一方面对西方文明的梳理和文化偏至发展观的批判，另一方面从进化论思想批判当时的洋务派和维新派等救亡思想理路，也即对当时各种救亡兴国言论的不满。留日时期，青年周树人在选择文学作为自己志业的背景下，其所面对的是近代以来如何实现兴国和立人理想，摆脱民族危机，实现民族复兴。面对西方的文明，近代有识之士形成向西方学习的共识，以拯救衰亡的民族，以至出现各种各样的救亡言论话语。鲁迅就是在这样“众声扰攘”的背景下探讨文学救亡之路的：

> 近世人士，稍稍耳新学之语，则亦引以为愧，翻然思变，言非同西方之理弗道，事非合西方之术弗行，掊击旧物，惟恐不力，曰将以革前缪而图富强也。[17]

> 至尤下而居多数者，乃无过假是空名，遂其私欲，不顾见诸实事，将事权言议，悉归奔走干进之徒，或至愚屯之富人，否亦善垄断之市侩，特以自长营搰，当列其班，况复掩自利之恶名，以福群之令誉，捷径在目，斯不惮竭蹶以求之耳。[18]

> 若如是，则今之中国，其正一扰攘世哉！世之言何言，人之事何事乎。心声也，内曜也，不可见也。[19]

《破恶声论》是系列文言论文的最后一篇，可以视为对其“文学立人”思想的纲领性宣言，在文章的开头，指出中国是一个“寂寞之境”，寂寞的根源是“本根剥丧，神气旁皇，华国将自槁于子孙之攻伐，而举天下无违言，寂漠为政，天地闭矣”[20]。“寂漠”一词源自屈原《离骚·远游》“山萧条而无兽兮，野寂漠其无人”句，同时与庄子“夫虚静恬淡，寂寞无为，万物之本”相呼应。对此汪晖认为：

鲁迅对“寂漠”的叙述化用了庄子的观点，但又反其意而行之，将“寂漠”界定为缺乏“心声”和“内曜”——中国的维新日新月异，中国的士大夫争相与国际接轨，中国民俗弃绝“旧念”而趋“新绝”，但“种姓放失，心声内曜，两不可期已”，这一切恰恰证明中国是一个寂漠之境。[21]

如何打破这个“寂漠为政，天地闭矣”世界无声的状态，鲁迅说的“寂漠”并不是说世界没有声音，而是“扰攘”和“恶浊”之声充斥，在这些嘈杂扰攘里面，无法听到心声和内曜。因此鲁迅盼望有“不和众嚣，独具我见之士”[22]，能发出自己的“心声”和“内曜”的“一二士”。心声与自我的主体相关，真正的语言应该是发自主体的内心，鲁迅是从语言和主体的自觉(心)的视角来确认和思考心声的。在周围扰攘之声充斥的世界上感到“天地闭塞”之“寂漠”正是由于缺少“心声”，因此，寂漠是言与心分离的状态。只有“一二士”，即“能够以言、书传达心声并唤起人们各自的心声的人”[23]，才能达到“人各有己，朕归于我”之“群之大觉”状态：

内曜者，破黮暗者也；心声者，离伪诈者也。人群有是，乃如雷霆发于孟春，而百卉为之萌动，曙色东作，深夜逝矣。[24]

> 则庶几烛幽暗以天光，发国人之内曜，人各有己，不随风波，而中国亦以立。[25]

在鲁迅看来，中华民族的自立和现代转型取决于国人内心的觉醒和精神的自立，而不是外在的革命和维新。期盼中国能出现思想自由和独立人格的不与众嚣的“精神界战士”，引导国民发出“心声”与“内曜”。这种注重人的“主观精神”与“第二维新之声”和尼采、施蒂纳等“新神思宗”的思想有着内在的关联，也与阳明心学、道家思想传统有关，即对超越物质世俗的人内心精神的关注。

在《破恶声论》中，鲁迅将晚清语境下各种救亡言新之语视为欲“破”之“恶声”：

> 聚今人之所张主，理而察之，假名之曰类，则其为类之大较二：一曰汝其为国民，一曰汝其为世界人……寻其立意，虽都无条贯主的，而皆灭人之自我……特其灭裂个性也大同。总计言议而举其大端，则甲之说曰，破迷信也，崇侵略也，尽义务也；乙之说曰，同文字也，弃祖国也，尚齐一也，非然者将不足生存于二十世纪。[26]

可以看出，《破恶声论》批判两种关于“人”的话语类别，其一是“慑以不如是则亡中国”论调中，批判“破迷信”“崇侵略”“尽义务”，这是当时“立宪派”和“革命派”话语；其二是“汝其为世界人”论调中，批判“同文字”“弃祖国”“尚齐一”，这是早期世界主义话语，鲁迅所要破的就是上述几种“恶声”。文章由于是未完成稿，只对“破迷信”和“崇侵略”作出批判，涉及当时的诸如“文明”“科学”“进化”等流行话语。

如果将《破恶声论》作为鲁迅关于以文学实现“立人”与“立国”的总体构想，突出其不同时人的独特的文明观，因此在其另外几篇文言论文中对当时盛行的各种民族救亡话语进行一番批判和梳理，揭示其变革思路只注重效法西方的物质政制层面以及借助变革谋取私利的现象。鲁迅从而将思考的重点转为对西方文明富强的本质的追问，追问的结果涉及人的精神层面：

> 内部之生活强，则人生之意义亦愈邃，个人尊严之旨趣亦愈明，二十世纪之新精神，殆将立狂风怒浪之间，恃意力以辟生路者也。[27]

> 是故将生存两间，角逐列国是务，其首在立人，人立而后凡事举；若其道术，乃必尊个性而张精神。[28]

五篇文言论文就是围绕着西方文明背后的“精神”探寻，从《人之历史》对“进化论”背后的“超乎群动”的“人类之能”的诠解，以及《科学史教篇》中对科学背后的“神思”的关注，《文化偏至论》对西方文明背后的“内部之生活”“精神”的强调，再到《摩罗诗力说》中追求“心声”“内曜”，以及“精神界战士”之至诚之声和“第二维新之声”“新神思宗”的发现，都围绕着精神之于文明的本质关系。基于西方文明与精神的密切关系。鲁迅由此得出了西方文明的本质是精神，中国危机的本质在于精神的萧条，人心沦于私欲，究其原因是中国传统文化精神已失落。

与五四时期激进的反传统态度相反，留学日本时期鲁迅对中国传统文化和文明有着非常理性的评价，“实世界之天府，文明之鼻祖也”[29]。“夫中国之立于亚洲也，文明先进，四邻莫之如伦，蹇视高步,因益为特别之发达”[30]。但由于“蠢蠢于四方者,胥蕞尔小蛮夷耳,厥种之所创成,无一足为中国法,是故化成发达,咸出于己而无取乎人”[31]。因此“益自尊大,宝自有而傲睨万物”,“其极为见善而不思式”[32],导致中国固有文明和精神的失落,无法应对当下的西方文明挑战,从而导致近代危机的出现。危机的结果是“终至堕落而之实利;为时既久,精神沦亡”,“新声迄不起于中国”[33]。另外导致知识阶层价值沦丧,诗人绝迹,辁才小慧之徒为了一己的私利,“借新文明之名,以大遂其私欲”[34],“况乎凡造言任事者,又复有假改革公名,而阴以遂其私欲者哉”[35]。

鲁迅将近代中国面临的文明危机直指近世人心,形成其独特的国民性批判的深度视点。五篇文言论文对当时中国救亡和现代转型的流行话语进行辨析,对西方文明的根源及国人对待西方文明的态度和各种内心真实动机进行揭示,批判了国人的物质主义倾向,指出中华民族自立自强的关键在于“掊物质而张灵明,任个人而排众数”,激发国人发出“心声”和“内曜”。因为“欧美之强,莫不以是炫天下者,则根柢在人,而此特现象之末,本原深而难见,荣华昭而易识也”[36]。鲁迅在《文化偏至论》中特别提到“夫中国在昔,本尚物质而疾天才矣”[37]。这将中华文明与物质和众数联系起来的判断为其五四以后的国民性批判打下伏笔。因此将中国实现现代转型的思路落实在“立人”想象中,从人的“精神”层面解决近代中国遭遇的危机。借助“诗力”,即借助文学的精神作用,激活民魂和精神的振拔,成为有着自我主体精神的个体。伊藤虎丸认为这是鲁迅文学思想得以建构的前提:“鲁迅通过在日本留学和‘西方的相遇’,已经从科学到达了文学这个终点,而且在这个终点,应称之为‘原鲁迅’的他的思想构架也已经形成……小说家鲁迅的出发点,也许应该真正放在这里。”[38]

青年周树人在近代中国救亡语境中,以“精神”和“诗”作为民族现代转型的契机,由于超前的立人思路不为时人理解,导致十年隐默；十年后随着“一校一刊”的合流，导致五四新文化运动的展开，以思想革命和文学革命为标志，契合了日本时期的立人想象，重新发出“新声”—“心声”的鲁迅以“文学革命”的实绩——《狂人日记》而汇入五四的风雷，应为历史的必然。

三

五四新文化运动推动了文学现代性的发生，受西学东渐思潮影响，“进化论是五四新文化运动接受的重要西方思想，也是诱发五四之后思想革命的理论基础”[39]。鲁迅世纪初的文学想象，是借助文学作用于人的精神，促其振拔，由“立人”而“立国”，鲁迅思想的核心是“立人”，即探寻人的尊严和精神发展的可能性，倘若把“立人”视为鲁迅思想的正题，而对一切奴役人的思想、制度、文化的批判，则构成其思想的反题，这也是他一生执著的事业。[40]我们知道，鲁迅在系列文言论文中表明，文明的本质是“精神”，文明的进化，首先是精神的进化，具体到人，则是人性和个性的完善，由于受赫胥黎进化论思想影响，鲁迅将文明进化观的实质看作人的精神进化，伊藤虎丸认为鲁迅对民族危机的观点与当时进化论思想影响下流行的救亡言论不同，就鲁迅而言：“中国现存的危机，不是因为中国是军备和国力上的弱者，不能顺应世界大势，从而将败亡于生存竞争；而是因为中国人在精神上还未进化到‘人’，还缺乏人所应该具有的‘精神’，——正因为如此，中国才将被自然淘汰。”[41]

作为五四新文化运动中接受的重要思想，进化论成为五四先驱者所崇奉的圭臬。陈独秀为《青年杂志》所写创刊词《敬告青年六条》中就显示其进化论思想：1. 自主的而非奴隶的；2. 进步的而非保守的；3. 进取的而非退隐的；4. 世界的而非锁国的；5. 实利的而非虚文的；6. 科学的而非想象的。高举“科学”和“民主”的大纛，号召“国人而欲脱蒙昧时代，羞为浅化之民也，则急起直追，当以科学与人权并重”[42]。

五四时期的鲁迅继续着日本时期对进化论的思考，“鲁迅的确受到了进化论的强烈影响，而且这种影响一直持续到后来……鲁迅把这种思考方法，同寻求理想于尧舜之世，不思变革旧生活的中国人的传统思考方法进行了比较，从中发现了异质的精神”[43]。鲁迅的进化观着重于文明精神层面，强调精神进化的动力在于其“意志”。五四时期，强烈的危机感将中国未来前途与进化论联系在一起。在《随感录》中，鲁迅写道：

> 我想，人猿同源的学说，大约可以毫无疑义了。但我不懂，何以从前的古猴子，不都努力变人，却到现在还留着子孙，变把戏给人看。还是那时竟没有一匹想站起来学说人话呢？还是虽然有了几匹，却终被猴子社会攻击他标新立异，都咬死了；所以终于不能进化呢？
>
> 尼采式的超人，虽然太觉渺茫，但就世界现有人种的事实看来，却可以确信将来总有尤为高尚尤近圆满的人类出现。到那时候，类人猿上面，怕要添出“类猿人”这一个名词。
>
> 所以我时常害怕，愿中国青年都摆脱冷气，只是向上走，不必听自暴自弃者流的话。能做事的做事，能发声的发声。有一分热，发一分光，就令萤火一般，也可以在黑暗里发一点光，不必等候炬火。[44]

五四时期，鲁迅与日本时期将中国新生的希望寄托于“精神界战士”不同，他转而将中国的未来寄希望于“新青年”，从“救救孩子”的呐喊中可以看出其进化论的新的寄托。如同一枚铜钱的两面，进化论的背面是“退化论”，关于鲁迅与退化论的观点，汪卫东有过精彩的论述：

> 进化论的反面，就是退化论，鲁迅进化论思想的背后，有退化论隐忧，要了解其进化论思想，从退化论入手是个捷径。也可以说，如果不了解鲁迅进化论背后的退化论的存在，就不可能真正理解其进化论思想。[45]
>
> 从神话时代、英雄时代，到庸众时代，历史一步步在沦落，后者终于成为历史的主体，隐含着的是一部退化的历史。
>
> 退化论与进化论如影随形，一体两面。对于鲁迅，退化论始终是进化论的一个深度背景，鲁迅激进的进化思考背后，是退化的隐忧。退化论，是鲁迅思想的两大板块——进化论与国民性批判之间的桥梁，而其中最为关键的转换因素，则是“精神”。[46]

留日时期鲁迅经常与友人讨论国民性问题：怎样才是最理想的人性？中国国民性中最缺乏的是什么？它的病根何在？[47]但此时鲁迅还是从“立人”的角度来看待人性。在经过了十年沉默和对社会的洞察，对中国危机的本质有了更清晰的体认，即国民精神退化的危机。于是在钱玄同的劝说下开始复出，将五四启蒙关注的重心落实在国民性批判上：“这种漆黑的染缸不打破，中国即无希望”[48]，“此后最要紧的是改革国民性，否则，无论是专制，是共和，是什么什么，招牌虽换，货色照旧，全不行的。”[49]从积极推崇进化论到其反面精神退化论的隐忧，终于落实在对国民劣根性批判。其国民性批判话语散见其小说和杂文中，从改造国民劣根性层面上推进中国思想革命，促进中华民族现代转型。鲁迅将文学当作一种独立的行动介入五四，契合了五四新文化运动的思想革命潮流，显示了五四新文化运动的实绩，“五四运动以来，只有鲁迅一个人摇动了数千年的黑暗传统，那原因就在他的从对于旧社会的深刻认识而来的现实主义战斗精神里面”[50]。究其实质，鲁迅是通过文学革命而介入五四，促进思想革命。因此五四新文化运动与鲁迅的新文学想象直接相关，新文学就是“心文学”，文学的价值和意义“涵养人之神思，即文章之职与用也”[51]。神思是人形成精神主体的基础，文学激发人的“神思”，鲁迅文学，本质上是启蒙文学，文学维系着“立人”和“兴国”的使命，并“揭出病苦，引起疗救的注意”[52]，将文学作为改造国民性的工具，重铸“民族魂”。

余论

五四新文化运动已历经百年，回首世纪百年，鲁迅文学及其现实意义影响，还有值得我们反思的话题，深度介入世纪启蒙与革命的鲁迅文学塑造了20世纪中国严肃文学的范式。当下中国无疑还要面对自五四以来所面临的现代转型。鲁迅曾经说过：“文艺是国民精神所发的火光，同时也是引导国民精神的前途的灯火。”五四以来，文学深度参与了中国现代性实践，一方面我们应看到文学在其中的价值与作用，另一方面，文学如何介入现代生活也是值得我们反思的话题。

鲁迅在去世前不久完成的一篇文章《这也是生活中……》中，由身外的暗夜联想到远方的世界和无数的人们，认为“无穷的远方，无数的人们，都和我相关”[53]。这种基于人类共同命运的意识使其人其文成为真正的国魂和民魂，让鲁迅文学及其所代表的“五四新文化精神”能够照亮“无数的人们和无穷的远方”。

注释：

[1][39] 杨义：《百年“五四”与思想革命》，《杭州师范大学学报(社会科学版)》2019年第1期。

[2] 胡风：《从“有一分热，发一分光”生长起来的》，《胡风全集》第3卷，湖北人民出版社1999年版，第55页。

[3][45][46] 汪卫东：《鲁迅与20世纪中国民族国家话语》，百花洲文艺出

版社 2018 年版,第 71 页,第 207 页,第 213 页。

[4] 梁启超:《梁启超集》,花城出版社 2010 年版,第 145 页。

[5] 周作人:《关于鲁迅之二》,鲁迅博物馆选编:《鲁迅回忆录·专著》(中册),北京出版社 1999 年版,第 887 页。

[6] 王中江:《近代中国思维方式演变的趋势》,中国人民大学出版社 2018 年版,第 173 页。

[7][8][9][30][33][51] 鲁迅:《摩罗诗力说》,《鲁迅全集》第 1 卷,人民文学出版社 2005 年版,第 65、102、102、101、101、74 页。

[10][11][15] 郜元宝:《鲁迅六讲》,北京大学出版社 2007 年版,第 2、4、6 页。

[12] (美)周策纵:《五四运动史》,世界图书出版公司 2016 年版,第 13 页。

[13] 转引自(美)周策纵:《五四运动史》,世界图书出版公司 2016 年版,第 196 页。

[14][16][17][18][27][28][31][32][34][35][36][37] 鲁迅:《文化偏至论》,《鲁迅全集》第 1 卷,人民文学出版社 2005 年版,第 57、51—53、45、47、57、58、45、45、47、57、58、58 页。

[19][20][22][24][25][26] 鲁迅:《破恶声论》,《鲁迅全集》第 8 卷,人民文学出版社 2005 年版,第 27、25、27、25、27、28 页。

[21][23] 汪晖:《声之善恶》,生活·读书·新知三联书店 2013 年版,第 30、33 页。

[29] 鲁迅:《中国地质略论》,《鲁迅全集》第 8 卷,人民文学出版社 2005 年版,第 5 页。

[38][41][43] (日)伊藤虎丸:《鲁迅与日本人》,河北教育出版社 2000 年版,第 82、78、78 页。

[40] 高远东:《现代如何"拿来"》,复旦大学出版社 2009 年版,第 75 页。

[42] 陈独秀:《陈独秀文集》第 1 卷,人民出版社 2013 年版,第 28 页。

[44] 鲁迅:《随感录四十一》,《鲁迅全集》第 1 卷,人民文学出版社 2005 年版,第 341 页。

[47] 许寿裳:《亡友鲁迅印象记》,鲁迅博物馆选编:《鲁迅回忆录·专著》(上册),北京出版社 1999 年版,第 226 页。

[48] 鲁迅:《250323 致许广平》,《鲁迅全集》第 11 卷,人民文学出版社 2005

年版，第 468 页。
[49] 鲁迅：《250331 致许广平》，《鲁迅全集》第 11 卷，人民文学出版社 2005 年版，第 470 页。
[50] 胡风：《关于鲁迅精神的二三基点》，《胡风全集》第 2 卷，湖北人民出版社 1999 年版，第 501 页。
[52] 鲁迅：《我怎么做起小说来》，《鲁迅全集》第 4 卷，人民文学出版社 2005 年版，第 526 页。
[53] 鲁迅：《这也是生活……》，《鲁迅全集》第 6 卷，人民文学出版社 2005 年版，第 624 页。

摩罗的神思：《狂人日记》中的神圣、疯狂、宣说、隐默与“传统自反性”（下）

刘　涛

三、“吃人”的文明化：哀歌式的呼号与无法逍遥的悲愿

因神圣的陷落而入疯狂，与疯狂紧相连属的是狂人透过字缝怵目惊心地发现文明中的“吃人”现象。“吃人”是古老的人类学话题，古今中外历史上吃人的事件屡见叠出，为青年鲁迅在《摩罗诗力说》中所推重的《耶利米哀歌》记述了神的子民在耶路撒冷陷落于巴比伦王尼布甲尼撒时的吃人事件，“慈心的妇人，当我众民被毁灭的时候，亲手煮自己的儿女作为食物”（《圣经·耶利米哀歌 4:10》），然而“不是荒年，怎么会吃人”。《狂人日记》中的“吃人”主题俨然伊始就摒弃了饥馑之年的特殊背景与生物性的状况，而直陈文化允许的吃人。在疯狂情境中，吃人的文明化是无法移除的因素，否则张狂的表面会被认定为是真狂，但狂人直露的所指交代了疯狂本身的意义。

“吃人”在文明社会并不是一个单向问题。陈思和说：“‘仁义道德’和‘吃人’是同一范畴的两面。”[1] 由于吃人行为本质的野蛮性与文明无法相契，是文明话语中竭力隐盖的禁忌，禁忌即“讳”，“为尊者讳，为贤者讳，为亲者讳”，正是文明所明示的忌讳，以至“中国尚是食人民族”却“知者寥寥”。忌讳自然是不被应允于越界，然而正如弗洛姆在《生命之爱》中对禁忌的理解：“对于基督徒

来说，谈论一件比道成肉身(Incarnation)更重要的事件似乎有些不够谨慎，而在人们亲眼看到自己战胜了地心引力而开始走向无限的时候，已经无暇顾及那些禁忌了。”“吃人”与仁义在文本中的并置在常人看来是最大的疯狂，引发很多学者对仁义礼教申辩，“吃人”问题因狂人被陈老五“硬拖回家”、何医生让他“不要乱想”的处境而被拓深与转义，“吃人”的含义首先是使人失去灵魂自我与思想自由，“思不出其位”。鲁迅在《吃教》中说“有宜于专吃的时代，则指归应定于一尊，有宜合吃的时代，则诸教亦本非异致”，“吃教”一面自然是借此上天梯，而另一面也显示了思想本身的不自由，形成了“闷死”的黑屋子现象；其次，“吃人”现象是《灯下漫笔》所秉持的“差等的遗风”以及“精神的虐杀”，隐伏着一个非文明的“食人链”。在“食人链”的顶端是文明秩序所赋予的特权阶层，如赵贵翁、古久先生、大哥，而底端是生存于底层的佃户、女人、小孩等弱者以及异端，“食人链”的顶端迫害、收拾下一层的人，而下一层可以迫害、收拾再下一层，同层亦可串谋互吃，吃亲人、吃烈士与革命者显然让狂人意识到“食人”行为背后吃人者的“灵魂之死”，也只有灵魂沦丧才会真的串谋发出吃人的实际行为，这让狂人意识到比吃人更为恐怖的是支配吃人者本身文化意识的空荡，并产生“从头直冷到脚根”“低处不胜寒”的强烈感受，所有的一切集体性杀戮也都被家族文化、中医文化、儒家古礼文化等秩序界限所掩蔽而尤显文明本身的黯淡失色，因而“娘老子教”、医书上的医案、“仁义道德”都以某种外在的方式与为人的名义去吞没真正的人性，无形中构成吃人的推力，“中国人历来是排着吃人的筵席，有的吃，有被吃的。被吃的也曾吃人，正吃的也会被吃”。这种“吃”一旦文明化，成为文化本身某种样式而存在，自然不会透显出原本野蛮凶暴的残酷性，反而是被认为在举办一场盛大的仪式，是值得信任而庆贺的筵宴。“仁义，多少罪恶假汝之名以行”，正如靳新来所言：“在孔教无孔不入的中国，人人都心悦诚服于那套繁文缛节而心甘情愿地任人宰割，这样虽四肢健全而灵魂已销蚀殆尽，沦为空壳，无异于行尸走肉。”[2]狂人独自在黑暗中行走，步步紧逼人世的真相，思考吃人的逻辑进路，将个体的觉思体验向历史文化的维度进行迁引，恰是历史文化本身的疯狂与幻觉，表层的癫狂描写书写着深沉话术是以沉思的姿势彰显救赎。狂人毫无顾忌去揭破吃人的隐情，与青年“暮气甚深”的对话中意识到吃人事态的严峻。

汪卫东认为《狂人日记》可以和《灯下漫笔》互读，鲁迅在《灯下漫笔》中论述了“吃人”在文明制度下被布置的连环：

> 但我们自己是早已布置妥帖了，有贵贱，有大小，有上下。自己被人凌虐，但也可以凌虐别人；自己被人吃，但也可以吃别人。一级一级的制驭着，不能动弹，也不想动弹了。因为倘一动弹，虽或有利，然而也有弊。我们且看古人的良法美意罢——
>
> > “天有十日，人有十等。下所以事上，上所以共神也。故王臣公，公臣大夫，大夫臣士，士臣皁，皁臣舆，舆臣隶，隶臣僚，僚臣仆，仆臣台。”（《左传》昭公七年）
>
> 但是“台”没有臣，不是太苦了么？无须担心的，有比他更卑的妻，更弱的子在。而且其子也很有希望，他日长大，升而为“台”，便又有更卑更弱的妻子，供他驱使了。如此连环，各得其所，有敢非议者，其罪名曰不安分！

显然，对种种文明布置的非议只能由“不安分”的狂人来完成，并在疯狂的情境中毫无顾忌地道出其弊病。《狂人日记》作为鲁迅小说的总纲，还可以和《春末闲谈》《马上支日记》《写于深夜里》等文章进行互读，“吃人”的文明化暴露了文明本身的“文而不明”：

殊不知我国的圣君，贤臣，圣贤，圣贤之徒，却早已有过这一种黄金世界的理想了。不是“唯辟作福，唯辟作威，唯辟玉食”么？不是“君子劳心，小人劳力”么？不是“治于人者食人，治人者食于人”么？可惜理论虽已卓然，而终于没有发明十全的好方法。要服从作威就须不活，要贡献玉食就须不死；要被治就须不活，要供养治人者又须不死。

中国究竟是文明最古的地方，也是素重人道的国度，对于人，是一向非常重视的。至于偶有凌辱诛戮，那是因为这些东西并不是人的缘故。皇帝所诛者，“逆”也，官军所剿者，“匪”也，刽子手所杀者，“犯”也，满洲人“入主中夏”，不久也就染了这样的淳风，雍正皇帝要除掉他的弟兄，就先行御赐改称为“阿其那”与“塞思黑”，我不懂满洲话，译不明白，大约是“猪”和“狗”罢。黄巢造反，以人为粮，但若说他吃人，是不对的，他所吃的物事，叫作“两脚羊”。

日本的木山英雄认为：“鲁迅称这个世界为‘人吃人’的世界，其含义不单来自文字所示的食人行为的存在事实，而且是因为鲁迅进一步看到了作为世界之根本构造的相互侵害、相互恐怖的人与人的关系。那么所谓‘人吃人’者，与其说是一种野蛮的风俗，不如说是与被强烈的印象证明了的人间关系连接在一起的世界构图。”[3]“吃人”文明化的世界构图超越了野蛮风俗的原始意味，直接点破人与人的倾轧、冷血以及精神深处的荒寒与空茫。易卜生在《群鬼》中说：“外头迷魂阵太多”，“在好些事情上头咱们必须倚仗别人的意见”，“我只要拿起一张报纸，就好像看见字的夹缝里有鬼乱爬。世界上一定到处都是鬼，就像河里的沙粒一样多。”易卜生寻察到人性的哗变与沉落，鲁迅沿袭了易卜生《群鬼》“太露太直”的思路，“鬼鬼祟祟”的吃人意涵庶几近之，皆表现出“时时吃人的地方”人性所遭遇的吞噬感。

然而，狂人不顾自危感而终究是要宣说与劝转，并不止步于易卜生的发现，正如耶利米所遭遇的：“无故与我为仇的追逼我，像追鸟雀一样……锡安山荒凉，野狗行在其上。”耶利米依然倾心呼求公义，呼召以色列人诚恳“悔改”，并认为以色列人拜偶像应感到“羞愧”，他在急难中扰乱心肠，感受到上帝的烈怒，因而乞灵于以色列的子民向着“正信”回转：“你们要施行公平与公义，拯救被抢夺的脱离欺压人的手，不可亏负寄居的和孤儿寡母，不可以强暴待他们，在这地方也不可流无辜人的血……你们若不听这些话，耶和华说：我指着自己起誓，这城必变成荒场。”“从来如此”的传统也正像一尊偶像，狂人深谙拜偶像的恶果，竭力扭转吃人文明化的连环局面。文明遮蔽的理所当然的吃人现象有违人道，是灵对肉身的离弃，在疯狂中显形出死灵魂的景象，正因如此，呐喊成为招魂的一种方式，狂人开始向昏迷者宣说、呼喊，并且发出恳愿式的判语：

> 大哥，大约当初野蛮的人，都吃过一点人。后来因为心思不同，有的不吃人了，一味要好，便变了人，变了真的人。有的却还吃，——也同虫子一样，有的变了鱼鸟猴子，一直变到人。有的不要好，至今还是虫子。这吃人的人比不吃人的人，何等惭愧。怕比虫子的惭愧猴子，还差得很远很远。
>
> ……
>
> 你们可以改了，从真心改起！要晓得将来容不得吃人的人，活在世上。[4]

尽管耶利米被指责为“狂妄自称为先知的人”，应该“用枷枷住，用锁锁住”，也无人听取他的哀音与悲泣，甚而变本加厉地犯罪，使其遭受折磨、凌辱、苦待、嗤笑、伤痛，被视为卖国贼。耶利米的泪留给了哭个不住的母亲，狂人则同样被“预备下一个疯子的名目罩上”，遭受冷笑、凶狠、气愤，并被陈老五劝回屋内，但耶利米和狂人都以迫切的呼喊苦战假先知或吃人的文明化现象，定意要向文化的正信回转，打破为时已久灵魂丧失之后败落懈怠的状态，重新思想“真的人”及其命运。《耶利米书》说：“人心比万物都诡诈，坏到极处，谁能识透呢?”耶利米之言“预表”着属世的空茫背向，“随自己的私意而行”，却又仇视、混战、残杀、害及人心，只有回归正信，才能免遭横祸与神的怀怒。狂人同样伤恸悲愁，他无法弥合吃人作为文化的历史现象所带来的传统巨大裂隙。

文明中的“吃人”行为不能直接等同于原生的、自在的残暴。“直接杀了，是不肯的，而且也不敢，怕有祸祟。”“他们是只会吃死肉的!”也显明了吃人与文明化的深邃关联。原本揭露类似“吃人”的精神迫压情况在《诗经》《庄子》《墨子》和《孟子》等著述中早已呈现，《毛诗序》在《硕鼠》中评述说：“蚕食于民”，“贪而畏人”，但直接而显明地对“吃人”的文明化发出预言最为警觉的是庄子，庄子见宋康王治下的凶残与祸患，犹如猎物，人的存在遭遇“残生损性”的戕害，意识到“夫尧畜畜然仁……后世其人与人相食与!”“千世之后，其必有人与人相食者也。”《骈拇》中说：仁义“以慰天下之心者，此失其常然也”。并对天下奔命于仁义、以物易性的人作出精妙的论析：“小人则以身殉利，士则以身殉名，大夫则以身询家，圣人则以身殉天下。”“殉”正表明吃人的文明化所涵养的自甘被吃的命运。庄子深透而厌倦地领悟了儒家“明乎礼义而陋于知人心”，其呐喊在于回返内心，“任其性命之情”，疾呼“彼正正者，不失其性命之情”，反对任何违背本性、“残生损性”的说辞，而以离苦的“逍遥”游世态度追求内心的虚静，《庄子・内篇・养生主》：“安时而处顺，哀乐不能入也。”《庄子・人间世》：“知其不可奈何而安之若命，德之至也。”游世不是厌世，却是避世，是在不经之语中置身于超乎尘俗的边缘之境。

荀子认为:“庄子蔽于天而不知人”,荀子的识见道出了鲁迅与庄子的本质区别。庄子肯定自然的大道,不愿在暗中彷徨,却不认可人自身的力量;而鲁迅注重的正是个体本身,历劫厄运。狂人所述吃人的文明化状况不仅包括个体精神迫压的“残生损性”,还有文化结构上“差序格局”的认同,庄子看清吃人状况却选择精神的逍遥,在狂人,避世并非出离迫害的究竟之道,无法坐视旁观人性的自噬与吞灭,也难以领受精神的真正逍遥,思绪飘然,战战兢兢地揭开传统中的暴力因素与差等的兽性遗风,文明化的传统世界斑驳沦灭,吞吃着人的灵魂并展布成巨大的恐慌,已然是无法脱逸的历史,于是划然有别地选择苦战。鲁迅在写《狂人日记》同一年的文本《热风·随感录三十八》中说:“法国 G. Le Bon 著《民族进化的心理》中,说及此事道(原文已忘,今但举其大意)——‘我们一举一动,虽似自主,其实多受死鬼的牵制。将我们一代的人,和先前几百代的鬼比较起来,数目上就万不能敌了。’我们几百代的祖先里面,昏乱的人,定然不少:有讲道学的儒生,也有讲阴阳五行的道士,有静坐炼丹的仙人,也有打脸打把子的戏子。所以我们现在虽想好好做‘人’,难保血管里的昏乱分子不来作怪……”死鬼的牵制破坏人性常然,呐喊的招魂意义正是从“内曜”去复活新生,探触生命的质地,“可有谁听到大叫唤么?”“可有处士来横议么?”吃人的文明化与个体神圣感背驰,狂人的发现就如《约翰福音》所流洒的福音:“我来了,是要叫人得生命,并且得的更丰盛。”

四、“颓败线的颤动”:希腊悲剧式的隐默与“被吃”的存在性恐惧

《狂人日记》并未将张狂进行彻底而承受着心之重压,说教或抗议终究也并未完结,结尾处狂思的激情急转直下,内敛的情绪惝恍失意,满腹凄伤、孤愤悲怆地面向着冷意彻骨而极度空洞的

周遭，原本狂炽的内心于“惨伤里夹杂着愤怒与悲哀”，呐喊挣扎的精神反动意味被稀释，一如《颓败线的颤动》中的女人“迈步在深夜中走出，遗弃了背后一切的冷骂和毒笑”。老人“怅望云天，苍凉何似”，在平静的绝望中闪现与人性本身相背反的哀伤。心境幽暗萧瑟如此，沉默的心颤抖不止，似有另一神谕袭上心头，原本狂人透过文明的帷幕不断求索吃人的元凶，似乎是与古希腊悲剧俄狄浦斯王寻求真相一样，俄狄浦斯王的命运与之开了一个玩笑，“可怜的人呀，是什么疯狂缠绕着你?”成为“杀父的凶手”，“是天神所弃绝的人，是不清洁的母亲的儿子”。而狂人从直觉破悟意识到处境的危机一直追查着吃人的真相，最后同样意识到自身也是元凶。

> 不能想了。
>
> 四千年来时时吃人的地方，今天才明白，我也在其中混了多年；大哥正管着家务，妹子恰恰死了，他未必不和在饭菜里，暗暗给我们吃。
>
> 我未必无意之中，不吃了我妹子的几片肉，现在也轮到我自己，……
>
> 有了四千年吃人履历的我，当初虽然不知道，现在明白，难见真的人!

前文已论析了“疯狂”设定似乎一开始就预示着某种徒劳、垂败的虚无性悲剧体验，而《狂人日记》结尾失语缓冲的情绪设计尤显伤恸悲怆的悲剧精神，甚而也略含些悲剧史诗的意味。希腊悲剧作为“命运悲剧”“实际反映了人与外界环境、人与人之间的冲突”。张燕萍在《鲁迅与张爱玲》一文中认为鲁迅文学的价值并不在于“反传统”，而在于“对人与人之间、人与环境之间的隔绝状态，人与人之间无法交流、理解、缺乏同情心，以及由此带来的广泛的社会人生悲剧的洞察”。[5]狂人厌憎于“哥哥”的官僚气，孤愤悲悔立于其间，而狂人最在意地踢了一脚流水簿的狂举，最终也无法抹去其四千年吃人的履历，一种“永恒轮回”式的虚无主义感受。林毓生认为鲁迅在五四后期的一个写作主题是“在晦黯的虚无主义感受之中，挣扎着保持着献身于中国之新生的信誓，以及对生命意义的追寻，在世界文学中，很少有像鲁迅这样的作家，他一方面认为世界是虚无的，但另一方面却使自己介入意义的追寻并献身于启蒙”[6]。

狂人看破历史与现实中“永恒轮回”式的虚无，却未陷入不可脱逸的罗网，犹如俄狄浦斯王一般，在知晓真相后以强大的内心去接受并承担，狂人在精神上展开自我应援，深悔并承担其实根本无法抵偿的四千年所造的罪愆。然而狂人为何将自身牵连在内，他应该深悔吗？那些灵魂死去的人不是更应该改悔吗？《五灯会元》十五《云门章》：“僧问云门：杀父杀母，向佛前忏悔。杀佛杀祖，向甚么处忏悔？门云：露。”露者显露，谓遍法界曾无藏匿者，示自己罪恶向自己忏悔之意也。狂人不是向上帝、佛祖忏悔，也不是向历史、父辈等外向性的忏悔，事实上狂人是向内进入更深层的沉思与非宗教性忏悔，类似禅宗的“自性忏”，“除却从前谄诳心永断，名为自性禅”，其意在于“露”。狂人主要是指向自因：“狂人虽然顶着一个狂字，表面上也确实有点疯疯颠颠，语无伦次，实际上却完全符合这一‘理性’标准。在小说行进的整个过程中，狂人主要是在‘万分沉重，动弹不得’的小房里，深切地反省自己，权衡环境。他的批判的锋芒主要是指向自己的。即使是偶尔向外，也一直是在小心翼翼地跟人们讲道理。”夏济安甚至认为：“与鲁迅相比，胡适就浅薄得多，后者虽然认为故纸堆中藏着吃人的妖怪，却自信有降妖伏魔的本领，并不像鲁迅那般看到妖怪已经附在自己的身上。”“露”与自因的清透思考赋予狂人超越一般悲空与虚妄意义上的神思体验而无比醒觉。

翟业军说:“鲁迅《狂人日记》与果戈理的走了一个反方向,他笔下的狂人从疯癫走向清醒,从过度的灵敏、狐疑走向绝对的冷静、坚定,直到喊出‘救救孩子’的时代强音。”[7]狂人并未全身而退,其劝思之情并未消弭,留下了吃人的疯话之后,表面上自我躲避,但他破碎传统与伤悔的影子依然存在,隐没不代表逝去,不代表烟消火灭,而是况味复杂的情绪。《马太福音》说:“我实在告诉你们,你们若不回转,变成小孩子的样式,断不得进天国。”在溯洄四千年历史的过程中追寻意义,却从个体的心灵史引向深度的国人精神史,漫长的历史河川在汉语中“持正守中”的神圣性被叠印成旋流式的冤苦,不再接受淹没人性而仅在历史的故纸堆中博取忠义之名。邓晓芒先生在《论历史的本质》中认为历史一词,希腊文的原意是“探寻、调查、打听”,真正的历史书写是寻求真相的过程。产生巨大精神负重的狂人显现在突兀的位置上,正如尼采以为“‘奴斯’的目标该是把同类事物完全分离出来”,奴斯也尽可能地将人从日常中分离出。克里玛在《文学与记忆》中说:“一部真正的文学作品的问世是作为其创作者的一种喊叫,是对于笼罩于他的前辈和同代人、他的时代、他所说的语言身上的遗忘的抗议。一部文学作品是激怒死亡的某种东西。”文学叫喊的是一种记忆颠覆,显透出人意表的乖离常规,如鲁迅诗作所道“扫除脂粉成风骨”,“莫随残叶堕寒塘”,他的反抗与沉默,如枣树剑刺凌空而败落,悯顾于卑琐沦落的内耗以及某种内生性难以涤除的轮回之惘。

狂人也许已经被吞没了。《狂人日记》以恐惧始,以恐惧终,恐惧生命的死亡与意义追寻的虚妄。胡志明在《“恐惧”的诗学——〈变形记〉与〈狂人日记〉的比较研究》中将“恐惧”视为小说中显著的审美特征,他说:“读者因此而对自己麻木不仁地生活于其中的文化传统和生活环境非人性的本质,感受到一种‘存在性的恐惧’。”死亡在自我价值缺失中被赋予更多存在性思考的意蕴。伊藤虎丸在《鲁迅与终末论:近代现实主义的成立》中认为:

“当初狂人感到的恐怖，还不过是本能的和感觉的，但随着作品的展开，便清晰地变为死的恐怖，即‘被吃’。‘死’，开始也只是自己的死，不久便有了‘四千年吃人’的认识，到了作品结尾，主人公达到了一种自觉，即认识到‘我也吃了人’。死，作为‘有了四千年吃人履历的我’这样一种意识，再次成为自身之事。这种死，不单纯是终结生命的生物意义上的死，而是出色的社会和人格意义上的死。死的恐惧亦随着作品的展开而从单纯本能的恐怖转变为伦理和人格的恐怖。”[8]人格之死的内质乃是灵魂之死，呈现出狂人对自身处境发自内心的憎厌与虚妄，狂人最后的呼声穿透了传统暴力性对人生命运的占据，正如木山英雄意识到的“这里所说的‘孩子’是可以置换为‘未来’的，本来这是还没有实现的未定，亦只是绝望的某种保留，因此所谓‘救救孩子’在逻辑上与说‘过去与现在的一切均无以拯救’”，救救孩子置换为救救未来，也意味着对新生的冀望只能“以俟将来”……

五、结语：传统自反性与现代性的追求

《狂人日记》被目为象征，目为寓言，更是一种启示。

狂人不应全然等同于某一个体真实存在的人，也不是在传统观念前史的光照下“己欲立而立人”的“立人”思想，而是一种现代思想性的过敏情绪，是部元宝先生所追究的“与人生即会”而对人的新神思有所刺戟的“心学”观[9]。摩罗的“神思”重在“神”，“文之思也，其神远矣”，袁济喜在《从“神感说”探讨古代文论的“神思说”》一文中认为：“‘神思说’明显受到《易传》的‘神感说’与佛教的‘重神说’的浸润”，因而神思具有向上、越界性的精微意蕴，在“伪士当去，迷信可存”的疏狂之语中正透露出对于摩罗神思的妙悟，将传统“设计”之弊病语之以可怕空洞的“灵魂之死”，呐喊正是为现实处境中的人招魂。

美国思想家乔治·桑塔亚那说：“哲学，不只是哲学家的事，

诗人和小说家往往更能发现纯粹的哲学思想。"《狂人日记》的十四个章节(含小序)并不是零散的片段以拼凑一个单一性道理,而是通过神圣/魔怔、疯狂/狂昧、宣说/哀歌、隐默/悲恸的互感认清世界的本质并不断引向一个方向,一个狂人试图反复吐露的精神粹要,就是以疯狂的名义打破远古风化而根深蒂固的传统崇拜,寻求个体神圣感更辽远的精神空间,真正合目的性地思考安东尼·吉登斯所说的"现代性中的传统"。传统在现代性中不再以线性轨迹存在,而是以"从来如此,便对么"的自反性重构而存在,且成为一个重要的"思想问题",而非钱穆先生在《历史与文化论丛》中所说的"所谓新文化运动,大部分只是中国社会在感受外来影响,追随世界潮流,而并没有形成一个思想问题或思想系统而出现"[10]。传统自反性可分为结构性自反性(structural reflexivity)与个人的自我自反性(self-reflexivity)。

自我自反性即个体神圣性的召唤,狂人的觉醒所交代的现代意义正在于察觉、探询自我更宽阔的精神空间,从而摆脱被"治"被"吃"、"精神窒塞"的心态,并将"国民性"这一原本集体性的词语赋予了很多个性化、个人化的意蕴,从而使得国民性的改变不再仅是传统集体神圣的仪式认知,而是每个人内心在"撄人心"中发生精神阃彻的变化。吉登斯认为:"从弗洛伊德以降,现代状况的困境被看作是如何克服我们早期生活中所内置的'编程'。"[11]《狂人日记》中包含着狂人自我生命状态的改变,他唤醒的不再是没有面目的活动符号,而是能够思考自身命运的独立人格,这一自我自反性地回放着鲁迅自身对于"运命"的思考,正如吴俊所言:"鲁迅小说的自传性意义和价值主要的恐怕并不在于事实方面的人事有所依托或影射,而在其深层心理和意识的强烈投射,即鲁迅的小说创作常常是他心理活动和自身灵魂的直接投射。"[12]伊藤虎丸更是"把《狂人日记》看作是一种自传性的告白小说”[13]，《狂人日记》某种意义上也确是鲁迅自身思想外延形态的自反与超克，是在怎样的刺心惨痛中将光怪陆离的现实转为自身意识的幽微影像。鲁迅的文学选择本身具有一定的疯狂性，但就像《过客》中“使我息不下”的朦胧声音，不断走进自己内心所搭建的命运之思。所谓“命”，就是“口令”，作为个体“理性的神祠”，“运命”就是不屈从于传统宿命论观念而依据自身内在的口令去营运自我，从而在新生中孕育“新理性”和个体神圣感。

结构性自反性语之以整体文化系统性的自反，狂人不仅让自我生命发生变化反应，还对均一、扰攘、整体性崩坏的文化生态进行结构思索，正如鲁迅认为有好车也要有好道路，思考命运，也思考处境，在《科学史教篇》中鲁迅对“蔑古”与“崇古”皆提出了批判：“而尔时诸士，直欲以今日吾曹滥用之文字，解宇宙之玄纽而去之。然其精神，则毅然起叩古人所未知，研索天然，不肯止于肤廓，方诸近世，直无优劣之可言。盖世之评一时代历史者，褒贬所加，辄不一致，以当时人文所现，合之近今，得其差池，因生不满。若自设为古之一人，返其旧心，不思近世，平意求索，与之批评，则所论始云不妄，略有思理之士，无不然矣。若据此立言，则希腊学术之隆，为至可褒而不可黜；其他亦然。世有哂神话为迷信，斥古教为谫陋者，胥自迷之徒耳，足悯谏也。盖凡论往古人文，加之轩轾，必取他种人与是相当之时劫，相度其所能至而较量之，决论之出，斯近正耳。惟张皇近世学说，无不本之古人，一切新声，胥为绍述，则意之所执，与蔑古亦相同。盖神思一端，虽古之胜今，非无前例，而学则构思验实，必与时代之进而俱升，古所未知，后无可愧，且亦无庸讳也。昔英人设水道于天竺，其国人恶而拒之，有谓水道本创自天竺古贤，久而术失，白人不过窃取而更新之者，水道始大行。旧国笃古之余，每至不惜于自欺如是。震旦死抱国粹之士，作此说者最多，一若今之学术艺文，皆我数千载前所已具。不知意之所在，将如天竺造说之人，聊弄术以入新学，抑诚尸祝往时,视为全能而不可越也?虽然,非是不协不听之社会,亦有罪焉已。”传统自反性乃是对传统文化与人之间建立直接的联系,是真正意义上的思考当下传统,反对当时“尸祝往时”之“崇古”,而非纯粹的“蔑古”。传统文化作为一种处境,绝非纯然的奉行仪轨与固定程式,而更应是活态的文化资源,不应对文化处境的症因,则无法纠偏个体的命运,也无从察觉吃人的文化模音与结构性怪圈,狂人在传统文化中揣测自己无意中吃了妹子的肉真是一语成谶,现实中的鲁迅竟无意中吃了“何日见‘许’兮,慰我彷徨”的许广平的肉,吃人的文明化潜藏的强迫性与恐惧感构成了文明本身结构性的脱落,也成为每个个体最终有意无意要承受的文明弊病与罪恶。《狂人日记》意识到自反性的可能与必要,在“失魂”的群落中越界性地呼声表达“招魂”的意愿,是整部小说《呐喊》的真正序言。

注释:

[1] 陈思和:《中国现当代文学名篇十五讲》,北京大学出版社 2009 年版,第 59 页。

[2] 靳新来:《“人”与“兽”的纠葛——鲁迅笔下的动物意象》,上海三联书店 2010 年版,第 56 页。

[3] (日)木山英雄著,赵京华编译:《文学复古与文学革命》,北京大学出版社 2004 年版,第 9 页。

[4] 这段怒吼的劝转之词有学者认为依据是进化论,在《破恶声论》中有较为相似的说辞:“人类顾由防,乃在微生,自虫蛆虎豹猿狖以至今日,古性伏中,时复显露,于是有嗜杀戮侵略之事,夺土地子女玉泉以厌野心;而间恤人言,则造作诸美名以自盖,历时既久,入人者深,众遂渐不知所由来,性偕习而俱变,虽哲人硕士,染秽恶焉……人欲超禽虫,则不当慕其思。”可见“古性”并未通过相对被动的生物遗传而进化,实际在鲁迅早期的文思脉络中,《人之历史》不全然认同《天演论》的社会达尔文主义而将进化论归向生物学一元论一端,“黑该尔”更有**个体主动性**的“神

思宗”在鲁迅的文艺思考中占据更显要的位置。鲁迅翻译的尼采《查拉图斯特拉如是说》序言中有如是说法：“你们已经走了从虫豸到人的路，在你们里面还有许多份是虫豸。你们做过猴子，到了现在，人还尤其猴子，无论比那一个猴子。”猴子于人，在尼采看来是“伤心的耻辱”，同样人之于超人亦是耻辱。因而这句话的依据主要是神思宗，狂人沿用尼采的说法，并非对于超人的渴望，而借以显出吃人者古性没有变更的历史痕迹，看明了吃人者内在的相对退化与难于撼动的顽梗，进而与古老灵魂的叩问存在更为幽晦的联系，于是才有竹内好认为的作为鲁迅文学本源的“抵抗的呐喊”(《近代的超克》149页)。

[5] 张燕萍：《鲁迅与张爱玲》，《鲁迅研究月刊》2009年第2期。

[6] 林毓生著，穆善培译：《中国意识的危机》，贵州人民出版社1988年版，第264页。

[7] 翟业军：《“救救儿子”还是“救救孩子”？——果戈理、鲁迅〈狂人日记〉对照记》，《鲁迅研究月刊》2014年第2期。

[8][13] 伊藤虎丸著，李冬木译：《鲁迅与终末论：近代现实主义的成立》，生活·读书·新知三联书店2008年版，第163、173页。

[9] 郜元宝在《“为天地立心”——鲁迅著作所见“心”字通诠》中以“心”为根基，将文学作为“神思之心”与学术作为“学之心”相区别，以“冰之喻”的“直语其事”、“昭然在前”点破文学对人生的作用，突破思想的门墙而避免人生“归于枯寂”。

[10] 钱穆：《历史与文化论丛》，台北东大图书公司1979年版，第250页。

[11] (德)乌尔里希·贝克，(英)安东尼·吉登斯、斯科特·拉什著，赵文书译：《自反性现代化：现代社会秩序中的政治、传统与美学》，商务印书馆2014年版，第86页。

[12] 吴俊：《暗夜里的过客：一个你所不知道的鲁迅》，东方出版中心2006年版。

鲁迅学笔记八题

顾　农

《从百草园到三味书屋》

《朝花夕拾》中的《从百草园到三味书屋》一文，文笔优美，百读不厌，常常被选为中学语文教材。过去的分析文章或以为本文是用百草园与三味书屋作对比，着重批评体现孔孟之道的旧教育和不学无术的私塾先生，具有教育意义云云。其实根本不是这么一回事。

关于三味书屋的情形，文章写道：

> 中间挂着一块匾道：三味书屋；匾下面是一幅画，画着一只很肥大的梅花鹿伏在古树下。没有孔子牌位，我们便对着那匾和鹿行礼。第一次算是拜孔子，第二次算是拜先生。
>
> 第二次行礼时，先生便和蔼地在一旁答礼。他是一个高而瘦的老人，须发都花白了，还戴着大眼镜。我对他很恭敬，因为我早听到，他是本城中极方正，质朴，博学的人。

鲁迅进三味书屋在 1892 年（光绪十八年），其时正是“孔夫子已经有了‘大成至圣文宣王’这一个阔得可怕的头衔，不消说，正是圣道支配了全国的时代”（《且介亭杂文二集·在现代中国的孔夫子》），而三味书屋竟然没有孔夫子的牌位，学生只是对着匾和鹿行礼,“算是拜孔子”,实在相当开明了;须知直到中华人民共和国成立前夕,不少私塾里还必须向孔子的画像或牌位磕头。我就磕过这样的头。

三味书屋的寿怀鉴先生(字镜吾,1849—1929)在这篇散文中的形象正所谓古道可风。学生行礼时,他在一旁和蔼地答礼,可见对学生是平等相待的。文章中称他为“渊博的宿儒”,绝不是不学无术的腐儒。“他有一条戒尺,但是不常用,也有罚跪的规则,但也不常用,普通总不过瞪几眼,大声道:‘读书!’”这种情形在当时要算是相当开明的了。学生读书时,寿先生也大声朗读,他读的那几句出于南菁书院高才生刘翰 1886 年(光绪十二年)所作之《李克用置酒三垂岗赋》(见《清嘉集初稿》卷五),一位私塾先生既不去读四书五经,也不去读八股文,却来读这种“豪情胜慨,颠倒淋漓”的辞赋,尤可见其人不同于流俗。

要之,如果我们历史地去看《从百草园到三味书屋》中具体的叙述和描写,便可以知道,这三味书屋是一间相当好的私塾。《朝花夕拾》中还有一篇《五猖会》,写鲁迅幼时正兴高采烈地准备去看五猖会,不料父亲忽然要求他先背诵一段《鉴略》,否则不准去;鲁迅终于背出了这一段书,但看会的兴趣也就一变而为索然了。曾经有人就此批评鲁迅的父亲“不近人情”“摧残儿童”;周建人批评了这种分析,他说“鲁迅的父亲只要鲁迅把功课背出了,许可他去看五猖会,在那时候已经要算比较的‘民主’了”。他这里所说的虽然是一个具体问题,却具有普遍意义,就是启示人们读《朝花夕拾》应有历史的眼光,不能苛求前人。对鲁迅的父亲是如此,对三味书屋的寿先生也应是如此。

据张能耿《鲁迅的青少年时代》一书可以知道,三味书屋是当时绍兴比较好的一家私塾,制度严格,教学认真,寿先生对学生态度也比较好,体罚很少很轻。鲁迅的父亲周伯宜不满于家塾中先生周子京(此人不学无术,胡讲一通),于是送儿子到这里来读书。

寿先生讲课时有新意，例如他给鲁迅讲陶渊明《五柳先生传》“好读书，不求甚解”，说所谓“不求甚解”就是不看注解只读原文的意思；这一解释鲁迅历久不忘。前清时代一位塾师能够不查他的秘本空手点完四书，在乡下就要算是一位大学者了；而寿先生更要高明得多，他知识渊博。更可贵的是寿先生具有反帝爱国思想，对清政府的腐败无能、丧权辱国非常气愤。他对鲁迅相当器重。鲁迅在这里学习很认真，对老师很尊敬。离开这里以后他长期同寿先生保持联系，在南京读书和到日本留学后，回绍兴时都去看望这位老师；直到他在北京任职后，还和寿先生通过信。

那么这篇散文就没有对封建主义旧教育的批判吗？当然还是有的，具体表现在下列三个方面：

一是“只读书”的方针。三味书屋当然也是贯彻这样的方针的，“只要读书”，不让学生问一问别的事情，也不给年纪小小天性好动的学生安排一点课外活动；于是小学生们就会背着先生溜到院子里去玩一会儿，有时则趁先生读书入神时用纸糊的盔甲套在指头上做戏，画画儿。

二是陈旧的教学内容。三味书屋让学生读的是《幼学琼林》《论语》《周易》《尚书》，此外就是习字和对课，完全是传统的一套，没有新鲜的知识。鲁迅在这里读五经（《诗经》《尚书》《周易》《礼记》《春秋》），还有《周礼》和《尔雅》。鲁迅后来说：“我几乎读过十三经”，“孔孟的书我读得最早，最熟，然而倒似乎和我不相干”：这些书都是三味书屋时读的，当时没有什么自然科学（数理化生）和艺术（音乐美术）方面内容。

三是死读书的教学方法。什么“厥土下上上错厥贡苞茅橘柚”，学生是弄不懂的。鲁迅说：“我们先前的学古文……教师并不讲解，只要你死读，自己去记住，分析，比较去。弄得好，是终于能够有些懂，并且竟也可以写出几句来，然而到底弄不通的也多得很。”这种教学方法局限性很大。

鲁迅在文章中用幽默的笔调描写私塾里人声鼎沸的读书声，而实际上却隐藏着若干混乱，这恰恰是那时旧教育微妙的讽刺。寿先生生活在那样的时代，实行这样一套乃是题中应有之义，完全不足为奇。鲁迅没有去追究老师的责任，文章中也没有什么剑拔弩张的批判，只是作轻松幽默的叙事。鲁迅的立足点更高。弄清楚鲁迅对三味书屋的态度，再倒上去看文章前一半关于百草园的部分，可以发现固然有一点与后文对比的意思，但也并不完全是为了进行对比。鲁迅用优美生动的文笔，用真挚的儿童心理刻画这个乐园，写得令人神往；而这个乐园其实也很可怜，同今天的少年宫、儿童乐园比较起来，更是黯然失色。少年鲁迅之所以以此为乐园，无非是那时的家庭教育也颇令人窒息。鲁迅暂时离开家庭教育到这里来呼吸一点新鲜空气，感到很高兴；但很快又要进三味书屋去死读书了，所以他对这园子很留恋。尽管鲁迅的父亲和老师都比较民主，他仍然以百草园为乐园。

《朝花夕拾》是一组精心结撰的回忆散文，许多篇的开头都有承上启下的意味，而不露痕迹。独立可以成篇，并读则见其联系。如果我们将《从百草园到三味书屋》同前面几篇联系起来读，一定可以有更多的领悟。

《藤野先生》

以叙事为主的文章用“衬笔”大抵有两种类型：一种是用相反的事物来对比，此所谓反衬，所谓烘托；一种用性质相同的事物来作衬托，这可以称为陪衬、铺垫，或直接说是正衬也可以。前者如雪中之炭，后者如锦上之花，各有各的用处和妙处。

鲁迅回忆散文名篇《藤野先生》一文中衬笔甚多：写自己的勤奋努力、追求新知，拿那些专门学跳舞、头上盘着大辫子的“清国留学生”来作反衬；写品德高尚、没有民族偏见的藤野先生，则拿侮辱藤野先生的学生会干事来作反衬；写藤野先生治学谨严、教学认真，又拿自己的“任性”、随便改动图上血管的位置来作反衬；如此等等。

此文中又有许多正衬。作者到达仙台以后，“不但学校不收学费，几个职员还为我的食宿操心”，这两句相对于下文要描写的藤野先生，可以说是正面的铺垫；鲁迅看了那场著名的新闻片，上面有一群中国人围观中国人被杀，日本学生都拍掌欢呼，文章接下来有一段道：“这种欢呼，是每看一片都有的，但在我，这一声却特别听得刺耳。此后回到中国来，我看见那些闲看枪毙犯人的人们，他们也何尝不酒醉似的喝采——呜呼，无法可想！但在那时那地，我的意见却变化了。”就此后“无法可想”的喟然叹息与此刻的心潮澎湃、决计退学的对比而言，是反衬；而就到处都有看热闹的闲汉这一点而言，则是正衬。古人说：“衬之理不一，或以目之所见衬，或以耳之所闻衬，或以经史衬，或以古人往事衬，或以对面衬，或以旁观衬，或牵引下文衬，或逆取下意衬：皆衬贴也。”（唐彪《读书作文谱》）鲁迅在这里用此后所见的事来为此时此地之事作衬，正是一种比较常见的衬法。

《藤野先生》最动人的正衬之笔大约要算是最后一段，鲁迅写他如何珍重地收藏着经过先生订正的讲义，表面写自己，而实为写先生，接下去道——

> 只有他的照相至今还挂在我北京寓居的东墙上，书桌对面。每当夜间疲倦，正想偷懒时，仰面在灯光中瞥见他黑瘦的面貌，似乎正要说出抑扬顿挫的话来，便使我忽又良心发现，而且增加勇气了，于是点上一枝烟，再继续写些为“正人君子”之流所深恶痛疾的文字。

好像是写自己，而且涉及时事，其实还是为了写藤野先生，写他崇高人格、伟大精神给予自己的教育和鼓舞。这样的结尾并未离开文章的主题和主线，而且较之正面歌颂藤野先生更有力量，也更有余味。

《祝福》

鲁迅小说《祝福》的女主人公祥林嫂年纪不大（四十上下）即死于贫困无助，在人们大放其爆竹准备祝福（新春前一种地方性的祭典）的时候。

祥林嫂一生的不幸，起先是因为连续死了三个同她关系很大的人。她的第一任丈夫（名叫祥林，大概姓卫，打柴为生）忽然夭折（才十六七岁），新寡的祥林嫂从婆家逃出来，进城当了一名女佣，当时她也还非常年轻（二十六七），干活勤快，也很乐意在鲁四老爷家做家政服务——这样她算是走出婆婆的统治了。其婆婆之可怕可想而知。

到第二年春天，已经查点到祥林嫂下落的婆婆亲自出面到鲁家来要求领人回家，同时已先行安排好人马，用强制手段把她绑架而去，并立即转手卖到山里，到手一大笔钱（“八十千”），用这笔钱为自家的小儿子娶媳妇，还略有结余。

祥林嫂和她的第二任丈夫贺老六日子还可以过得，但几年后年纪轻轻的贺老六忽因旧病复发而去世。祥林嫂带着儿子阿毛艰难度日，不料阿毛却又给野兽祸害了。家里的房产失去了合法继承人，大伯来收屋，祥林嫂无处安身，只好又到老东家鲁家来做女佣。

鲁四老爷是一位讲理学的老监生，而理学的一大原则是女人不能改嫁：饿死事极小，失节事极大——祥林嫂改嫁过，后来的丈夫又死了，这就成了污点很大的问题人物，低人一等，不干不净，祝福时节的祭祀绝不能让她沾手。迷信的柳妈说，像祥林嫂这样的人死了以后将被一锯两半，分给前后两个丈夫，而救赎的办法是到庙里去捐一条门槛。祥林嫂竭力攒钱，好不容易终于捐了一条门槛，本以为自己的问题就得到解决了，不料根本没有用，祭祀的时候鲁家仍然不让她沾手。祥林嫂遭此打击，深感绝望，精神完全垮了，身体跟着也垮下来，很快被鲁家赶走，沦为乞丐，不久即惨死于鲁镇。

两个丈夫和一个儿子的死带有很大的偶然性，如果没有“饿死事极小，失节事极大”的理学教条，祥林嫂完全可以凭自己的劳动活下去，也可以重新建立自己的新家庭，但是理学完全斩断了她的生路。

清朝思想家戴震曾经在《孟子字义疏证》一书中指出，理学教条是一把杀人不见血的软刀子，“尊者以理责卑，长者以理责幼，贵者以理责贱”，皆可“以理杀人”，而死者连一点同情也得不到。祥林嫂正是一个被杀的典型。鲁迅的小说以彻底的现实主义揭示了社会问题的真相，同时也具有深刻的思想史意义。

具有思想史意义的情节包括细节，在鲁迅小说里屡见不鲜。《阿Q正传》里写赵秀才和假洋鬼子的两项革命行动，一是砸掉一块“皇帝万岁万万岁”的龙牌，一是顺手牵走观音娘娘座前的一个宣德炉。这就告诉读者那种革命是这么回事：一是在象征的意义上打倒某些曾经神圣过的东西，二是可以为自己弄到一些平时弄不到的好处。所以曾经神圣过的一面总是反对革命的，而手里现在仍有种种利益的也会不大赞成革命。

读一般的小说只能用以消遣，甚至连这样的资格也未必具备；而读经典名著如鲁迅的小说，却引发我们思考，以至于心事浩茫。

《示众》

鲁迅的《示众》(原载《语丝》第22期，1925年4月13日；后收入小说集《彷徨》)，大约是他创作中知名度最低的一篇。全篇几乎没有什么故事情节，也没有个性鲜明的人物，只有一组群像：在一个酷热的盛夏，街头一批各色人等聚在一起看热闹，主要是看巡警用绳子牵着一个被抓起来的穿着长衫的男人，后来又转而去看摔了一跤的人力车夫；围观者们在大太阳底下看得兴致勃勃，汗流浃背……

这一篇与其说是小说，不如称为速写（Sketch）。鲁迅后来说，小说创作的信条之一应当是“宁可将可作小说的材料缩成Sketch，决不将Sketch材料拉成小说”（《二心集·答北斗杂志社问——创作要怎样才会好?》）。这一方面他是有过经验教训的。

《示众》的创作路径乃是将思想化为形象。鲁迅对无聊的看客历来极其反感，此前在1922年撰写的《呐喊·自序》中就说过，他弃医学文的导火线就是在仙台医专留学时看了一段幻灯片，一个中国人被砍头示众，而围着看热闹的却有许多“赏鉴这示众的盛举”的中国人，鲁迅由此发出一大省悟——

> 从那一回以后，我便觉得医学并非一件紧要事，凡是愚弱的国民，即使体格如何健全，如何茁壮，也只能做毫无意义的示众的材料和看客，病死多少是不必以为不幸的。所以我们的第一要着，是在改变他们的精神……

于是他便转而提倡文艺运动了。示众与看客的毫无意义给予鲁迅极深的刺激，以至在多年之后还要专门写一篇《示众》来一吐其胸中的恶气。

鲁迅旧体诗与《集外集》及其拾遗

关于自己的旧体诗，鲁迅曾有这样的说法：“我平常并不做诗，只在有人要我写字时，胡诌几句塞责，并不存稿。”（1934年10月13日致杨霁云的信）

这是确实的。鲁迅一向不注意把诗稿单独地留存起来，更没有编辑旧体诗集的意思，就那么随作随写以应索字的友人，也有主动写以赠人的。其底稿偶尔有随手记在日记里的，但远不完全，与赠人之手迹的文字有时略有不同——盖写诗必有所推敲改订也。特地拿出去发表的则如凤毛麟角。大约只有听说丁玲遇害时写的《悼丁君》(《涛声》周刊第 2 卷第 38 期，1933 年 9 月 30 日)等少数两三首，另外有几首是写进文章里随文发表的，典型的如“惯于长夜过春时”的那首七律，是写在《为了忘却的记念》一文中的。

随手记在日记里的诗，如自题其小说集的两首，《鲁迅日记》1933 年 3 月 2 日载：

> 山县氏索小说并题诗，于夜写二册赠之。《呐喊》云：“弄文罹文网，抗世违世情。积毁可销骨，空留纸上声。”《彷徨》云：“寂寞新文苑，平安旧战场。两间余一卒，荷戟尚彷徨。”

这两首诗，后来分别被称为《题〈呐喊〉》《题〈彷徨〉》。后者比较早地被收入了《集外集》(上海群众图书公司 1935 年 5 月版)，前者要到晚些时候才编入《集外集拾遗》(许广平编定，列入 1938 年本《鲁迅全集》)。

造成这种奇怪情形的原因即在于鲁迅不大重视自己的旧体诗。1934 年顷杨霁云(1910—1996)编《集外集》时，到处搜集鲁迅的集外文章和旧体诗，又请鲁迅回忆自己的旧作，前者他从上海《文艺新闻》周刊第 22 号(1931 年 8 月 10 日)之《鲁迅氏之悲愤——以旧诗寄怀》的短讯中看到三首：

《送 S. M. 君》(或题为《湘灵歌》)
《送 M. K. 女士》(或题为《无题》“大野多钩棘”)
《E. O. 君携兰归国》(后由鲁迅本人更正为《送 O. E. 君携兰

归国》)

他又从《人间世》半月刊第8期(1934年7月20日)所载高疆《今人诗话》一文中看到六首:

《湘灵歌》(即《送S.M.君》)
《阻郁达夫移家杭州》
《无题("大野多钩棘")》(即《送M.K.女士》)
《赠日本歌人》
《题〈彷徨〉》
《悼丁君》

又《小说》半月刊(1934年8月1日)曾发表鲁迅手书的一首七绝——

《赠人》("明眸越女")

三者相加去其重复,共得八首。而鲁迅自己回忆起来抄寄给杨霁云以便编入《集外集》的凡六首,它们是——

《无题》("洞庭木落")
《赠人》("秦女端容",原在"明眸越女"一首之后)
《二十三年元旦》
《自嘲》——以上见于1934年12月9日的信
《哭范爱农》("把酒论天下")——以上见于1934年12月13日的信
《题三义塔》——以上见于1934年12月29日的信

这样统加在一起，是13题14首。这时鲁迅竟然没有把那首与《题〈彷徨〉》一道写成的《题〈呐喊〉》补充进来。鲁迅不大重视自己的旧体诗；当时他身体不佳，对《集外集》的审稿也不算很周到。

《集外集》所收旧体诗只有这13题14首；未入集的尚多，后来大抵编进了《集外集拾遗》；仍有遗漏，更往后编进了《集外集拾遗补编》。

鲁迅自题其小说集旧作的这两首诗多少带些应酬的性质，其中不无表示谦虚的客套，例如自称“空留纸上声”就是的。收入《集外集》时，“荷戟尚彷徨”一句改作“荷戟独彷徨”，显得更有孤独之感。

这里最值得注意的是“弄文罹文网，抗世违世情”这两句。凡有自己独立见解，希望推动社会进步的作家，大抵都会有这样的遭遇和命运。鲁迅早年大力表彰的“摩罗诗人”，即为“立意在反抗，指归在动作，而为世所不甚愉悦者”。1927年12月他在上海暨南大学发表讲演，其中有两段话说：

> 政治想维系现状使它统一，文艺催促社会进化使它渐渐分离；文艺虽使社会分裂，但是社会这样才进步起来。文艺既然是政治家的眼中钉，那就不免被挤出去。
>
> ……
>
> 但是，文艺家的话其实还是社会的话，他不过感觉灵敏，早感到早说出来（有时，他说得太早，连社会也反对他，也排轧他）。

这样就容易弄到积毁销骨的局面了。鲁迅先曾被北洋军阀政府列入黑名单，后又被国民党政府列入黑名单，多次离家避难。文艺界内部反对他的人也不少。鲁迅一向也很注意保护自己，否则虽志在“弄文”，也将弄不成了。

“两间余一卒”的“两间”可以有不同的理解，一指“新文苑”与“旧战场”之间，一指天地之间，这两层意思似可叠加起来一道消化。鲁迅在“旧战场”即五四新文学运动时期的北京和“新文苑”即当下左翼文学运动的中心上海，都是非常活跃的领军人物，他与时俱进，一直“荷戟”战斗，并未因功成名就而停顿，也不因环境“寂寞”而气馁；但由于他思想一向超前，感觉特别灵敏，有些话说得太早，不免不大能为人们理解，有时竟弄得腹背受敌。背景转换了，鲁迅仍然在作并无明朗前景的绝战。他的深刻和伟大正在于此。

杨霁云搜集整理编辑而成的《集外集》书稿在送审时被删去《编者引言》和正文9篇：《来信（致孙伏园）》《启事》《老调子已经唱完》《上海所感》《今春的两种感想》《帮忙文学与帮闲文学》《〈不走正路的安得伦〉小引》《〈英译本短篇小说〉自序》《译本高尔基〈一月九日〉小引》。鲁迅对国民政府审查官的大砍大杀非常愤慨，1935年2月4日致信杨霁云说：“文字请此辈去检查，本是犯不上的事情，但商店为营业起见，也不能深责，只好一面听其检查，不如意，则自行重印耳。”他又在写给曹聚仁的信（1935年1月29日）中说：“《集外集》之被捣乱，原是意中事。那十篇原非妙文，可有可无，但一经被删，却大有偏要发表之意了，我当于今年印出来给他们看。”后来许广平编《集外集拾遗》时，把《来信（致孙伏园）》等九篇鲁迅的集外文章都补到这里来。

鲁迅敢将自己早年的文章重新公之于世是难得的，常见的情形是不少作家讳言旧作，或者大为后悔，说要把它们一把火烧掉。

《集外集》编成之后，鲁迅想到自己还有些旧文未尝编入文集，于是打算再编一本《集外集外集》，后定名为《集外集拾遗》，见于他手定的著作目录。此本未及编完，他就病了。后来到1938年出版20卷本《鲁迅全集》之时，才由许广平编定收入。

许广平在《集外集拾遗》的《编后说明》中写道：当年鲁迅“因为《集外集》所载的尚觉有未备之处，似乎还可以补足一下”，“所以特地托老友宋紫佩先生，把平寓所存的《晨报副刊》《京报副刊》《莽原周刊》等寄来，之后，费了不少心血，自己亲自抄录，随时给写下‘补记’，如《编完写起》等是。有在本文之后添列别人文件作备考的，如《咬嚼之余》《咬嚼未始乏味》《田园思想》等是……很不幸的，先生编辑未完而病作了”。

许编本《集外集拾遗》包括小说、杂文 52 篇，1903 年至 1935 年间旧体诗 23 题，附录 1926 年至 1936 年间广告六则。这个本子也编入了各版《鲁迅全集》，内容和顺序略有调整，显得更加合理、规范。

鲁迅的旧体诗在《集外集》和《集外集拾遗》之外尚有遗珠，后来编入了《集外集拾遗补编》，这里有 1930 年题赠冯蕙熹的四言诗、1934 年题《芥子园画集三集》赠许广平的诗以及早年的一些篇什。

《悼丁君》

丁玲是 20 世纪 30 年代非常活跃的女作家，又曾担任左联刊物《北斗》的主编，同鲁迅颇有交往。1933 年 5 月 14 日在家中被国民党特务绑架，稍后社会上盛传她已经牺牲，至少也是凶多吉少。鲁迅因此作《悼丁君》七绝一首，6 月 28 日曾写在书赠周陶轩的条幅上，只是没有题目。此诗稍后正式发表于《涛声》周刊第 2 卷第 38 期(1933 年 9 月 30 日)。鲁迅的旧体诗主动拿出去发表的甚少，《悼丁君》算是一首。这时鲁迅已经知道丁玲还活着，但他却出人意外地采用了《悼丁君》这样的标题。《人间世》半月刊第 8 期(1934 年 7 月 20 日)所载高疆《今人诗话》一文中再次录入此诗，后收入《集外集》。诗云：

如磐夜气压重楼，剪柳春风导九秋。
瑶瑟凝尘清怨绝，可怜无女耀高丘。

赠陶轩的条幅上，“夜气”作“遥夜”，“压”作“拥”，“瑶瑟”作“湘瑟”，这三处后来鲁迅略有修改，遂为定本。

“哀高丘之无女”是《离骚》中的名句，这里即以“可怜无女耀高丘”来指代丁玲，沉痛之至，也寄寓了很高的评价。第三句用湘灵鼓瑟的典故，同样出于《楚辞》（详见《远游》），而丁玲正是湖南（临澧）人。鲁迅在1933年9月公开发表其《悼丁君》，当是相信或希望她会宁死不屈。

鲁迅1934年5月1日致娄如瑛信中说：“丁玲被捕，生死尚未可知，为社会计，牺牲生命当然并非终极目的，凡牺牲者，皆系为人所杀，或万一幸存，于社会或有恶影响，故宁愿弃其生命耳。”后来才确切地知道丁玲还活着，1934年9月4日，鲁迅在致王志之的信中说：“丁君确健在，但此后大约未必再有文章，或再有先前那样的文章，因为这是健在的代价。”1934年11月12日鲁迅在致萧军的信中说：“蓬子转向；丁玲还活着，政府在养她。”

更往后，鲁迅知道了更多的情况，在1936年10月曾对人说，在被捕的文人中“只有丁玲的态度还算不错，她始终不屈地保持着沉默”（吴山《铁篷车中追悼鲁迅记》，《联合文艺》第1卷第2期1937年2月）。

丁玲还活着，而《悼丁君》一诗则至今活在人们的心里。

鲁迅批评什么样的孝道

讲究孝道原是中国古代伦理原则的基石，原始儒家的圣贤论之甚详，是很合于人情物理的。但好好的经也很容易被歪嘴和尚给念歪，例如后来的庸俗派儒家特别强调子女对父母的绝对服从，有所谓“天下无不是的父母”“君要臣死，臣不得不死；父要子亡，子不得不亡”，这时臣不死就是不忠，子不亡就是不孝——这就严重地歪曲了原典。《孝经·谏争章》记载孔子与门徒的对话，有一段是曾子问：“子从父之命，可谓孝乎？”孔子不赞成，说正如朝廷上应有“争臣”，家庭里也应有“争子”，“故当不谊（义），则子不可以不争于父，臣不可以不争于君”。正义高于孝道，如果父亲不义，则做儿子的应当去争（通“诤”），提出正确的意见，不能看着他陷于不义。荀子说得好，这时讲“从道不从君，从义不从父”（《荀子·子道》），就是必须的了。

在一般情况下，在不涉及原则问题的时候，下一代自当服从父母，尊重长辈，这时要讲究“听话”。原始儒家强调子女对父母出于本心的敬爱、感恩、回报。其实这乃是很自然很正常的为人之道，往往不教就会的。当然这方面多做些正面教育也是好的，必要的。

可是到了庸俗派儒家这里，真理往往蜕化为歪理。后来出现的插图本《二十四孝》，宣扬了若干不近人情的伦理道德，一个突出的典型是《郭巨埋儿》，故事说郭巨家贫，他准备把年幼的儿子活埋了，从而减少负担，以供养老母。结果他的孝心感动了神灵，挖坑时挖出了一罐黄金。这个故事十分残忍，又完全不合情理，而郭巨这个杀子未遂的罪人在此书中却被树为道德标兵。

鲁迅在《朝花夕拾·〈二十四孝图〉》一文中狠狠批评这个荒谬的故事，他说小时候看了郭巨埋儿这个故事以后，“总怕听到父母愁穷，怕看见我的白发的祖母，总觉得她是和我不两立，至少，也是一个和我的生命有些妨碍的人”。包括《孝经》在内的好好的原始儒家经典，就这样被歪嘴的庸俗派儒家给念得杀气腾腾、毫无道理了。绝对不能再拿这些腐朽的东西来教育儿童。

情节不像郭巨埋儿这样荒谬绝伦，而同样“以不情为伦纪”的劝孝故事，在《二十四孝》里还有若干，如“哭竹生笋”“卧冰求鲤”“老莱娱亲”等等，鲁迅也都有微妙而深刻的讽刺批评。鲁迅说：

“我幼小时候实未尝蓄意忤逆，对于父母，倒是极愿意孝顺的。不过年幼无知，只用了私见来解释‘孝顺’的做法，以为无非是‘听话’，‘从命’，以及长大之后，给年老的父母好好地吃饭罢了。”而读了《二十四孝》之后，才知道不然，孝是非常困难，有些更简直是根本做不到的，有些标兵是根本没有办法学习的。

五四时代的激进派精英所批评痛斥的传统教条，如寡妇守节、包办婚姻等等，也正是《郭巨埋儿》一类的糟粕。五四时代的批孔，在很大的程度上批的是被袁世凯和军阀们利用的孔子，是所谓“厌恶和尚，恨及袈裟”（《且介亭杂文二集·在现代中国的孔夫子》），批的是庸俗儒学宣扬的糟粕——而据说现在的所谓“女德班”，却在正面宣讲这一类糟粕。

在实际生活中，鲁迅是一个很彻底的孝子，他的孝敬老母，为老人家的安乐考虑得无微不至，是人们所熟知的。一百年过去了，激进派精英的鲁迅，仍然是我们的榜样。

鲁迅与《苦闷的象征》

一个兼事创作和翻译的人，在他所从事的这两项活动之间，往往有一种值得考察的互动关系。他选什么材料来翻译，对原著怎么看待，他的翻译活动对他的写作起了些什么作用，凡此种种，考察起来都是很有意思的。

鲁迅早年翻译过日本文艺理论家厨川白村（1880—1923）的《苦闷的象征》一书，从中吸收了不少营养。厨川将全部文艺都看作“苦闷的象征”，未免言大而夸；如果缩而小之，则他对象征主义、象征手法的论述，还是很精辟的。用象征手法来写某些文学作品，例如散文小品，也比较切实可行。厨川在《苦闷的象征·创作论》中写道：

> 或一抽象底的思想和观念，决不成为艺术。艺术的最大

> 要件,是在具象性。即或一思想的内容,经了具象底的人物,事件,风景之类的活的东西而被表现的时候,换了话说,就是和梦的潜在内容改装打扮了而出现时,走着同一径路的东西,才是艺术。而赋予这具象性者,就称为象征(symbol)。(《鲁迅译文全集》第二卷,福建教育出版社 2008 年版,第 240 页)
>
> 象征的外形稍为复杂的东西,便是讽喻(allegory)寓言(fable)比喻(parable)之类,这些都是将真理或教训,照样极浅显地嵌在动物谭或人物故事上而表现的。但是,如果那外形成为更加复杂的事象,而具备了很强的情绪底效果,带着刺激底性质的时候,那便成为很出色的文艺上的作品。(同上,第 241 页)

如果扬弃这里的精神分析的套话,而将它作为狭义的象征主义、象征手法的描述,那是很生动也很深刻的。象征是一种深刻的联想,它借助于某些形象和情节来巧妙地表达似乎与它毫不相干的思想和感情,而这些形象和情节本身又是可以独立存在并且有意义的。这种情况有点像中国传统的比兴,但更加丰富复杂,奇妙多姿。

鲁迅从厨川的分析中大约得到不少启发,一个明显的事实是,他从 1924 年 9 月起写散文诗《野草》的时候,就大量运用象征手法,特别是写了许多由梦境构成的象征,这恐怕不是偶然的。鲁迅先前也写过散文诗,例如 1919 年写的总题为《自言自语》的那一组,虽然也不无象征的意味,但总起来看显得比较浅露粗糙,远不及《野草》这样能把象征与写实结合得十分完美。

1925 年鲁迅还用象征与写实相结合的手法写出了小说《长明灯》,直到晚年鲁迅还用类似的手法写过随笔《阿金》。至于他在杂文中运用比喻、寓言、讽喻,例子就更多,举不胜举了。杂文之所以是一种文学样式，与这一点是密不可分的。

曾经有人问歌德，怎样才能产生戏剧效果，歌德回答说：“那必须是象征性的。这就是说，每个情节必须本身就有意义，而且指向某种意义更大的情节。”(《歌德谈话录》，朱光潜译，人民文学出版社1978年版，第99页)从鲁迅的一部分杂文看，也正有类似的情形，例如《论雷峰塔的倒掉》《春末闲谈》《夏三虫》《长城》《论“费厄泼赖”应该缓行》等等，其中都有某种形象(例如细腰蜂、叭儿狗)，某种情节(例如细腰蜂为幼虫准备保鲜食物、打落水狗)，本身就有意义，而同时又指向意义更大的情节，表达了重大的思想。这种写法在鲁迅的第一本杂文集《热风》中虽然已经有了一点苗头，但比较少见，那里还是直接的议论多，形象性相对不足；其风格与《新青年》上的其他随感录很相近，所以周作人有几篇文章被编进此书，读者一般都看不出来；鲁迅的杂文艺术到1925年的《华盖集》和《坟》的后几篇明显地有所发展，开始形成自己的面目。其原因当然非止一端，这里要指出的是，这与鲁迅翻译了《苦闷的象征》并从中吸收营养应当是不无关系的。

鲁迅似乎也从《苦闷的象征》中吸收了一些未必是精华的东西。例如厨川说：“也如预言者每不为故国所容一样，因为诗人大概是那个时代的先驱者，所以被迫害，被冷遇的例非常多。”(《苦闷的象征·关于文艺的根本问题的考察·为预言者的诗人》)而鲁迅说：“豫言者，即先觉，每为故国所不容，也每受同时人的迫害。”(《华盖集续编·无花的蔷薇》)真所谓何其相似。在1924年底鲁迅作《野草·复仇(其二)》，其中写耶稣基督被以色列庸众所杀的故事，而类似的感慨，鲁迅早在《摩罗诗力说》中早已发过，所以不一定从《苦闷的象征》而来；但是“豫言者……”一段与厨川如出一辙，应当是有关系的。鲁迅对庸众的反感甚至是痛恨便因此而加强了。鲁迅后来指出，这种思想未必是正确的，不过是一时的愤激之谈而已。

鲁迅历来主张多读外国书，多译外国书。他一再指出，应该放开度量，大胆地无畏地尽量吸收外国新文化，而“倘若各种顾忌，各种小心，各种唠叨，这么做即违了祖宗，那么做又像了夷狄，终生惴惴如在薄冰上，发抖尚且来不及，怎么会做出好东西来”。(《坟·看镜有感》)。他又说：“中国既然是世界上的一国，则受点别国的影响，即自然难免……单就文艺而言，我们实在还知道得太少，吸收得太少。”(《集外集·〈奔流〉编校后记·二》)到晚年，他更提出著名的“拿来主义”，进一步大声疾呼，号召广泛吸收外国文化，为我所用。

鲁迅观影谈

李 浩

1927年秋，鲁迅与许广平到上海之后，直到1936年秋鲁迅逝世，他除了两度北上省亲，就再也没有离开过上海。在这九年时间里，虽然鲁迅时常想离开上海，另寻定居地，但终于再也没有离开上海。这九年的上海生活，成为鲁迅一生中成就最多的九年：文学创作、翻译，办刊物，参与左联等进步社会活动，提倡并推动中国新兴木刻运动，办版画展览，培养文艺青年，等等，都是成绩斐然，有目共睹。但是，在成就这些成绩的过程中，鲁迅所花费的心血，可以以许广平在鲁迅逝世后的《献词》为写照：

> 你曾对我说：
> “我好像一只牛，
> 吃的是草，
> 挤出的是牛奶，血。”
> 你“不晓得，什么是休息，
> 什么是娱乐”。
> 工作，工作！
> 死的前一日还在执笔。[1]

当然，鲁迅并非不晓得什么是休息，他的休息就是看电影。

他曾在给友人的信中说："我的娱乐只有看电影，而可惜很少有好的。"[2]既然是娱乐，鲁迅选择真正的娱乐方式——也就是许广平所说的，乘车去电影院，并在电影院选择好座位观影，应是自然的选择。根据《鲁迅日记》统计，鲁迅在上海期间共在20多家电影院看过电影，其中去的比较多的当是上海大戏院、明星大戏院、奥迪安大戏院、光陆大戏院等。离鲁迅住址（即四川北路北段地区）较远的有卡尔登大戏院、南京大戏院（5～6千米的路程）等。

在鲁迅所观影过的电影院中上海大戏院是比较特别的一所。上海大戏院[3]由广东商人曾焕堂新建于四川路1408号（虬江支路口）同庆戏院旧址，1917年5月17日开幕。建筑仿造欧洲剧场形式，里面装饰华丽、座位宽敞，"为上海唯一最大之剧场，定名为上海大戏院"[4]。1920年曾焕堂在其岳父黄楚九的资助下，收购合伙人邓子义和意大利人罗乐璇等人股份，独资经营该影院。[5]1932年苏联政府和国民党政府复交后，上海大戏院是上海最早放映苏联电影的电影院之一，1933年上海大戏院放映第一部苏联影片《生路》，《申报》广告介绍这部影片："苏联五年计划成功之代表作！在沪开映第一声！负有伟大的教育使命的大众的影片。没有女人的大腿，没有绅士的高帽，全片充满了生命力，令人感着强烈的刺激！全沪报纸一致赞扬。"[6]1933年2月19日晚，鲁迅与许广平去看了这部电影。鲁迅在上海期间看过将近10部苏联电影，其中6部是在上海大戏院观看的。1936年，苏联在上海组织亚洲影片公司，它与上海大戏院合作，将上海大戏院作为首轮放映苏联影片的电影院。

鲁迅一般是就近看电影，因此，鲁迅在上海时期所看过电影的电影院大部分在虹口四川北路沿线。同时，在20世纪20年代末期，上海虹口地区已经成为电影院的集中区域，"在20世纪20年代，先后开设的有上海影戏公司、联合影片公司、天一影片公司等37家。据统计，当时电影公司几乎遍及全国各大城市，'有如春笋之怒发,诚极一时之盛',全国共计179家,仅上海一地就达142家。这样来看,虹口地区截至1927年所开设电影公司数量,便占了上海电影公司总数的四分之一",有30余家。[7]如此众多的大戏院(电影院)为鲁迅就近观影提供了方便。当然,从统计以及相关资料来看,鲁迅并不固定在某个电影院,更侧重以所想看的影片来选择电影院,所谓"任何影院,不管远近,我们都到的,着重在片子,因为汽车走得便捷,没有什么困难"[8]。如许广平回忆《鲁迅先生的娱乐》中所提到的《仲夏夜之梦》就是如此。鲁迅1935年12月21日日记如此记载:"晚同广平携海婴往国泰大戏院观《仲夏夜之梦》,至则已满坐,遂回寓,饭后复往,始得观。"[9]国泰大戏院位于今淮海中路870号(茂名南路口),距鲁迅当时所居住的山阴路有将近10千米的路程(国泰大戏院也是鲁迅去过的电影院中离家最远的),为看一部电影,鲁迅全家两度前往,也可以说为阖家娱乐而全然不顾往返奔波了。

至于影片的选择也如许广平所列举的那样,是全凭他的爱好。根据《鲁迅日记》统计,鲁迅在上海期间约看了140余部电影,除了目前无法考据的六七部电影外,其中美国电影约有120部,涉及纪录片(探险)、剧情、喜剧、动作、恐怖、歌舞、动画等电影类型。其中,占有比较多的应是纪录片(探险)。于此,鲁迅曾对友人说:"我不知道你们看不看电影;我是看的,但不看什么'获美''得宝'之类,是看关于菲洲和南北极之类的片子,因为我想自己将来未必到菲洲或南北极去,只好在影片上得到一点见识了。"[10]关于电影类型,鲁迅的看法也比较明确,1935年1月他在给萧军的信中说:"昨天到巴黎大戏院去看了《黄金湖》,很好,你们看了没有?下回是罗曼谛克的《暴帝情鸳》,恐怕也不坏,我与其看美国式的发财结婚影片,宁可看《天方夜谈》一流的怪片子。"[11]

上海时期的鲁迅,自觉承担了以社会批评、文明批评为手段,推进中国文化进步的工作。但对电影是一个例外,他既然要将看电影作为休闲娱乐活动,那么对影片的选择大致轻松愉快兼具知识为重,以免将以娱乐为目的看电影活动变成另一项工作。当年影片公司或者探险家自主拍摄的探险纪录片,一般在实地拍摄,而且基本上没有剧情,是鲁迅很中意的电影类型。鲁迅所看的探险纪录片,并非粗制滥造之作,如 1928 年所看的反映东南亚风土人情的《暹罗野史》,曾获第一届奥斯卡金像奖最佳杰出艺术作品、最佳影片两项提名。史高萨克(Ernest B. Schoedsack)担任了这部电影的摄影,同时还担任编剧、导演之职。鲁迅所看的电影中,除了《暹罗野史》外,《兽国春秋》《金刚之子》《古城末日记》等都是由史高萨克参与拍摄或导演的。而探险纪录片《南极探险记》《爱斯基摩》都获得了当年的奥斯卡金像奖项。当然,如前所说,鲁迅看电影最主要的是为了娱乐消遣,他并不会特别关注电影演员、导演之类的。

鲁迅喜欢看探险纪录片,作为探险纪录片的延伸,如《金刚》之类的电影他是必看的,同类型的电影《泰山情侣》居然看了三遍,可谓是乐此不疲的了。当然,他并不拒绝看其他类型的电影。看统计,鲁迅观影类型相当全面。其中,《罗京管乐》这部电影颇令人关注。这部电影由意大利和德国电影公司合作拍摄,由当时意大利男高音伏尔毕(Giacomo Lauri Volpi)主演、主唱,属于音乐风光片。当时《申报》广告这样介绍这部电影:“各报一致赞美的艺术作品,爱好音乐和美术者不可不看!世界闻名的歌剧大王劳尔·伏尔毕初上银幕名贵惊人杰作,浪漫歌唱热情巨片!背景完全摄自罗马,威尼斯,尼斯,奈不尔等诸名胜区域,弥足珍视。饱含诗意的一幅画。”[12]鲁迅几乎不谈音乐,不知道他听了一个半小时的意大利男高音歌唱后,会有什么想法[13]。很遗憾,他没有留下任何相关的文字。另一部特别的电影是英国拍摄的《非洲战争》[14]。这部电影由当时美国黑人男低音歌唱家保罗·罗伯逊(Paul Robeson)主演的剧情片,这是鲁迅所看的电影中唯一一部以黑人作为主角而且作为正面的、以反抗者形象出现的电影。

现在无法推测鲁迅选择电影的决定因素。许广平回忆中,说鲁迅“选择片子并不苛刻”[15]。至于许广平说的“侦探片子如陈查礼的探案,也几乎每映必去,那是因为这一位主角的模拟中国人颇有酷肖之处,而材料的穿插也还不讨厌之故。历史的片子,可以和各国史实相印证,还可以看到那一时代活的社会相,也是欢喜去看的”[16]等等,以及鲁迅自己说的“我与其看美国式的发财结婚影片,宁可看《天方夜谈》一流的怪片子”[17],应该是看后的观感,这种观感影响到他以后看片的选择,看电影也有一个经验的积累过程。许广平还谈到鲁迅去看《仲夏夜之梦》是因为朋友介绍的缘故,而且看过之后鲁迅觉得有些失望。对照《申报》上的电影广告,推测鲁迅选片,除了熟悉的探险纪录片类型,主要是根据广告决定的。有时他觉得好的电影,会邀请亲友一同去看,如1931年10月11日“夜邀三弟、蕴如及广平往国民大戏院观《西线无事》电影”[18]。也有他看了觉得好而邀请亲友再度观看的情形,如1931年8月23日他看罢《哥萨克》,于第二天又邀请周建人夫妻一同去观看。1936年10月他看罢《复仇艳遇》,在给黎烈文、黄源的信中推荐这部电影,希望他们去看。不过,看广告也不一定得到好结果,如他对《倾国倾城》有“并非广告上说的那么好的电影”[19]的评介。当然,也有随意决定所看影片的情形。1931年11月13日,他在日记中留下了这样的观影记录:“夜微雨,访三弟,值其未归,少顷偕蕴如来,遂并同广平往国民大戏院观电影《银谷飞仙》,不佳,即退出。至虹口大戏院观《人间天堂》,亦不佳。”[20]

作为作家,鲁迅也看名著改编的电影,如《四骑士》《三剑客》《浮士德》等十余部。其中引起鲁迅反响的名著改编的电影有《金银岛》,他先后看了两遍;根据普希金的小说《杜波罗夫斯基》改编的《复仇艳遇》,他还向亲友推荐;而根据杰克·伦敦的《野性的呼声》改编的同名电影，在观后大失所望。据说鲁迅曾出席了改编茅盾《春蚕》的电影试映式。[21]这种观影经验是否影响到他对自己小说改编为电影/演出剧本的看法，尚需进一步探索。

据《鲁迅日记》记载鲁迅第一次带周海婴看电影时间是1933年12月23日："午后同广平邀冯太太及其女儿并携海婴往光陆大戏院观儿童电影《米老鼠》及《神猫艳语》。……赠阿玉及阿菩泉五，俾明日可看儿童电影。"[22]在这之后，鲁迅选择电影，就有考虑儿子观影需求的因素了。当然，探险纪录片小孩也可以一同观看的。与鲁迅不同，周海婴在看探险纪录片之后，产生了与他父亲不同的想法，鲁迅向友人报告他儿子近况时说："海婴的顽皮颇有进步，最近看了电影，就想上非洲去，旅费已经积蓄了两角来钱。"[23]鲁迅让周海婴看电影也会带来这样的情形："但我这里的海婴男士，却是个怎么也不肯学习的懒汉，不读书，总爱模仿士兵。我以为让他看看残酷的战争影片，可以吓他一下，多少会安静下来，不料上星期带他看了以后，闹得更起劲了。真使我哑口无言，希特拉有这么多党徒，盖亦不足怪矣。"[24]1933年12月之后，鲁迅看电影也并非每次都带上周海婴的，在鲁迅带周海婴观看的电影中，有一部电影令笔者关注——就是他们1935年观看的探险纪录片《兽国寻尸记》。《申报》广告是这样推介这部电影的："一部荒蛮的怪异志，黑人如厉鬼，火烤活人头。极度残忍，极度恐怖，极度野蛮，极度惊人！世界唯一探险家戴亚提司令实地摄制。"[25]广告上还配了烤人头的照片。其时，周海婴六岁。

鲁迅在上海期间看了140余部电影，但对所看过电影进行评点的不超过10部。这表明鲁迅确实将看电影当作娱乐了。

鲁迅并非不知道电影的社会功用，在他翻译的苏联卢那卡尔斯基所著《艺术论》、日本藏原惟人、外村史郎共同辑译《文艺政策》等苏联文艺理论著作中都有对电影的讨论。《艺术论》的作者卢那卡尔斯基在书中还引用了列宁对他说的话："一切我国的艺术之中，为了俄罗斯，最为重要的，是电影。”[26]当然，最完整的体现无产阶级电影理论的是鲁迅1930年翻译的《现代电影与有产阶级》，这篇长文的作者岩崎·昶(1903—1981)曾于1929年组织日本无产阶级电影同盟，是日本著名的左翼电影评论家、导演及制片人。鲁迅在这篇译文后，撰写了近三千字的《译者附记》。其中，鲁迅说：

> 但我偶然读到了这一篇，却觉得于自己很有裨益。上海的日报上，电影的广告每天大概总有两大张，纷纷然竞夸其演员几万人，费用几百万，“非常的风情，浪漫，香艳(或哀艳)，肉感，滑稽，恋爱，热情，冒险，勇壮，武侠，神怪……空前巨片”，真令人觉得倘不前去一看，怕要死不瞑目似的。现在用这小镜子一照，就知道这些宝贝，十之九都可以归纳在文中所举的某一类，用意如何，目的何在，都明明白白了。但那些影片，本非以中国人为对象而作，所以运入中国的目的，也就和制作时候的用意不同，只如将陈旧枪炮，卖给武人一样，多吸收一些金钱而已。而中国人对于这些的见解，当然也和他们的本国人两样，只看广告中借以吸引看客的句子，便分明可知，于各类影片，大抵都只见其“非常风情，浪漫，香艳(或哀艳)，肉感……”了。然而，冥冥中也还有功效在，看见他们“勇壮武侠”的战事巨片，不意中也会觉得主人如此英武，自己只好做奴才；看见他们“非常风情浪漫”的爱情巨片，便觉得太太如此“肉感”，真没有法子办——自惭形秽，虽然嫖白俄妓女以自慰，现在是还可以做到的。非洲土人顶喜欢白人的洋枪，美洲黑人常要强奸白人的妇女，虽遭火刑，也不能吓绝，就因看了他们的实际上的“巨片”的缘故。然而文野不同，中国人是古文明国人，大约只是心折而不至于实做

的了。[27]

看电影之后，那些电影对鲁迅的创作或其他文化活动会产生怎样的影响？（或者鲁迅看电影之后的文化意义？）对于这类问题的论述，笔者以为由于鲁迅相关论述与所看电影数不成比例，因此很有必要把鲁迅看过的电影看一遍才有正确而充分讨论的基础或前提（最低限度也应把这些电影的梗概、剧照看一遍），否则难免陷于臆测，得到想象式的结论。当然，鲁迅文章中比较直接的论述，大约是同为黑奴而相互欺压的情形。如“即使在电影上，不也有时看得见黑奴怒形于色的时候，一有同是黑奴而手里拿着皮鞭的走过来，便赶紧低下头去么”[28]，“如果有谁看过菲洲的黑奴工头，傲然的拿鞭子乱抽着做苦工的黑奴的电影的，拿来和这《略论中国文坛》的大文一比较，便会禁不住会心之笑”[29]，等等——这其实是鲁迅经常讨论奴隶和奴才意象的又一个具体例证罢。另一方面相关论述则算是对电影观众心态的描摹（或推演）：“鼻子生得平而小，没有欧洲人那么高峻，那是没有法子的，然而倘使我们身边有几角钱，却一样的可以看电影。侦探片子演厌了，爱情片子烂熟了，战争片子看腻了，滑稽片子无聊了，于是乎有《人猿泰山》，有《兽林怪人》，有《斐洲探险》等等，要野兽和野蛮登场。然而在蛮地中，也还一定要穿插一点蛮婆子的蛮曲线。如果我们也还爱看，那就可见无论怎样奚落，也还是有些恋恋不舍的了，‘性’之于市侩，是很要紧的”[30]，等等，并非涉及电影本身。此外，在《现代电影与有产阶级·译者附记》中关于美国的“武侠明星”范朋克（Douglas Fairbanks）的讨论也没有涉及电影本身。

上海时期的鲁迅，在其日记中，没有直接的看中国电影的记载。但从他杂文中的某些评论（如《姊妹花》）看，他似乎看过这些中国电影，这便留给我们探索的空间，即鲁迅对当时的中国电影，尤其是左翼电影到底是持怎样的态度，难道仅是因为当时的中国演员的演技或中国编剧水平不足？或者鲁迅自觉如深入其中，则会失去看电影这项几乎说是唯一的娱乐活动？

1933年11月12日，自称“上海影界铲共同志会”的组织捣毁艺华影片公司摄影场等处，并散发《宣言》传单，指责艺华影片公司为“共产党宣传机关”云云。鲁迅对该事件给予了充分的关注，他在《准风月谈·后记》剪贴了相当数量相关报道，并说：“但即此写了下来的几十篇，加以排比，又用《后记》来补叙些因此而生的纠纷，同时也照见了时事，格局虽小，不也描出了或一形象了么？——而现在又很少有肯低下他仰视莎士比亚，托尔斯泰的尊脸来，看看暗中，写它几句的作者。因此更使我要保存我的杂感，而且它也因此更能够生存，虽然又因此更招人憎恶，但又在围剿中更加生长起来了。呜呼，‘世无英雄，遂使竖子成名’，这是为我自己和中国的文坛，都应该悲愤的。”[31]

注释：

[1] 许广平：《献词》，《许广平文集》第2卷，江苏文艺出版社1998年版，第3页。

[2] 鲁迅：《19360318致欧阳山、草明》，《鲁迅全集》第14卷，人民文学出版社2005年版，第48页。

[3] 伊西斯(ISIS)，古埃及神话中的生命、魔法、婚姻和生育女神。

[4] 吴志伟：《早期上海大戏院兴衰》，《检察风云》2017年第15期。

[5] 参见周国伟、柳尚彭：《寻访鲁迅在上海的足迹》，上海书店出版社2007年版，第210页。并据虹口区档案局提供资料。

[6] 《申报》1933年2月19日第21499期本埠增刊第10版。

[7] 侯凯：《从虹口观影到上海摩登——早期上海虹口地区的影院建设(1908—1936)》，《文艺研究》2015年第4期。影院数应为累计数。并参见赵伟清：《上海租界电影院空间分布的演变过程及原因探析

(1919—1943)》,《上海法租界史研究》第 2 辑,上海社会科学院出版社 2017 年版。

[8] [15] [16] 许广平:《鲁迅先生的娱乐》,《许广平文集》第 2 卷,江苏文艺出版社 1998 年版,第 99 页。

[9]《鲁迅全集》第 16 卷,人民文学出版社 2005 年版,第 566 页。

[10] 鲁迅:《19360415 致颜黎民》,《鲁迅全集》第 14 卷,人民文学出版社 2005 年版,第 77 页。

[11] [17] 鲁迅:《19351004 致萧军》,《鲁迅全集》第 13 卷,人民文学出版社 2005 年版,第 560 页。

[12]《申报》1934 年 4 月 8 日第 21900 期第 23 版。

[13] 鲁迅曾观摩过上海工部局乐团的交响乐演出。参见葛涛、石祥《鲁迅 1936 年 2 月 9 日致姚克的书信考释》,《太原学院学报》2019 年第 2 期。

[14] 鲁迅记作《菲州战争》。

[18]《鲁迅全集》第 16 卷,人民文学出版社 2005 年版,第 273 页。

[19] 鲁迅:《19350104 致山本初枝》,《鲁迅全集》第 14 卷,人民文学出版社 2005 年版,第 336 页。

[20]《鲁迅全集》第 16 卷,人民文学出版社 2005 年版,第 277 页。

[21] 魏若华:《鲁海拾零》,陕西旅游出版社 1991 年版,第 462 页。

[22]《鲁迅全集》第 16 卷,人民文学出版社 2005 年版,第 414 页。

[23] 鲁迅:《19350227 致增田涉》,《鲁迅全集》第 14 卷,人民文学出版社 2005 年版,第 348 页。

[24] 鲁迅:《19350227 致增田涉》,《鲁迅全集》第 14 卷,人民文学出版社 2005 年版,第 344 页。着重号原文有。

[25]《申报》1935 年 5 月 11 日第 22285 期第 25 版。

[26] 鲁迅:《鲁迅译文全集》第四卷,福建教育出版社 2008 年版,第 372 页。

[27] 鲁迅:《现代电影与有产阶级》,《鲁迅全集》第 4 卷,人民文学出版社 2005 年版,第 418—419 页。

[28] 鲁迅:《南腔北调集·题记》,《鲁迅全集》第 4 卷,人民文学出版社 2005 年版,第 427 页。

[29] 鲁迅:《“题未定”草》,《鲁迅全集》第 6 卷,人民文学出版社 2005 年版,第 404 页。

[30] 鲁迅:《未来的光荣》,《鲁迅全集》第 5 卷,人民文学出版社 2005 年版,第 443 页。
[31] 鲁迅:《准风月谈·后记》,《鲁迅全集》第 5 卷,人民文学出版社 2005 年版,第 431 页。

鲁迅研究文学的方法

赵献涛

鲁迅在中国小说史、古代文学、新文学以及外国文学等研究领域取得很高成就，虽然他的某些观点存在争议或不完全正确，但他研究文学的方法依然具有指导性的意义。这些方法不仅可以应用于古代文学的批评、外国文学的研究，同样适应于中国现代文学的研究；当然这些研究方法并不完全是鲁迅的独创，一些方法是鲁迅对中国古代文学批评理论、外国文学理论的借鉴。

鲁迅研究文学的方法是什么？笔者主要以摘录《中国小说史略》《汉文学史纲要》原文为例来加以透视。所摘录的原文，我们以往将它们作为鲁迅的观点、思想加以认识、关注、引用，今天从方法论的角度对原文予以透视，看看这些论点背后折射的是一种什么样的研究方法。

一、社会学的研究方法

联系作家生平及其所处时代的社会环境，分析作品产生的社会原因，阐述作品的思想内容、社会意义，这是鲁迅研究文学的社会学方法。鲁迅注重分析作家作品、文学流派与时代环境的关系，在分析《金瓶梅》成书原因时，深刻地指出了作品所受社会环境的影响：

> 故就文辞与意象以观《金瓶梅》，则不外描写世情，尽其

> 情伪，又缘衰世，万事不纲，爰发苦言，每极峻急，然亦时涉隐曲，猥黩者多。后或略其他文，专注此点，因予恶谥，谓之“淫书”；而在当时，实亦时尚。成化时，方士李孜僧继晓已以献房中术骤贵，至嘉靖间而陶仲文以进红铅得幸于世宗，官至特进光禄大夫柱国少师少傅少保礼部尚书恭诚伯。于是颓风渐及士流，都御史盛端明布政使参议顾可学皆以进士起家，而俱借“秋石方”致大位。瞬息显荣，世俗所企羡，侥幸者多竭智力以求奇方，世间乃渐不以纵谈闺帏方药之事为耻。风气既变，并及文林，故自方士进用以来，方药盛，妖心兴，而小说亦多神魔之谈，且每叙床笫之事也。[1]

文学作品产生在一定的历史语境中并受具体历史语境的制约、影响，这样一种观点贯穿于鲁迅的文学研究中，在分析志怪小说、唐传奇、讽刺小说、谴责小说、“四大奇书”等出现的原因时，鲁迅往往将具体文学现象、具体文本与历史语境结合起来进行考察，从而洞观文学发展的社会原因。

> 光绪庚子（一九〇〇）后，谴责小说之出特盛。盖嘉庆以来，虽屡平内乱（白莲教，太平天国，捻，回），亦屡挫于外敌（英，法，日本），细民暗昧，尚啜茗听平逆武功，有识者则已翻然思改革，凭敌忾之心，呼维新与爱国，而于“富强”尤致意焉。戊戌变政既不成，越二年即庚子岁而有义和团之变，群乃知政府不足与图治，顿有掊击之意矣。其在小说，则揭发伏藏，显其弊恶，而于时政，严加纠弹，或更扩充，并及风俗。虽命意在于匡世，似与讽刺小说同伦，而辞气浮露，笔无藏锋，甚且过甚其辞，以合时人嗜好，则其度量技术之相去亦远矣，故别谓之谴责小说。其作者，则南亭亭长与我佛山人名

最著。[2]

文学作品产生在一定的历史条件下，并且是对一定历史内容的反映。研究者的任务就是从作品中发现反映的社会历史内容，从而评价所反映的内容与历史真实的关系。在揭示作品表现的社会内容时，鲁迅基本上就是这样一种研究方法——注重分析作品所反映的社会内容、社会心理及其社会价值：

吴敬梓著作皆奇数，故《儒林外史》亦一例，为五十五回；其成殆在雍正末，著者方侨居于金陵也。时距明亡未百年，士流盖尚有明季遗风，制艺而外，百不经意，但为矫饰，云希圣贤。敬梓之所描写者即是此曹，既多据自所闻见，而笔又足以达之，故能烛幽索隐，物无遁形，凡官师，儒者，名士，山人，间亦有市井细民，皆现身纸上，声态并作，使彼世相，如在目前，惟全书无主干，仅驱使各种人物，行列而来，事与其来俱起，亦与其去俱讫，虽云长篇，颇同短制；但如集诸碎锦，合为帖子，虽非巨幅，而时见珍异，因亦娱心，使人刮目矣。[3]

《野叟曝言》云是作者"抱负不凡，未得黼黻休明，至老经猷莫展"，因而命笔，比之"野老无事，曝日清谈"（凡例云）。可知衒学寄慨，实其主因，圣而尊荣，则为抱负，与明人之神魔及佳人才子小说面目似异，根柢实同，惟以异端易魔，以圣人易才子而已。意既夸诞，文复无味，殊不足以称艺文，但欲知当时所谓"理学家"之心理，则于中颇可考见。[4]

社会学的研究方法是鲁迅研究文学、开展文学批评的最为主要的方法，贯穿鲁迅文学研究的一生。这种方法的形成，与中国古代文学批评强调知人论世不无关系，同样与泰纳"种族、时代、环境”三要素说以及勃兰兑斯《十九世纪文学主流》的影响不无关系。

二、推源析流的研究方法

溯流徂源地探讨作家与作家、作品与作品之间的渊源关系、流变情况，从而沿波讨源地弄清楚作品起源、发展的来龙去脉，这是鲁迅研究文学的推源析流法。

鲁迅的推源析流法与胡适的历史演进的方法不无关系。明清时期的白话小说巨著多是在前人“说话”的基础上世代累积而成，胡适倡导运用历史的眼光研究文学作品的演化，这一研究方法被顾颉刚运用于孟姜女故事的研究中，被鲁迅借鉴于中国小说的研究中。鲁迅注重考察古代小说的源流，如在分析罗贯中本《三国志演义》时，就概述了三国故事的流传情况：

> 说《三国志》者，在宋已甚盛，盖当时多英雄，武勇智术，瑰伟动人，而事状无楚汉之简，又无春秋列国之繁，故尤宜于讲说。东坡（《志林》六）谓“王彭尝云，途巷中小儿薄劣，其家所厌苦，辄与钱，令聚坐听说古话，至说三国事，闻刘玄德败，频蹙眉，有出涕者，闻曹操败，即喜唱快。以是知君子小人之泽，百世不斩。”在瓦舍，“说三分”为说话之一专科，与“讲《五代史》”并列（《东京梦华录》五）。金元杂剧亦常用三国时事，如《赤壁鏖兵》《诸葛亮秋风五丈原》《隔江斗智》《连环计》《复夺受禅台》等，而今日搬演为戏文者尤多，则为世之所乐道可知也。其在小说，乃因有罗贯中本而名益显。[5]

这一方法，同样见于《西游记》《燕山外史》等作品的分析中：

> 惟杨志和本虽大体已立，而文词荒率，仅能成书；吴则通

才，敏慧淹雅，其所取材，颇极广泛，于《四游记》中亦采《华光传》及《真武传》，于西游故事亦采《西游记杂剧》及《三藏取经诗话》(?)，翻案挪移则用唐人传奇（如《异闻集》《酉阳杂俎》等），讽刺揶揄则取当时世态，加以铺张描写，几乎改观。[6]

宋朱熹（《楚辞辨证》中）尝斥僧伽降伏无支祁事为俚说，罗泌（《路史》）有《无支祁辩》，元吴昌龄《西游记》杂剧中有“无支祁是他姊妹”语，明宋濂亦隐括其事为文，知宋元以来，此说流传不绝，且广被民间，致劳学者弹纠，而实则仅出于李公佐假设之作而已。惟后来渐误禹为僧伽或泗洲大圣，明吴承恩演《西游记》，又移其神变奋迅之状于孙悟空，于是禹伏无支祁故事遂以堙昧也。[7]

以排偶之文试为小说者，则有陈球之《燕山外史》八卷……其本成于嘉庆中（约一八一〇），专主词华，略以寄慨，故即取明冯梦桢所撰《窦生传》为骨干，加以敷衍，演为三万一千余言。[8]

探讨文本的源头得以考察文本的材料来源、主题来源、形象来源，分析流变得以明察文学的变迁、消长。在考察一种作品或文学潮流的时候，鲁迅往往提及这种作品、潮流的流变情况：

《金瓶梅》《玉娇李》等既为世所艳称，学步者纷起，而一面又生异流，人物事状皆不同，惟书名尚多蹈袭，如《玉娇梨》《平山冷燕》等皆是也。至所叙述，则大率才子佳人之事，而以文雅风流缀其间，功名遇合为之主，始或乖违，终多如意，故当时或亦称为“佳话”。察其意旨，每有与唐人传奇近似者，而又不相关，盖缘所述人物，多为才人，故时代虽殊，事迹辄类，因而偶合，非必出于仿效矣。[9]

此外以抉摘社会弊恶自命，撰作此类小说者尚多，顾什九学步前数书，而甚不逮，徒作谯呵之文，转无感人之力，旋生旋灭，亦多不完。其下者乃至丑诋私敌，等于谤书；又或有嫚骂之志而无抒写之才，则遂堕落而为"黑幕小说"。[10]

稍后，楚又有宋玉唐勒景差之徒，皆好辞，而以赋见称。然虽学屈原之文辞，终莫敢直谏，盖掇其哀愁，猎其华艳，而"九死未悔"之概失矣。[11]

向上的探源，向下的析流，这样一种方法的运用比较清楚地勾勒出文学史的发展脉络，体现了鲁迅以一种整体的、系统的视野考察文学的努力。

三、文献学的研究方法

运用文献学的分支学科——版本学、考据学、目录学的知识和方法，对文学作品的版本、作者、著作年代等进行考证、辨伪，这是鲁迅研究文学的文献学方法。

文学研究讲究版本，版本是文学研究的基础之一。版本梳理是鲁迅文学研究的一项主要内容或主要方法：

弘治以后，刻本甚多，即以明代而论，今尚未能详其凡几种（详见《小说月报》二十卷十号郑振铎《三国志演义的演化》）。迨清康熙时，茂苑毛宗岗字序始师金人瑞改《水浒传》及《西厢记》成法，即旧本遍加改窜，自云得古本，评刻之，亦称"圣叹外书"，而一切旧本乃不复行。凡所改定，就其序例可见，约举大端，则一曰改，如旧本第百五十九回《废献帝曹丕篡汉》本言曹后助兄斥献帝，毛本则云助汉而斥丕。二曰增，如第百六十七回《先主夜走白帝城》本不涉孙夫人，毛本则云“夫人在吴闻猇亭兵败，讹传先主死于军中，遂驱兵至江边，望西遥哭，投江而死”。三曰削，如第二百五回《孔明火烧木栅寨》本有孔明烧司马懿于上方谷时，欲并烧魏延，第二百三十四回《诸葛瞻大战邓艾》有艾贻书劝降，瞻览毕狐疑，其子尚诘责之，乃决死战，而毛本皆无有。其余小节，则一者整顿回目，二者修正文辞，三者削除论赞，四者增删琐事，五者改换诗文而已。[12]

起源于汉儒解经而成熟于乾嘉学派的考据学对鲁迅有着深刻影响，鲁迅继承清朝朴学传统，对文学作品的基本要素进行考证，作者考证如：

吴承恩字汝忠，号射阳山人，性敏多慧，博极群书，复善谐剧，著杂记数种，名震一时，嘉靖甲辰岁贡生，后官长兴县丞，隆庆初归山阳，万历初卒（约一五一〇——一五八〇）。杂记之一即《西游记》（见《天启淮安府志》一六及一九《光绪淮安府志》贡举表），余未详。又能诗，其“词微而显，旨博而深”（陈文烛序语），为有明一代淮郡诗人之冠，而贫老乏嗣，遗稿多散佚，邱正纲收拾残缺为《射阳存稿》四卷《续稿》一卷，吴玉搢尽收入《山阳耆旧集》中（《山阳志遗》四）。然同治间修《山阳县志》者，于《人物志》中去其“善谐剧著杂记”语，于《艺文志》又不列《西游记》之目，于是吴氏之性行遂失真，而知《西游记》之出于吴氏者亦愈少矣。[13]

初刻本年代考证如：

> 诸“世情书”中，《金瓶梅》最有名。初惟钞本流传，袁宏道见数卷，即以配《水浒传》为“外典”(《觞政》)，故声誉顿盛；世又益以《西游记》，称三大奇书。万历庚戌(一六一〇)，吴中始有刻本，计一百回，其五十三至五十七回原阙，刻时所补也(见《野获编》二十五)。作者不知何人，沈德符云是嘉靖间大名士(亦见《野获编》)，世因以拟太仓王世贞，或云其门人(康熙乙亥谢颐序云)。由此复生谰言，谓世贞造作此书，乃置毒于纸，以杀其仇严世蕃，或云唐顺之者，故清康熙中彭城张竹坡评刻本，遂有《苦孝说》冠其首。[14]

中国现代文学的发生已经百年，与历史悠久的古代文学相比显然很年轻，但百年的发展历史，足以使得现代文学建立自己的史料学成为必然，并且已经成立。朱金顺《新文学资料引论》、刘增杰《中国现代文学史料学》、金宏宇《新文学的版本批评》等，就是将文献学的方法运用于现代文学研究实践的案例。鲁迅研究古代文学所运用的文献学方法，运用于现代文学研究，同样具有启示意义。

四、比较研究的方法

对中国文学与外国文学进行平行研究、影响研究，从而更加清楚中国文学的性质和所受外国文学的影响；对中国文学进行求同、求异的分析，即分析不同作家作品的相同之处或不同之处，从而更好地认识文学发展的统一性、多样性，这是鲁迅从事文学研究的比较研究法。

比较研究的一项内容是中外文学的平行研究、影响研究，鲁迅自觉运用这种方法，将中国文学放在世界文学的视野里加以分析，得出了可信的结论：

> 晋既得《汲冢书》，郭璞为《穆天子传》作注，又注《山海经》，作图赞，其后江灌亦有图赞，盖神异之说，晋以后尚为人士所深爱。然自古以来，终不闻有荟萃融铸为巨制，如希腊史诗者，第用为诗文藻饰，而于小说中常见其迹象而已。[15]

> 此外还有一种助六朝人志怪思想发达的，便是印度思想之输入。因为晋，宋，齐，梁四朝，佛教大行，当时所译的佛经很多，而同时鬼神奇异之谈也杂出，所以当时合中，印两国底鬼怪到小说里，使它更加发达起来，如阳羡鹅笼的故事，就是……此种思想，不是中国所故有的，乃完全受了印度思想的影响。就此也可知六朝的志怪小说，和印度怎样相关的大概了。[16]

留日期间接触到的世界文学，以及写作于留日时期的《摩罗诗力说》等文言论文所昭示的比较文学方法的形成，是鲁迅能够展开中外文学比较的知识准备和方法论准备。

与此同时，鲁迅还进行中国文学的“同异比较”：分析某一作品的时候，不是孤立地谈论这部作品，而是将这部作品放在文学史的长河里，与其他作品联系起来进行共时或历时的比较分析，从而更好地凸显这部作品的特征、价值。

> 传奇者流，源盖出于志怪，然施之藻绘，扩其波澜，故所成就乃特异，其间虽亦或托讽喻以纾牢愁，谈祸福以寓惩劝，而大归则究在文采与意想，与昔之传鬼神明因果而外无他意者，甚异其趣矣。[17]

> 《封神传》一百回，……书之开篇诗有云，“商周演义古今传”，似志在于演史，而侈谈神怪，什九虚造，实不过假商周之

争，自写幻想，较《水浒》固失之架空，方《西游》又逊其雄肆，故迄今未有以鼎足视之者也。[18]

文康晚年块处一室，笔墨仅存，因著此书以自遣。升降盛衰，俱所亲历，“故于世运之变迁，人情之反复，三致意焉。”(并序语)荣华已落，怆然有怀，命笔留辞，其情况盖与曹雪芹颇类。惟彼为写实，为自叙，此为理想，为叙他，加以经历复殊，而成就遂迥异矣。[19]

(《官场现形记》)故凡所叙述，皆迎合，钻营，朦混，罗掘，倾轧等故事，兼及士人之热心于作吏，及官吏闺中之隐情。头绪既繁，脚色复夥，其记事遂率与一人俱起，亦即与其人俱讫，若断若续，与《儒林外史》略同。然臆说颇多，难云实录，无自序所谓“含蓄蕴酿”之实，殊不足望文木老人后尘。况所搜罗，又仅“话柄”，联缀此等，以成类书；官场伎俩，本小异大同，汇为长编，即千篇一律。特缘时势要求，得此为快，故《官场现形记》乃骤享大名；而袭用“现形”名目，描写他事，如商界学界女界者亦接踵也。[20]

晁贾性行，其初盖颇同，一从伏生传《尚书》，一从张苍受《左氏》。错请削诸侯地，且更定法令；谊亦欲改正朔，易服色；又同被功臣贵幸所谮毁。为文皆疏直激切，尽所欲言；司马迁亦云：“贾生晁错明申商。”惟谊尤有文采，而沉实则稍逊，如其《治安策》《过秦论》，与晁错之《贤良对策》《言兵事疏》《守边劝农疏》，皆为西汉鸿文，沾溉后人，其泽甚远；然以二人之论匈奴者相较，则可见贾生之言，乃颇疏阔，不能与晁错之深识为伦比矣。[21]

五、形象分析的研究方法

找出神话传说中具有关联的形象，分析其历史演变；联系时代背景，分析文学作品中典型人物形象的性格特征、社会意义，这是鲁迅研究文学的形象分析法。

在谈到中国神话之所以不发达的原因时，鲁迅以具体的神话传说中的形象为例，以历史演化的眼光，分析了中国民间习俗中门神形象的变化：

> 沧海之中，有度朔之山，上有大桃木，……其枝间东北曰鬼门，万鬼所出入也。上有二神人，一曰神荼，一曰郁垒，主阅领万鬼，害恶之鬼，执以苇索而以食虎。于是黄帝乃作礼，以时驱之，立大桃人，门户画神荼郁垒与虎，悬苇索，以御凶魅。（《论衡》二十二引《山海经》，案今本中无之）
>
> 东南有桃都山，……下有二神，左名隆，右名，并执苇索，伺不祥之鬼，得而煞之。今人正朝作两桃人立门旁，……盖遗象也。（《太平御览》二九及九一八引《玄中记》以《玉烛宝典》注补）
>
> 门神，乃是唐朝秦叔保胡敬德二将军也。按传，唐太宗不豫，寝门外抛砖弄瓦，鬼魅呼号。……太宗惧之，以告群臣。秦叔保出班奏曰，"臣平生杀人如剖瓜，积尸如聚蚁，何惧魍魉乎？愿同胡敬德戎装立门外以伺。"太宗可其奏，夜果无警，太宗嘉之，命画工图二人之形像，……悬于宫掖之左右门，邪祟以息，后世沿袭，遂永为门神。（《三教搜神大全》七）[22]

在谈到历史演义、讽刺小说等作品的时候，人物形象分析是鲁迅文学研究的主要内容之一——或概述人物形象的性格特征，或揭示人物形象的生活原型：

> （罗贯中《三国志演义》）至于写人，亦颇有失，以致欲显刘备之长厚而似伪，状诸葛之多智而近妖；惟于关羽，特多好语，义勇之概，时时如见矣。[23]

> 《儒林外史》所传人物，大都实有其人，而以象形谐声或廋词隐语寓其姓名，若参以雍乾间诸家文集，往往一得八九（详见本书上元金和跋）。此马二先生字纯上，处州人，实即全椒冯粹中，为著者挚友，其言真率，又尚上知春秋汉唐，在"时文士"中实犹属诚笃博通之士，但其议论，则不特尽揭当时对于学问之见解，且洞见所谓儒者之心肝者也。至于性行，乃亦君子，例如西湖之游，虽全无会心，颇杀风景，而茫茫然大嚼而归，迂儒之本色固在。[24]
>
> 此外刻划伪妄之处尚多，掊击习俗者亦屡见。其述王玉辉之女既殉夫，玉辉大喜，而当入祠建坊之际，"转觉心伤，辞了不肯来"，后又自言"在家日日看见老妻悲恸，心中不忍"（第四十八回），则描写良心与礼教之冲突，殊极刻深（详见本书钱玄同序）；作者生清初，又束身名教之内，而能心有依违，托稗说以寄慨，殆亦深有会于此矣。以言君子，尚亦有人，杜少卿为作者自况，更有杜慎卿（其兄青然），有虞育德（吴蒙泉），有庄尚志（程绵庄），皆贞士；其盛举则极于祭先贤。[25]

六、文学人类学的研究方法

运用人类学的知识、方法对文学进行研究，分析文学发生的人类学背景，或对文学作品进行人类学视野的解读，这是鲁迅研究文学的人类学方法。

鲁迅运用人类学的知识进行文学研究，主要见之于文学发生学的叙述上，如：

> 昔者初民，见天地万物，变异不常，其诸现象，又出于人力所能以上，则自造众说以解释之：凡所解释，今谓之神话。神话大抵以一“神格”为中枢，又推演为叙说，而于所叙说之神，之事，又从而信仰敬畏之，于是歌颂其威灵，致美于坛庙，久而愈进，文物遂繁。故神话不特为宗教之萌芽，美术所由起，且实为文章之渊源。惟神话虽生文章，而诗人则为神话之仇敌，盖当歌颂记叙之际，每不免有所粉饰，失其本来，是以神话虽托诗歌以光大，以存留，然亦因之而改易，而销歇也。[26]

> 在昔原始之民，其居群中，盖惟以姿态声音，自达其情意而已。声音繁变，寖成言辞，言辞谐美，乃兆歌咏。时属草昧，庶民朴淳，心志郁于内，则任情而歌呼，天地变于外，则祇畏以颂祝，踊跃吟叹，时越侪辈，为众所赏，默识不忘，口耳相传，或逮后世。复有巫觋，职在通神，盛为歌舞，以祈灵贶，而赞颂之在人群，其用乃愈益广大。试察今之蛮民，虽状极狉獉，未有衣服宫室文字，而颂神抒情之什，降灵召鬼之人，大抵有焉。[27]

文学人类学的内容非常丰富(见叶舒宪《文学人类学教程》)，远非上述有限内容，鲁迅这方面的研究较为有限，之所以有限，与人类学作为一门知识体系传入中国时间不长不无关系，与鲁迅20世纪30年代以后的兴趣侧重于接受苏俄文艺理论不无关系，而苏俄文艺理论基本上是一种社会学的批评、意识形态的批评。随着人类学知识在中国传播的深入，中国学者运用西方人类学知识研究中国文学取得了卓越的成就，如闻一多的《伏羲考》、郑振铎的《汤祷篇》等。

以上是鲁迅研究文学方法的一个大概，但绝不是全部（当然更不是文学研究方法的全部，除上述诸种方法之外，文学研究尚有精神分析、神话原型批评、形式主义—新批评、女性主义、结构主义—符号学、新历史主义、后殖民主义、文学地理学等研究方法）。这昭示着我们进行文学研究要有方法论意识。文本阅读、作品批评，固然要靠研究者的感受和悟性，但更需要研究者具备鲜明的、科学的方法，将一定的方法作为分析文本的前提。[28]

2019 年 2 月，写于借琐庵

注释：

[1][2][3][4][5][6][7][8][9][10][12][15][17][18][19][20][22][23][24][25][26] 鲁迅：《中国小说史略》，《鲁迅全集》第 9 卷，人民文学出版社 1981 年版，第 182—183、282、221、243、128—129、162、85、220、189、292、132、21、70—71、170、269、283—284、22—23、129—130、222、224、17 页。

[11][21][27] 鲁迅：《汉文学史纲要》，《鲁迅全集》第 9 卷，第 374、391、343 页。

[13] 鲁迅：《中国小说史略》，《鲁迅全集》第 9 卷，第 161—162 页。《西游记》作者为吴承恩的说法，已经受到了章培恒的质疑，见章培恒《不京不海集》，复旦大学出版社 2012 年版。

[14] 鲁迅：《中国小说史略》，《鲁迅全集》第 9 卷，第 179 页。关于鲁迅的《金瓶梅》初刻本考证之误，见周钧韬《鲁迅〈金瓶梅〉研究的成就与失误》，《河南理工大学学报》2013 年第 2 期。

[16] 鲁迅：《中国小说的历史的变迁》，《鲁迅全集》第 9 卷，第 308 页。

[28] 每年指导汉语言文学专业本科学生毕业论文，他们对论文研究的方法往往不明所以，为此结合鲁迅研究文学的成果列举几种文学研究的方法，希望对学生有所裨益。

回族诗歌中的鲁迅形象书写与精神价值体认

卓光平

作为现代中国的“民族魂”，鲁迅在汉族之外的少数民族中也有很大的影响。他不仅被几代少数民族学者和作家视为“精神导师”和“新文学之父”，而且迄今仍不断为他们提供思想资源和艺术养分。有着共同的宗教信仰，又以“大分散，小聚居”形式遍布华夏的回族，无疑具有其他少数民族所不具备的“试管效应”，是观察中华各民族交往交流的一个重要橱窗。因而，深入探究回族作家的“鲁迅主题”创作与精神价值体认，无疑可以从个案的角度来揭示鲁迅对少数民族文学发展的促进作用，以及鲁迅在少数民族中的重要影响。

鲁迅与回族有着不解之缘，他不仅与伍仲文和王仲猷两位回族朋友有过十余年的密切交往，也非常关注回民问题和回族文化，并对 1932 年发生的“北新书局辱教案”表达过鲜明态度和批评意见。在逝世后，鲁迅对许多当代回族作家也产生过重要影响。且不说张承志对鲁迅精神思想与文学创作的极力推崇和霍达长篇小说《穆斯林的葬礼》与鲁迅《故事新编》之间的深刻联系，著名的回族诗人沙蕾、木斧等也都深受鲁迅的影响，并分别创作了诗歌《鲁迅墓前的塑像》和《在鲁迅故乡》来缅怀他。同样，宇安、石舒清和马笑泉等回族作家出于对鲁迅的崇敬，也创作了以鲁迅为题的诗歌。这些诗歌既展现了回族作家们与鲁迅的精神共鸣和思想对话，也显示出鲁迅对少数民族文学创作的深刻影响。

沙蕾是现代回族文坛的第一位成名诗人，也是最早创作“鲁迅主题”诗歌的回族作家。他的一生都在以诗歌来讴歌光明和正义，其创作于1957年的诗歌《鲁迅墓前的塑像》正是这一主题的代表作之一。诗人在诗中写道，虽然鲁迅先生的灵魂已安葬在地底下，但是他的“塑像却在地上扎根”，其精神一直影响着后人。人们络绎不绝地来到他的墓前缅怀凭吊，五彩的鲜花簇拥在鲁迅塑像旁。而诗人由鲁迅雕像又联想起当年鲁迅用文字“铸造了千万把利剑”，让那些“魔鬼们心惊胆战”。所以，在诗人的眼中，“铁汉子”鲁迅对风雨的吹打没有丝毫的惧怕，而“阳光和人们的目光”正是今天人们献给他的赞颂。

在1983年8月，回族诗人木斧也写下了《在鲁迅故乡》一诗。对他而言，正是在学生时期受鲁迅等作家的影响，他才走上了诗歌创作的道路。因此，他在多篇文章和诗歌中提到鲁迅。在回忆早年重要诗歌《疯孩》的创作时，他说：“开始写作《疯孩》，我读诗不多，我正在入痴入迷地阅读鲁迅著作，印象最深的是《狂人日记》。《狂人日记》写的是被那个社会逼疯了的疯子，我便要写疯孩，这个孩子还没有长大便逼疯了。这是从《狂人日记》中得到启发，所以在诗的前面，引用了《狂人日记》中的一句话，‘救救孩子！’”[1]在1949年下半年，为迎接中华人民共和国成立，成都诗歌团体蜜蜂社的诗友们共同出版了诗文合集《路和碑》，其中就收入了木斧一篇以穆新文为笔名的文章《论鲁迅的韧性战斗精神》。在新时期复出文坛以后，木斧还写下了《试论鲁迅作品中的模特儿》等文章。在诗歌创作中，他不仅在《奔——怀吴奔星》《试笔》和《跌宕》等诗中提到过鲁迅，还在《献给十月的歌》一诗中直接引用过《记念刘和珍君》中的句子。可见鲁迅的精神思想和文学创作对木斧的影响之深。1983年8月，怀着对鲁迅的崇敬之情，木斧游览了鲁迅的故乡绍兴，并写下《在鲁迅故乡》一诗。在诗中，诗人将“头戴毡帽的闰土哥”“腰系围裙的爱姑嫂”等人物和乌篷船、石桥、河浜、青山、湖水、瓦房、绿树、电杆和街道等风景相融合来领略鲁迅作品的乡土风情,来感受鲁迅的故乡绍兴,从而更进一步认识和理解鲁迅,同时也表达了对鲁迅的崇敬之情。

回族诗人宇安的《我对鲁迅相片说》一诗完成于 1992 年。在诗中,宇安面对着鲁迅相片与鲁迅进行对话。诗人深深感到在现实世界中听不到鲁迅的声音,但到处却充满了对鲁迅的颂扬之声。然而,那些呼唤着鲁迅名字颂扬鲁迅的却是一群在"思想的荒原上涌动的人群",他们不仅不了解鲁迅,而且还始终提防着鲁迅的出现。对此,诗人愤怒地说:"谁不知道他们,他们/意识的夹层里掖藏着对你的提防/提防你的笔锋/再一次将他们刺痛。"在赞扬鲁迅可贵的批判精神的同时,诗人猛烈地抨击了现实中那些满口颂扬鲁迅却又与真正的鲁迅精神背道而驰的可耻者们。

出生于宁夏的回族作家石舒清不仅深受鲁迅影响,也一直对鲁迅非常崇敬。与老师马知遥一样,他们都是在鲁迅的影响下走上创作道路的,并且不断从鲁迅那里汲取思想资源和艺术养分。在《马知遥老师印象》一文中,石舒清就曾谈到:"知遥老师说,他因为喜欢鲁迅,于是有了当作家的念头。"[2]马知遥也说自己"写小说是多亏鲁迅的《狂人日记》《孔乙己》《药》《阿 Q 正传》《故乡》,不是什么'小说作法'"。[3]受老师马知遥的熏染,石舒清"对鲁迅先生也是敬爱有加,读先生书颇用功夫"[4]。他不仅阅读过大量的鲁迅著作,而且一直深受鲁迅思想和创作的影响,诚如其所说:"我喜欢鲁迅先生,如同我的一个精神的源泉。"[5]特别是在创作间隙,他通过阅读鲁迅作品来获得新的创作启示。在《不写作时读鲁迅》一文中,他就说到在老师马知遥的带动下,他重又阅读了鲁迅并获得新的启示:"写不出什么时,读读鲁迅,不也很好么?一天我忽然心里一动,好像于空虚中看出一条路径来了。"[6]他的《鲁迅》一诗就是记录自己与老师马知遥在重读鲁迅作品时所获取的思想启示。自 2015 年起,八十多岁的回族作家马知遥再次重读鲁迅作品，感慨良多，他说：“去年开始，我重读《鲁迅全集》，想作一次独立的自我判断。老实说，越读越觉得鲁迅是伟大的，他是中国历史上新旧文化转型期最杰出的代表，一个当之无愧的现代文人。”[7]同样，在对鲁迅的一篇篇小说和鲁迅笔下的一个个人物的重读中，石舒清深刻认识到鲁迅作品的涵盖古今和包罗万象，“我们一个个都在这里/找谁是谁”，而且阅读鲁迅的感觉“就像久病者吃药/病很难好/药总是吃”。

出生于湖南的回族作家马笑泉在成长的过程中也深受过鲁迅的影响。在《愧对先生》一文中，他就回顾了鲁迅对自己思想和创作上的巨大影响。他称鲁迅是“燃一生的气血为民族的前行做火炬的人”，他“离去的身影依然明亮，如夜星悬挂于苍宵，永远照耀着大地上那些艰难跋涉的求索者”[8]。在《鲁迅》一诗中，马笑泉更是深入到鲁迅的内心，与之进行了灵魂的沟通。在他看来，鲁迅犹如一个“在寒夜里掌灯的人”，“不惜与黑暗同焚”，“不惜与绝望同行”。鲁迅“以血饲养的文字”常常“在误解里流传”，他的“灵魂在理解中不朽”。正是在与鲁迅进行灵魂的对话中，诗人不仅感受到鲁迅文字中“瘦骨的剑锋”，更意识到鲁迅“忍痛肩住黑暗的闸门”之外“是更深的黑暗”。可以说，在《鲁迅》一诗中，马笑泉努力寻求与鲁迅的灵魂碰撞和精神遇合，并深深洞察到鲁迅所面对的黑暗和所忍受的孤独。

从沙蕾、木斧到石舒清、马笑泉，他们虽然出生于不同的时代，生长在不同的地区，但却都受到了鲁迅的深深影响，并都创作过“鲁迅主题”的诗歌。他们或描绘到访鲁迅墓地和鲁迅故乡，或抒写阅读鲁迅作品的思想启示，或在诗中与鲁迅展开心灵对话。他们不仅形象刻画了自己心中所感受到的鲁迅形象，并根据自己的理解认知对鲁迅的价值思想进行了重新阐发。从带上鲜明时代烙印的鲁迅形象书写到多元化时代下对鲁迅的个人化理解，透过这些回族诗人笔下的鲁迅形象，我们可以清晰看到自 20 世纪

50年代以来鲁迅在回族作家中的影响流变。而回族诗人们对鲁迅精神资源的开掘与探究，对鲁迅形象的想象与刻画，对鲁迅思想的重新阐发与体认，也形象地反映了近半个世纪以来少数民族知识分子的价值诉求与思想召唤。

注释：

［1］木斧：《创作〈疯孩〉的前前后后》，见中国人民政治协商会议四川省盐亭县委员会文史资料委员会编《盐亭文史　第12辑》，第92页。

［2］石舒清：《马知遥老师印象》，《朔方》2009年第7期，第74页。

［3］［7］马知遥：《纪念鲁迅逝世八十周年》，《朔方》2016年第6期，第67页。

［4］石舒清：《日记选钞(二)》，《黄河文学》2014年第3期，第55页。

［5］［6］石舒清：《不写作时读鲁迅》，《长江文艺》2016年第16期，第1页。

［8］马笑泉：《愧对先生》，《回族文学》2007年第1期，第37页。

鲁迅《伤逝》改编研究综论

苏　冉

作为最具影响力的中国现代作家，鲁迅的许多作品都被改编成戏剧影视上演，不仅在文化界产生了极大反响，也引起了学界的广泛关注。其中，作为鲁迅唯一的一部爱情小说，《伤逝》以其独特的艺术价值而广受改编者的青睐，并被改编成影视、戏剧、歌剧、小说等多种艺术形式。本文在对《伤逝》改编作品进行细致梳理的基础上，对其改编研究现状进行深入透析，并试图反思其中存在的问题与不足。

一、《伤逝》改编作品的梳理

自 1981 年鲁迅诞辰 100 周年起，《伤逝》开始被广泛改编。从 1981 年的电影《伤逝》和歌剧《伤逝》到 2017 年的改编小说《子君手记》，《伤逝》改编作品共有 13 部，其中话剧 4 部、歌剧 2 部、电影 1 部、昆曲 1 部、豫剧 1 部和小说 4 篇。具体可见下表：

表 1　《伤逝》改编作品表

年份	作品名称	作品类型	改编者
1981	《伤逝》	电影	水华
1981	《伤逝》	歌剧	王泉、韩伟
1998	《迟到的伤逝——涓生的手记》	小说	张生

续 表

年份	作品名称	作品类型	改编者
2001	《无常·女吊》	小剧场话剧	郑天玮
2003	《伤逝》	昆曲	张静
2008	《伤逝》	豫剧	孟华
2011	《紫藤花》	歌剧	郑小瑛
2013	《子君》	话剧	杨师舜
2013	《伤逝》	小剧场话剧	丛笑
2014	《祝福之夜》	小剧场话剧	董夏青青
2014	《生命如歌——子君的手记》	小说	孙先贵
2015	《不如归去——子君的手记》	小说	陈菁华
2017	《子君手记》	小说	兰红玉

从表1可知,《伤逝》的改编贯穿了新时期至新世纪的三十多年间。在1981年,为纪念鲁迅诞辰100周年,由施光南谱曲、王泉和韩伟改编的歌剧《伤逝》上演,成为我国歌剧史上第一部抒情歌剧。它在形式上吸收了我国20世纪二三十年代歌剧的某些特征,兼具民谣特色和时尚气息,是中国民族歌剧创作的重要成果之一。同年,由水华导演的电影《伤逝》也被搬上了大屏幕,并取得了巨大成功。在20世纪90年代,改编者将更多的精力投入到对鲁迅《阿Q正传》和《狂人日记》等作品的改编中,而《伤逝》的改编方面仅有作家张生的一篇改编小说《迟到的伤逝——涓生的手记》发表。进入新世纪后,《伤逝》改编迎来一股热潮,先后共10部,而且改编的种类更加丰富,话剧、昆曲、豫剧版的《伤逝》陆续诞生。这些改编作品数量众多,种类丰富,其改编取材、改编内容、改编动机甚至是改编群体都值得进行梳理和分析。

从改编的取材来看,既有纯粹依据《伤逝》原著改编的作品,也有杂糅鲁迅多部作品进行再创作的作品。由《伤逝》改编的同名电影、歌剧、昆曲、豫剧、话剧,《伤逝》改编的四篇小说以及歌剧《紫藤花》、话剧《子君》都改编自单一的原著文本。这些改编作品的创作者们结合不同艺术类型的艺术特性,根据创作者自己对《伤逝》的理解进行了加工再创作。而话剧《无常·女吊》与《祝福之夜》则是杂糅多部鲁迅作品,将子君、涓生、祥林嫂、阿Q、华老栓夫妇、赵老太爷等人物搬上同一个舞台。

从改编的内容来看,有些作品高度还原了原著小说《伤逝》,也有些作品侧重另辟蹊径推陈出新。就改编的忠实度而言,电影《伤逝》是最能表现原著精神的改编作品之一,创作者通过旁白和空镜头的使用以及对主人公心理活动的刻画,展现了涓生与子君的爱情悲剧。昆曲《伤逝》和豫剧《伤逝》的改编则将传统与现代相结合,将传统的唱词融入其中,让"更多的普通观众,经由戏剧这种形式,了解了鲁迅的这部小说;更多的年轻观众,通过鲁迅这部小说,走进了戏剧"[1]。不过,这样的改编处理势必会影响对原著的还原度。在众多的改编作品中,话剧《无常·女吊》与《祝福之夜》改编虚构的力度最大,这两部作品都是将鲁迅多部小说中的人物杂糅在一部作品中进行再创作。这种选取多部不同作品的不同人物进行重新加工和再创作,是一种创造式的改编,"与原著面貌相差很大,是最不忠于原著的改编"[2]。

从改编的动机来看,《伤逝》改编作品有的是出于纪念鲁迅和发扬其精神,有的则出于先锋探索的目的。如前所述,电影《伤逝》非常忠实于原著,是在鲁迅诞辰 100 周年之际向鲁迅致敬的一部作品。施光南谱曲的歌剧《伤逝》也是鲁迅诞辰 100 周年之际为纪念这位伟大的文学家、思想家而创作的。2011 年根据 1981 年版歌剧《伤逝》而节编的"校园版"歌剧《紫藤花》则是为了纪念鲁迅诞辰 130 周年而重排改编。相较之下,《伤逝》的戏曲改编、话剧改编以及小说改编的创造性发挥更多,显示出更强的探索性,同时也更具争议性。

从编者群体来看，有职业人士，也有业余写作爱好者。《伤逝》的电影、戏剧、歌剧改编都有赖于专业编剧或音乐家参与完成，而关于《伤逝》的小说改编更多的则是一些文学爱好者，并非专业的作家。

二、《伤逝》改编研究的现状

由《伤逝》改编的作品有 13 部，虽然不及《阿 Q 正传》改编作品的数量多，但也属于鲁迅作品改编最多的作品之一。然而，目前学界和文化界虽然有 100 余篇文章涉及对《伤逝》电影、歌剧、戏剧等改编作品的探讨，但相关研究并不充分，几乎所有的研究都是针对单部《伤逝》改编作品的评论和探讨。

首先，关于《伤逝》的电影改编研究。由水华导演的电影《伤逝》是《伤逝》改编作品中知名度最高的一部，该片曾获文化部 1981 年优秀影片奖，1982 年第二届中国电影金鸡奖最佳摄影奖和最佳剪辑奖等。围绕电影《伤逝》的评论和探讨共有十余篇研究文章，基本涵盖了电影《伤逝》改编的方方面面。桑逢康在《电影〈伤逝〉评析》一文中肯定了电影《伤逝》的改编，认为它“总的来说是忠实于原著的”[3]，但同时也指出电影的结尾部分“或多或少地减弱了原作的批判的锋芒”[4]。除了对电影《伤逝》的改编得失进行直接评判，一些学者也围绕电影《伤逝》的改编对小说应如何改编成影视作品的问题进行了思考探索。张辉在《论大众传播过程中鲁迅文学经典的电影改编——以〈伤逝〉为中心的探讨》一文提出：“改编要忠实于原著，但又不能仅仅忠实于原著，更多的要体现一种阐释和创造，而不是对原著单纯的复述。”[5]程娟娟则另辟蹊径通过镜像理论的分析，认为子君在镜像娜拉的启示下发现了自我，而涓生更将子君当作自己的幻象，平庸的子君就像自卑的自己，所以他要离开子君，抛弃过去的自己。

其次，关于《伤逝》的歌剧改编研究。歌剧《伤逝》创作于鲁迅诞辰100周年，由王泉、韩伟改编，施光南谱曲，中国歌剧舞剧院组织创作排演，是我国歌剧史上第一部抒情歌剧。30年后，适逢鲁迅诞辰130周年，我国著名指挥家郑小瑛教授带领厦门工学院郑小瑛歌剧艺术中心将1981年版歌剧《伤逝》重新整理，并节编成“校园版”的歌剧《紫藤花》，使“它更便于走进校园，使年轻人能够以音乐戏剧的方式重温鲁迅的经典文学，重新唱响上世纪施光南谱写的时代旋律”[6]。由于歌剧《伤逝》取得了巨大成就，对歌剧《伤逝》的研究与讨论是最多的，相关研究文章就有近百篇，大致可分为人物形象塑造研究、实践意义探讨以及歌剧艺术特色分析等。赵娜、李珊、张艳等学者从歌剧《伤逝》中子君的人物形象塑造角度分析，将歌剧《伤逝》与小说《伤逝》进行对比。俞冠晶、朱哲昀、倪静、孙博、匡祎等学者则基于音乐演唱特征基础上对歌剧《伤逝》进行过分析。对于校园版歌剧《紫藤花》的研究多是探讨其意义和启示，孔令伟、宋璐都对此提出过自己的看法，而这也正如郑小瑛本人所希望的，以歌剧的形式带领观众重温鲁迅的文学经典，并向这位伟大的文学家致敬，同时也希望《伤逝》中对爱情的思考能给生活在21世纪的人们以启示。

再次，关于《伤逝》的话剧与戏曲改编研究。《伤逝》的话剧与戏曲改编作品数量最多，有昆曲、小剧场话剧、豫剧等，约占全部改编作品的半数。学界关于《伤逝》的戏剧改编研究主要是围绕《无常·女吊》的探讨，关于《伤逝》的昆曲改编研究的文章有近10篇，围绕豫剧《伤逝》和话剧《祝福之夜》的评论文章则都只有一篇，而杨师舜的话剧《子君》和丛笑的话剧《伤逝》改编研究还是空白。围绕《无常·女吊》的探讨，叶廷芳、黄益倩等研究者大都肯定了话剧《无常·女吊》对鲁迅作品的改编探索创新的实践价值和启示意义。针对昆曲《伤逝》的艺术探索，刘平、贺昱、谢倩和莫霞等多位评论者都指出了该剧在昆曲现代戏创作方面作出了有益尝试,但郭晨子则指该剧在改编中尚存在不足之处,“怕看到的既不是《伤逝》也不是昆曲,喜爱的小说和痴迷的剧种就此‘两败俱伤’”[7]。李红艳的《小剧场豫剧〈伤逝〉对小说的转换》一文则从形式探寻、表达转换、作品气质及叙述基调等方面对小剧场豫剧《伤逝》的改编进行了分析,并指出“小剧场豫剧《伤逝》是对鲁迅小说的一次成功改编”[8]。

最后,关于《伤逝》的小说续写研究。围绕《伤逝》有四篇改编小说发表,这些作品或托子君之口,或托涓生之口以第一人称角度描写自己的内心。然而,这四篇作品目前没有一篇得到研究者的关注。但值得一提的是,香港作家亦舒根据《伤逝》续写的言情小说《我的前半生》以及 2017 年拍摄的同名电视剧在学界和文化界都引起了一定的关注和反响。《我的前半生》的思路从鲁迅《伤逝》延伸而来,男女主人公之名与《伤逝》相同,亦舒将涓生与子君的爱情悲剧“移置”到当代香港社会生活的大背景中。研究者杨晓林立足于女性主义视角对两个子君形象进行了对比分析,并认为“《我的前半生》是对鲁迅《伤逝》中提出的婚姻难题的再思考”[9]。然而,无论是五四时期的北京,还是 20 世纪 80 年代的香港,女性的生存环境都不容乐观,两位子君都不能算是“新女性”。所以薛颖将《伤逝》《我的前半生》与电视剧《我的前半生》中的子君进行了比较,仍然聚焦了中国女性弱势的命运。

三、《伤逝》改编研究的局限与思考

《伤逝》是鲁迅唯一的一部爱情题材小说,相比于学者针对小说原作的近千篇研究文章,学术界和文化界对《伤逝》改编作品的关注要冷淡得多,相关研究也存在很大的局限和不足。目前对《伤逝》改编作品的研究几乎全部是针对单部《伤逝》改编作品的评论和探讨,而且相关研究既存在着严重的比例失调问题,也缺乏对《伤逝》改编的综合对比分析。

从目前《伤逝》改编作品研究的现状来看，明显存在着研究分布不均衡的问题。对《伤逝》的改编研究，大多集中于对歌剧《伤逝》的探讨，研究文章有近百篇之多，比其他所有改编作品研究文章的总和还多。与之相反的是，四篇《伤逝》的改编小说目前没有得到任何研究者的关注。在《伤逝》的13部改编作品中，话剧改编和戏曲改编作品的数量约占半数，然而相关作品的关注度也不高。特别是针对丛笑改编的小剧场话剧《伤逝》与杨师舜的话剧《子君》的研究也是空白。当然，有许多学者认为诸多《伤逝》改编作品存在一定的质量问题，这是导致关注度不高的根本原因。事实上，鲁迅作品改编历来都存在很大的争议，鲁迅作品难以改编，《伤逝》的改编自然也存在相当大的难度。比如，细腻的人物心理描写不容易在戏剧改编中表现出来，演员难以通过表演呈现鲁迅笔下深刻的人物形象，舞台限制了对原著中广阔生活图景的展现等。客观来说，《伤逝》的改编作品既有成功的地方，也有许多不足之处，探讨这些改编作品的成败得失对于今后《伤逝》的改编乃至鲁迅其他作品的改编都有非常重要的启示意义。

其次，值得注意的是，目前对《伤逝》改编作品的研究几乎全部都是针对单部《伤逝》改编作品的评论和探讨，而且大都集中在对歌剧《伤逝》的探讨研究上。而在对歌剧《伤逝》的近百篇探讨文章中，有近半数的文章是关于歌剧音乐艺术特色的分析或对今后教学改革的启示。同时，围绕《伤逝》的改编研究，大多数学者基本都是从《伤逝》改编作品的艺术表现方面着手分析，由于缺乏对原著《伤逝》文学性的探索而造成与《伤逝》文本的脱节，许多探讨话题都切断了与鲁迅《伤逝》的联系，相关研究也就显得过于浅显。作为鲁迅唯一的一部爱情小说，《伤逝》通过对涓生和子君的爱情、婚姻及其悲剧的描写，表现了鲁迅对妇女解放道路问题与小资产阶级知识分子的人生追求问题的探索，这在女权运动高涨的今天仍具有现实意义。对于《伤逝》的改编及其研究显然都需要立足于对原著精神的理解。改编作品应注意将《伤逝》中复杂而细腻的人物心理描写以及叙述者的叙述充分表现出来,这些都是影响鲁迅思想意蕴表达的关键之处。一部作品的形式变化势必要在原作的基础上进行再加工,在这一过程中体现改编者对原作的理解与美学追求。改编的作品也许无法在思想和艺术性方面超过原作,但至少要做到尊重原作。而这也是《伤逝》改编作品的研究者们在研究中需要牢牢把握的一个基本尺度,只有如此,才不会在研究中出现大量论题重复和观点雷同的问题。

显然,对《伤逝》改编作品的研究需要结合原著所蕴含的丰富精神内涵,对改编作品的人物、情节、思想等方面进行探讨,并适当选择对承载《伤逝》精神内涵的艺术载体进行分析。《伤逝》在当今社会依然有着巨大的改编价值,已有的改编作品将会给今后的《伤逝》改编提供丰富的经验借鉴。就此而言,《伤逝》的改编研究不仅需要多元化的研究视角,而且需要对《伤逝》的改编作品进行全面梳理,进而展开综合对比分析,从而为将来的《伤逝》改编提供有益启示,也为后来的研究定一个较为坚实的学术基础。

注释:

[1][8]李红艳:《小剧场豫剧〈伤逝〉对小说的转换》,《中国文艺评论》2018年第10期,第99页。

[2]孙淑芳:《鲁迅小说的戏剧改编方法研究》,《华中学术》2017年第1期,第102页。

[3][4]桑逢康:《电影〈伤逝〉评析》,《电影艺术》1981年第9期,第10页,第14页。

[5]张辉:《论大众传播过程中鲁迅文学经典的电影改编——以〈伤逝〉为中心的探讨》,《电影评介》2018年第5期,第76页。

[6]郑小瑛:《带上我心爱的歌剧与大家坐在一起——由〈紫藤花〉和中文

版〈茶花女〉谈歌剧制作的想法》,《歌剧》2012 年第 5 期,第 45 页。
[7] 郭晨子:《昆曲〈伤逝〉》,《戏剧与影视评论》2017 年第 4 期,第 41 页。
[9] 杨晓林:《两个子君:〈我的前半生〉对〈伤逝〉难题的解困与迷惑》,《名作欣赏》2018 年第 23 期,第 26 页。

鲁迅故家所藏赵孟頫画作及其被盗问题疑案

李城希

周建人在 20 世纪“60 年代中期,‘文革’之前”[1] 回忆鲁迅故家兴衰的历史时曾特别提及鲁迅故家所藏赵孟頫画作及其被盗一事,并在时隔二十余年之后的 1984 年以出版《鲁迅故家的败落》一书的方式公之于世。周建人关于这一问题的回忆至今尚未引起研究者们的注意,但只要稍稍关注现今赵孟頫画作的存在及流传状态,就会意识到周建人这一回忆的重要性。

1984 年上海人民美术出版社出版的《中国绘画史图录》一书收录赵孟頫画作 12 幅[2],该书 1994 年第四次印刷时未作任何修改。此后如上海辞书出版社 1987 年版《中国美术辞典》[3],1993 年版《中国名画鉴赏辞典》、2002 年版《中国美术大辞典》等大型辞书对赵孟頫的介绍,北京师范大学出版社 2011 年出版的王朝闻、邓福星总主编的《中国美术史》等史著有关赵孟頫画作及其论述,2014 年新世界出版社出版的《赵孟頫作品》所收画作,均未超出《中国绘画史图录》的范围[4],这表明赵孟頫流传至今的画作已基本稳定。

但是,周建人回忆关于鲁迅故家所藏赵孟頫画作内容的描述与此完全不同,如果周建人所言属实,就会在一定甚至相当大的程度上改变人们对赵孟頫乃至宋元时期绘画的存在及状态的认识。因此,周建人有关鲁迅故家所藏赵孟頫画作及其被盗一事的回忆是否真实可靠;他的记忆是否准确无误;如果确有其事,鲁迅故家所藏赵孟頫画作是真迹、赝品还是伪作;画作的来源及其被盗后的可能流向,等等,这些问题就需要也值得深入讨论,由此认识赵孟頫乃至宋元时期的绘画及其存在状态。

一、鲁迅故家所藏赵孟頫画作的发现及被盗

鲁迅故家所藏赵孟頫画作的发现及被盗一事是周建人在"文革"前回忆鲁迅故家兴衰的历史时提及,并在1984年《鲁迅故家的败落》一书由湖南人民出版社出版时公开,福建教育出版社2001年再版时相关内容未作改动。周建人在该书的开篇即清晰回忆并陈述了鲁迅故家所藏赵孟頫画作发现的时间、地点及被盗这一问题。

1. 画作发现的时间、地点、发现者及见证人

周建人所言鲁迅故家所藏赵孟頫画作发现的时间是"1919年底"[5],也就是鲁迅举家迁往北京前夕。1919年12月1日鲁迅"离京返绍……四日晚抵绍兴。此次回乡,是为了接家属到京定居"[6]。鲁迅日记对此有明确记载,1919年12月"1日,晴。晨至前门乘京奉车,午抵天津换津浦车……四日……晚抵绍兴城,即乘轿回家"[7]。鲁迅之所以千里迢迢赶回家中,是因为此时他的祖父及父亲均已去世,在举家迁居异地这一重要时刻,"很多事情,还得由他来才能决定,在这大家族还没有各奔东西以前,他还是兴房的长子,只有他才能作为我们这一房的代表"[8],在家庭事务中具有决定权。

就在鲁迅回家的"第二天午后"[9],也就是1919年12月6日[10],鲁迅的"表弟郦辛农和他的姐夫车耕南来了"[11],鲁迅日记同样有明确记载,"六日,晴。午后车耕南来。郦藕人来"[12]。

车耕南是“鲁迅二姨父母郦拜卿、鲁莲的女婿”[13]，应该说与鲁迅所在家庭的关系非常密切，与鲁迅兄弟早已熟悉。他们“两人来到小堂前坐下”[14]。“小堂前”是“一房或一户的会客、祀祖、穿堂用”[15]的地方，位置应该说比较重要，其中的物用也应该为家人所熟知。在谈话的过程中，“车耕南抬头看墙上的画，说：‘你们家还有赵孟頫的画？’”[16]这就是鲁迅故家所藏赵孟頫画作的发现[17]，时间是1919年12月6日“午后”，地点是鲁迅故家的“小堂前”，发现者是车耕南，见证人则有鲁迅、周建人、郦辛农及鲁迅的母亲，此外，长期在鲁迅故家做帮工的王鹤招也应该在场[18]。这里的所谓“发现”当然不是什么新的发明或创造，只是“看见”一个已然存在的事实并提醒与之相关的个体予以特殊关注的行为而已。也许正是因为车耕南的这一发现，在举家离开绍兴，诸事杂陈之际，这幅不知何时挂于小堂前的画作才重新为鲁迅家人所注意，被盗之后让周建人留下深深的遗憾和挥之不去的记忆。

车耕南之所以认定画作为赵孟頫所作与他的“抬头看”有密切关系，他的“抬头看墙上的画，说”有这样几个问题值得注意：一是时间长短，即“看”了多久；二是“看”的内容，即看到了什么；三是“看”与“说”的时间关系。这一时间关系有三种可能：一是边看边说。也就是车耕南看一眼即发现画作为赵孟頫所作，于是边看边说。如果是这样，他的“抬头看”当是看到画面上明白无误的赵孟頫本人或他人的题签等文字信息，而这也是周建人对车耕南所言未加质疑或询问的重要原因。二是看了一下之后便说。也就是车耕南对画作注视一段时间之后发现画作为赵孟頫所作，于是对周建人说。这又有两种情况，要么是赵孟頫本人或他人的题签模糊或难以认识，经过辨认之后很快确认画作为赵孟頫所作；要么是虽然赵孟頫本人或他人的题签明白无误但车耕南出于谨慎，仍然反复辨认并很快确认画作为赵孟頫所作。三是看了较长一段时间之后才说。这同样有两种可能，一是看了之后很快发现画作为赵孟頫所作但惊叹于画作的价值，稀世珍宝的突然出现令他难以置信，故迟迟才说；二是画作无题识等关键文字信息，但车耕南深谙赵孟頫的画风，在一定时间的注视之后断定画作为赵孟頫所作并试探性地对周建人说。但这种可能性较小，因为即便是对赵孟頫的画风再熟悉，仅凭画风断定画作的作者无疑有问题，因为艺术存在相互影响并因画风相近形成某种流派。同时，流传已久的赵孟頫的画作很难没有题识，否则其价值就会大大减损，车耕南也很难发出"无价之宝"惊叹。因此，在这三种情况之中，车耕南"边看边说"的可能性最大，

2. 画作的内容及价值

鲁迅故家所藏赵孟頫画作的内容周建人有较为简略而清晰的描述，"这幅画上，是一朵荷花、一片荷叶、一只鹭鸶"[19]。从周建人的描述来看，这当是一幅以江南水乡为题材的花鸟画，不妨名之曰"荷花鹭鸶图"，但现存赵孟頫12幅画作中无类似题材和内容，这是周建人关于这一问题的回忆值得讨论的重要原因。

车耕南不仅发现了鲁迅故家所藏赵孟頫的画作而且深知其价值。当周建人问车耕南"画得好吗"[20]，也就是询问车耕南对画作艺术的评价时，车耕南跳过这一问题，直接对画作的价值作出判断，"现在已是无价之宝啊"[21]，这既是指画作本身的艺术价值，更是指它的历史及市场价值。从车耕南的表达可以看出他见到这幅画作时一定相当惊异，同时还可以看出他对赵孟頫及其画作当有较深的认识和了解。

3. 画作的被盗及鲁迅等人的反应

周建人不仅清晰回忆了画作的发现，而且清晰回忆了画作的被盗及鲁迅等人的反应。周建人关于画作被盗的回忆有这样几个问题值得注意：(1)画作被盗的时间。据周建人回忆，就在鲁迅故家所藏赵孟頫画作发现之后的第二天，即1919年12月7日早

晨，周建人发现画作被盗，“第二天清晨我起床，发现小堂前墙上那幅画不见了”[22]。从周建人发现画作被盗的时间来看，画作被盗当是在12月6日“午后”鲁迅的表弟郦辛农及其姐夫车耕南来鲁迅家之后，至次日“清晨”周建人发现画作被盗之前这段时间。江南冬季的“清晨”最晚当不超过8点，因此，画作的发现到被盗，其间只有十五六个小时，而夜间及凌晨被盗的可能性当较小，“午后”至傍晚时分被盗的可能性则较大。(2)画作被盗的见证人。周建人发现赵孟頫画作被盗之后当立即招呼鲁迅及家人，因此见证人有鲁迅和他的母亲，“不久，我大哥也下楼来，也发现这幅画不见了……母亲也发觉少了一幅画”[23]，此外，王鹤招也一定会闻讯到场，他是帮工也是管家，对于这样一幅名贵画作的丢失不能不关心。关于这一问题，鲁迅的日记没有相关记载[24]，同期的书信也未谈及这一问题[25]。(3)画作被盗之后鲁迅及其家人的反应。周建人发现画作被盗之后当较为紧张，因此及时让鲁迅及母亲知道此事，帮工王鹤招也一定是闻声而至。但鲁迅的反应是“淡然笑了一笑，没有说什么”[26]，鲁迅的母亲是“什么也没有说”[27]。他们的这一反应有两种可能：一是周建人的回忆有意淡化或掩盖了鲁迅及母亲的真实反应。对于这样一幅不可再得的无价之宝的丢失，他们的反应不可能如此淡然或无动于衷，这从《故乡》中的“母亲”对家中锅碗瓢盆等物品被顺手牵羊盗走的关切之情可以看出，更不要说无价之宝的艺术品。二是如果鲁迅及母亲的这一反应属实，那只能说他们对谁盗走画作心中有数却无可奈何，但关于这一问题他们一定有所议论并达成共识。因为从画作的发现到傍晚有哪些客人到来，到来的客人中有谁对艺术品感兴趣他们一定很清楚。无论他们的反应是哪种情况，有一点可以肯定，当鲁迅及其母亲发现画作被盗后，一定会就画作及其被盗问题有所交谈，如谁可能盗走了画作；画作的来源，也就是何时经何人之手来到周家；画作的价值等，这些交谈会强化周建人对画作自身内容、价值的认识及相关问题的追忆。之所以放弃追究，其原因如周建人所说，“这样的无头案子，是查不出什么结果来的；不查倒也罢了，一查更要惹出麻烦”[28]。之所以怕“惹出麻烦”是因为盗画者无非是与周家有密切关系的亲戚邻里，作为周家长子的鲁迅及母亲是这关系的一端，这一已持存多年的关系不能因为画作的被盗问题而破坏，更不宜在离开绍兴之际断开。原因在于，尽管画作是“无价之宝”，但毕竟是身外之物，它的丢失对鲁迅所在家庭的生活不构成任何直接影响。同时，对于深受传统文化影响的鲁迅及其母亲而言，作为个人及家庭存在环境的亲情伦理关系比画作更重要。如真的追究出盗画者并让其本人及相关家庭成员深感难堪，或许会在离开绍兴之际落下“重利轻义”的声名，由此抵消他们曾经在维系亲情伦理方面的所有努力，这当不是鲁迅所在大家庭所愿。但对于年幼一些的周建人而言这一关系可能就不是那么重要，或画作的价值冲淡了这一关系在他心中的重要性。也许正因为这样，画作及其被盗一事才让他萦怀在心。

二、周建人回忆的真实性和可靠性

由于鲁迅故家所藏赵孟頫画作及其被盗问题涉及对赵孟頫乃至宋元时期绘画的认识，周建人回忆的真实性和可靠性问题因此很值得注意，这是因为：(1)周建人回忆此事时鲁迅已被各种各样的形式所神化，周建人也曾参与其中，“解放后写了不少回忆鲁迅和纪念鲁迅的文章……有不少文章受‘四人邦’极左路线影响，在论述上有不当之处”[29]，因此，鲁迅故家所藏赵孟頫画作及其被盗一事是否为周建人神化鲁迅之举就需要注意。(2)周建人最初回忆此事时已年近八十，记忆有可能失误。(3)关于赵孟頫画作的回忆距画作的发现和被盗至少有 45 年之久，回忆的真实性与可靠性值得怀疑。但是：

1. 从年龄和身份以及过程和方式来看，周建人的回忆当具有历史的真实性和可靠性

周建人"建国后一直担任党和国家领导职务"[30]，回忆鲁迅故家所藏赵孟頫画作一事时身为浙江省省长且已年近八十，无论是生活还是精神应该说都到了无所求的境地。因此，无论是年龄还是身份，周建人都没有必要编造一个与神化鲁迅无关的故事，更没有必要虚构家史欺骗自己的女儿。从回忆的过程和方式来看，鲁迅故家所藏赵孟頫画作及其被盗一事是"文革"前周建人同自己的女儿周晔讲述家史时提及，"多少年来，在茶余饭后，我父亲常常讲些他幼年时代的故事，给我留下了深刻的印象"[31]，此时的周晔"在杭州《东海》杂志社任编辑"[32]，对父亲所言家史的真实性与可靠性一定有自己清晰的认识和判断能力。关于鲁迅故家所藏赵孟頫画作及其被盗一事的真实性和可靠性她一定会非常在意并在交谈以及后来公之于世的过程中反复求证于父亲，她一定深知任何不实以致虚构史实的行为都有损周建人进而有损鲁迅及其所在家庭的尊严。

2. 从整理过程来看，周建人的回忆当具有历史的真实性和可靠性

从最初回忆鲁迅故家所藏赵孟頫画作一事到最后公之于世，周建人回忆的真实性和可靠性最少经历了三次验证：(1)整理周建人回忆的过程中周晔的独立验证。如周晔所说，在整理周建人回忆的过程中，"我先把他以前讲过的事情做成卡片，与《周作人日记》……《鲁迅的故家》《知堂回想录》和观鱼、王鹤招等人提供的资料，对照研究"[33]，关于赵孟頫画作一事的回忆当在此之列。(2)整理周建人回忆的过程中周晔与周建人共同验证。周晔在整理周建人的回忆时将他的回忆"按年份排列事实先后，提出问题，再由我父亲或补充，或纠正"[34]，在这一过程中，周晔与周建人"经过多次交谈”[35]，“多次交谈”的作用：一是史实的不断追忆；二是史实的真实性和可靠性的反复确认；三是对回忆中出现的错误问题予以纠正。如果“多次交谈”属实，像家藏赵孟𫖯画作这一问题的真实性一定经过他们反复确认。(3)周建人回忆最初整理完成时周晔与周建人再次共同验证。如周晔所说，“初稿完成后，念一遍给他听，他又补充，或纠正”[36]。周晔所说的“初稿”即《鲁迅故家的败落》一书的初稿，“完成”的时间是1981年[37]。距最初回忆已近20年之久，深信周建人重新面对自己关于鲁迅回忆的真实性问题一定会更加注意，尤其是关于赵孟𫖯画作一事的回忆在全书的开篇，一定是在确凿无疑之后才得以公开。

3. 从最初回忆到正式公之于世的过程来看，周建人的回忆当具有历史的真实性和可靠性

周建人关于鲁迅故家所藏赵孟𫖯画作及其被盗一事，自20世纪60年代中期，“文革”前的最初回忆到1984年以出版的方式公之于世前后长达20年之久，其间经历了“文革”前、“文革”及改革开放三个全然不同的时代，周建人的回忆可以说经过了这三个不同时代的检验。如果周建人在“文革”前的回忆有误，或“文革”时迫于时代原因竟然有所虚构，在改革开放之后完全来得及予以纠正。这是因为自1978年改革开放到1984年周建人去世，其间有6年时间。尽管年事已高，但对鲁迅故家所藏赵孟𫖯画作这一史实作“有”和“无”的确认当不存在任何问题。

三、周建人记忆的准确性

即使周建人关于鲁迅故家所藏赵孟𫖯画作的回忆具有历史的真实性和可靠性，其记忆的准确性问题仍然需要讨论。也就是说，即使鲁迅故家曾经藏有一幅画作，但作者是否为赵孟𫖯仍然需要讨论，这是因为：(1)周建人最初回忆此事时已年近八十，虽然身体健康但“毕竟年龄太大了”[38]，记忆难免出现失误。(2)时间久远，记忆难免有误。周建人的最初回忆距1919年12月赵孟頫画作的发现及被盗至少已有45年之久，记忆难免出现失误。(3)没有确切的历史记载，也没有其他任何有力的佐证，仅凭个人记忆难免出现失误。(4)鲁迅故家所藏珍贵艺术品较多，有可能出现混淆。如周建人所说，“在败落大家族的各家，总会有一些值钱的东西”[39]，就艺术品而言，“有不少字帖画谱，我看是很名贵的，有王羲之的《兰亭集序》，有徐文长、陈老莲、赵之谦的书画，有任伯年的画”[40]。其中如现存任伯年的《夜荷栖鸭》与周建人所描述的赵孟頫画作的内容就极为相近，任伯年的这幅画所画的荷花也是一枝，荷叶则是一大两小，鸭子与鹭鸶固然不同，但在中国画中出现“形似”的情况当属正常[41]。鲁迅故家所藏诸多画作中，是否还有其他类似情况就不得而知，内容相近或相似的画作导致记忆混淆的情况完全可能。

但是，如果是一般人关于一般艺术品的记忆出现失误的可能性较大，对于周建人而言，关于鲁迅故家所藏赵孟頫画作的记忆出现失误的可能性很小，这是因为：

1. 画作特殊的存放空间让周建人的记忆深刻准确

周建人所说鲁迅故家所藏赵孟頫画作并非秘藏而是挂在“小堂前”，并且周建人“和母亲住在小堂前的后间”[42]，可以说与画作朝夕相处。因此，无论画作何时开始挂在小堂前，自幼往来于小堂前的周建人对这幅充满“古意”[43]的画作当有清晰深刻的记忆。随着年龄的增长和阅历的加深，对画作的作者、年代、内容等基本信息一定有清晰的了解和准确记忆。

2. 特殊的家庭境遇让周建人的记忆深刻准确

(1)1893年科场案之后，鲁迅祖父入狱，1896年父亲去世，家道中落。之后，鲁迅及周作人先后到南京、日本求学，回国后不久到北京工作生活，留在绍兴的周建人对家中的物品特别是那些有价值的物品应当十分留意。(2)1901 年鲁迅祖父出狱回家后一直与周建人共同生活,祖孙之间交流甚多,“祖父和我讲过很多故事,好像和朋友谈心一样”[44],挂在“小堂前”这个重要地方的画作,如果周建人此前不了解,此时当是交谈的内容之一。尤其是 1904 年医生告知鲁迅祖父将不久于人世时[45],他一定会对包括赵孟頫画作在内的重要事情对周建人有所交代。(3)如果说无论在狱中还是后来回家,祖父健在时周建人或许还有所懈怠,那么,1904 年祖父去世之后直到 1919 年举家迁居北京,其间长达 15 年,周建人就切切实实承担起守护家园的重任,对家中的重要物品当牢记在心,挂在小堂前的这幅画作当不例外。

3. 从画作发现时的年龄及职业来看,周建人的记忆当深刻准确

1888 年出生的周建人自 1906 年开始在绍兴工作,“直到 1919 年暑假……教书共 13 年半”[46]。画作发现时周建人已年过而立;职业是教师。出于年龄和职业习惯,对挂在小堂前的这幅画作的基本内容及相关信息当早已了然于心。

4. 画作发现时的对话场境让周建人记忆深刻准确

画作发现时周建人与发现者车耕南之间的对话让他的记忆深刻准确,这是因为:(1)车耕南的“你们家还有赵孟頫的画”[47]是对画作作者的认定,如果周建人此前不了解,他一定会感到惊异并向车耕南询问。从周建人对车耕南关于画作作者的认定没有任何惊奇和异议的情况来看,他一定是之前就已了解并因此认同车耕南的判断。(2)从周建人在车耕南对画作作者认定之后,接着问“画得好吗”[48],也就是询问画作的艺术性这一行为来看,周建人对画作的作者当早已知晓才询问其价值。(3)车耕南关于画作“现在已是无价之宝”的价值评价会提醒和强化周建人对画作的关注,由此强化他对画作相关内容的准确记忆。

5. 特殊的时间发现即被盗让周建人的记忆深刻准确

鲁迅故家所藏赵孟頫画作是在鲁迅举家离开绍兴迁往北京

之际发现且不久即被盗，珍贵画作的被盗会让他产生特殊的惊异感和失落感，由此促成他对画作内容及作者等基本信息的追忆并牢记在心。

事实上，对于年轻的周建人而言仅仅确认并记住画作的作者是谁根本不是问题，赵孟𫖯的独特性以及画作发现及被盗时场境的特殊性等诸多因素都会促成周建人对画作作者反复判断并牢记在心。也正因为这样，他在回忆鲁迅故家兴衰的历史时一开始就提及这一问题，深信这一问题对周建人一定产生了特殊的精神影响以至历经时代风雨之后仍然终生难忘。

四、鲁迅故家所藏赵孟𫖯画作是真迹、赝品还是伪作

周建人关于鲁迅故家所藏赵孟𫖯画作的回忆即使真实可靠且记忆准确无误，画作本身是真迹、赝品还是伪作是又一需要讨论的问题。这是因为画作的发现者车耕南只是对画作的作者及价值作出自己的判断，没有触及画作本身的真伪问题。画作为真迹自不必说，即使是赝品，也表明赵孟𫖯曾经有这样一幅画作存在，如果是伪作那就完全是另外一回事。但是，从鲁迅的家世以及周建人回忆的具体情形来看，鲁迅故家所藏赵孟𫖯画作为真迹的可能性极大。

首先，从鲁迅的家世来看画作当为真迹。(1)鲁迅祖父曾经科举考试成功并官至翰林，所居的“台门是邸第，士大夫的住宅”[49]，即使是1893年科场案发后鲁迅祖父入狱，“他的翰林是没有斥革的，官职革了，出身和品级还在”[50]，因此，很难想象官至翰林的鲁迅祖父会让赵孟𫖯的赝品甚至伪作挂在自己家中的“小堂前”，画作一定是经过行家反复鉴定之后才得以“登堂入室”，即使是鲁迅祖父入狱之后由家人所挂，鲁迅祖父出狱回家后一定会询问其来源及真伪。(2)鲁迅故家所藏艺术品众多，如周建人所说，

“有不少字帖画谱，我看是很名贵的”[51]，将赵孟頫画作挂于小堂前当是在众多字画中选择的结果，真迹当是选择的首要条件。(3)即使鲁迅家中有某位成员如鲁迅祖父或父亲酷爱赵孟頫的艺术，也很难让一幅赝品乃至伪作挂在小堂前这一重要空间，一当识破会就此产生幻灭感。

其次，从发现者车耕南的个人修养、经历及其与鲁迅所在家庭的关系来看，画作当为真迹。画作的发现者车耕南：(1)是“大家子弟”[52]，有良好知识修养，“是交通大学早期的学生……成绩优异”[53]。(2)视野开阔，曾“跟美国工程师一起在铁路上工作”[54]。(3)有丰富的生活阅历，曾“长期在杭州、南京、济南、天津、北京和上海等地铁路部门工作”[55]，可谓见多识广。(4)车耕南与周建人同年出生[56]，发现画作时已过而立之年，与鲁迅所在家庭存在密切关系。发现画作的当天，是有意与远道回家的鲁迅见面。以他的个人经历和修养而言，不可能在鲁迅及其家人面前信口开河。当他面对挂在小堂前的这幅画作时一定非常审慎，即使画作本身有题识也一定会对画作本身的真伪进行一番鉴定，然后才对其作者及其价值作出自己的判断和评价。

再次，从周建人的回忆本身来看，画作当为真迹。周建人最初关于鲁迅故家所藏赵孟頫画作的回忆到最终整理成书公开出版前后持续长达20年之久。无论是从周建人的年龄、身份及其与鲁迅之间的关系来看，他不可能为一幅赝品甚至伪作念念不忘。相反，他一定是深知赵孟頫画作的真伪，随着时间的推移和时代的不断发展，画作的意义与价值日益凸显，他对自己曾经未能守住画作以致被盗，以及当时未能抛开一切伦理道德关系的束缚尽力追回画作深感懊悔，直到晚年仍念念不忘。

五、画作的来源及可能去向

如果周建人的回忆真实可靠且记忆准确无误，鲁迅故家所藏赵孟𫖯画作为真迹,那就要问:(1)如此珍贵的画作是何时、经何人之手来到周家。(2)究竟是谁盗走了画作。(3)被盗之后的可能去向。

1. 画作的可能来源

如周建人所说,鲁迅故家藏"有徐文长、陈老莲、赵之谦的书画,任伯年的画"[57],赵孟𫖯的画作只是其中之一。如此众多的名贵艺术品特别是赵孟𫖯的画作究竟是经谁之手来到周家,或者说,鲁迅故家哪一位成员曾经有这样的能力以及修养和心境购买如此珍贵的艺术品。

从鲁迅故家兴衰的历史来看:首先,画作很难是祖传之物。鲁迅故家所在的"这个家族,大约有四百至八百多年历史"[58],但是,如鲁迅祖父所说,"自我昆季辈,不事生计,侄辈继之,卖田典屋,产业尽矣"[59],在这样的情形之下,很难有能力收藏赵孟𫖯画作,即使是祖传之物,也一定在典卖之列。其次,画作的收藏与鲁迅的父亲无关。鲁迅的父亲科举屡试不第,1893 年祖父科场案发后不久离世,很难有能力和心情收藏赵孟𫖯的画作。第三,画作的收藏与鲁迅、周作人兄弟同样无关。原因在于:(1)1893 年科场案发,鲁迅只有 12 岁,1898 年鲁迅到南京求学以及 1902 年到日本求学时,正值家道中落,"从小康坠入困顿"[60],其间很难有能力购买赵孟𫖯的画作。(2)鲁迅 1909 年从日本留学回国,1912 年到北京工作。现存鲁迅的日记、书信未言及购买赵孟𫖯画作一事[61],查 1912 年至 1919 年的"书账"[62],无相关记录。同时,鲁迅在北京期间还经常遭遇欠薪问题。周作人也是如此,无购买赵孟𫖯画作的记录或回忆[63]。(3)1919 年举家迁往北京时家中所藏字帖画谱作廉价处理,"旧书店来了一个人,把字帖画谱一股脑儿挑走了,满满两大担,只给了我们十块钱"[64],从这一情形来看,赵孟𫖯画作的收藏当与鲁迅、周作人无关。如果画作为鲁迅、周作人购买,在即将离开故家时鲁迅当会着意保存。(4)如为鲁迅、周作人所藏，画作“发现”之际周建人当会向发现者车耕南有所介绍，因为鲁迅在场。

由此看来，鲁迅故家所藏赵孟頫画作极有可能为鲁迅祖父所藏，这是因为，首先，他有能力、财力与心境收藏名贵书画。鲁迅祖父 1871 年科举考试成功，后“入京考取了内阁中书，一直在京中做了十多年的官”[65]，包括赵孟頫画作在内的众多名贵字画，只有鲁迅祖父才有能力、财力和心境购买、收藏。其次，他在人生陷入困顿时不忘作为财富的书画古玩。鲁迅祖父 1899 年撰写《恒训》时曾说，“家业既成，必先置祭田，再置义田，再置义学，再赡亲友，修造桥梁道路，施振诸善事。为后世子孙计，莫善于此。若施僧尼修寺院，非但无益，直是造孽，戒之。造花园别业，购书画古玩，亦非诒谋之善”[66]，这是鲁迅祖父科场案发之后在狱中所言财富观及其处置或支配方式，因此很值得注意。在他看来，“家业既成之后”的财富支配或处置方式：一是“置祭田”为后世作充分保障；二是“置义田”等以行善举；三是“造花园别业”作为享受；四是“购买书画古玩”作为如今所说的投资以使财富增值。从鲁迅祖父所言可以看出：一是在诸多支配或处置财富的方式中提及书画古玩，不仅表明他对书画古玩的财富性质有所了解，而且与他此前关注或参与书画古玩的购买收藏当有关系，否则不会在人生陷入极其困顿之际竟然想起这一与自己不相干的问题。二是虽然他认为在诸多处置或支配财富的行为中“购买书画古玩，亦非诒谋之善”，但并未否定购买书画作为支配或处置财富的这一行为或方式。书画古玩在他的意识中仍然是保值增值的财富，只是相较于他所认为的“莫善于此”的那些方式而言，作为财富的书画古玩不能直接造福亲友或大众而已。三是在个人遭遇人生剧变之后仍然不忘提及书画古玩，可见他对作为财富的书画古玩的重视。

由于缺乏切实的证据，鲁迅故家所藏赵孟頫画作为鲁迅祖父收藏只能是一种推测。鲁迅祖父有记日记的习惯，认为“凡有作为之官宦，成家立业之士民，无不有日记账簿。平生阅历，逐年事务，及一切物用，了如指掌"[67]，他直到去世之前仍在记日记[68]，但是，他的大量日记就在鲁迅举家迁往北京前夕全部烧毁[69]，如果鲁迅祖父的日记保存了下来，深信有关赵孟頫画作的问题一定有迹可寻甚至迎刃而解。

2. 究竟是谁盗走了画作

相对于画作的来源而言，画作的去向也许更加重要。而要了解画作的去向，首先就要了解究竟是谁盗走了画作。尽管周建人说画作的被盗是"无头案子，是查不出什么结果来的"[70]，但在那个时代，人们的日常活动范围很有限，交往的对象无非是乡里乡亲，鲁迅故家虽然是"台门"但也不会超出太远。尽管如周建人所说，举家迁居之际，"这个台门早已成为大杂院，现在更是让人直进直出了"[71]。但盗走画作的人很难是一般的外来者，这是因为：(1)即使是普通人家，未经邀请也不能径入家门，能够来到鲁迅故家"小堂前"这一位置的人更是不会太多，"台门"毕竟让人敬畏。(2)即使来到这里也不是个个对艺术品感兴趣并对古典艺术的价值有鉴别能力，如《故乡》中的闰土、杨二嫂需要的还是实用的锅碗瓢盆。(3)画作挂在小堂前决非一日，如邻里所为当早已设法将其盗走，而不是等鲁迅回家后再来冒险。

从周建人的回忆来看，车耕南当是盗走画作最重要的嫌疑人，这是因为：(1)画作的被盗发生在车耕南来访后不久。(2)车耕南对赵孟頫画作的价值了然于心。(3)虽然鲁迅回绍兴时前来看望他的亲友故旧不少[72]，但在画作发现及被盗这段时间的来客鲁迅、周建人兄弟及母亲当有清晰记忆。(4)回忆此事时，周建人独提车耕南与赵孟頫画作的发现与被盗当是不言之言。(5)从车耕南后来对鲁迅藏书的关注来看，他对书画有特殊兴趣，"1926年8月鲁迅离京南下后，车耕南曾借住北京鲁迅寓所，乱撬书箱，偷阅日记,又拿走藏书”[73],鲁迅对此有明确记载,“1929年5月鲁迅北上省亲发现此事,非常气愤,在《两地书·一一六》中诉说了他的愤怒:‘以前似乎常常有客来住,久至三四个月,连我的日记本子也都翻过了,这很讨厌,大约是姓车的男人所为’”[74],而就在鲁迅此次北上之际车耕南再次来到鲁迅寓所,当他见到鲁迅在家时行为异常,“《两地书·一一八》也说,‘车家的男女突然又来了,见我已归,大吃一惊,男的便到客栈去,女的今天也走了。我对他很冷淡,因为我又知道了车男住客厅时,不但乱翻日记,并且将书厨的锁弄破,并书籍也查抄了一通’”[75]。车耕南的这一行为当与此前在鲁迅故家发现赵孟頫画作有关,他是试图在鲁迅的藏书中再次“发现”类似赵孟頫画作那样的无价之宝。因此,从诸多行为来看,尽管如前所述,车耕南是大家子弟,有良好修养,视野开阔,但难以抵挡珍贵艺术品及其价值的诱惑,盗走画作的可能性最大。但是,在获得切实的证据之前这只是可能,因为当事人周建人先生都没有下结论。

3. 画作的可能去向

无论是谁盗走了画作,时至今日不外两种结果:(1)画作早已销毁。这有多种可能:一是画作被盗之后不久即转手给他人或竟流向海外,在辗转中被毁。二是盗画者本人秘藏,但后来慑于鲁迅日渐彰显的声名有意销毁。三是在1927年之后国共内战、抗战、1949年前后的时代转折,特别是“文革”中被毁。(2)画作至今仍在。这也有两种可能:一是盗画者着意秘藏,但由于人事沧桑现不知所踪;二是画作历经转手,至今仍藏于民间乃至海外。

尽管现存赵孟頫的画作没有一片荷叶更没有荷花和鹭鸶,鲁迅故家曾经所藏的那幅画作早已杳无音信,但周建人曾经的回忆当真实可靠且记忆准确。由此,它为人们提供了一个特殊的想象空间,这就是至少1919年之前在绍兴鲁迅故家存在一幅与现存赵孟頫画作风格完全不同的画作,这或许对赵孟頫乃至宋元时期的绘画有一个新的认识和评价。

注释：

[1][5][8][9][11][14][15][16][19][20][21][22][23][26][27][28][31][32][33][34][35][36][37][38][39][42][44][45][46][47][48][49][50][51][52][53][54][57][58][64][68][70][71][72] 周建人口述，周晔整理：《鲁迅故家的败落》，福建人民出版社 2001 年版，第 293 页、第 5 页、第 372 页、第 4 页、第 8 页、第 8 页、第 154 页、第 8 页、第 6 页、第 8—9 页、第 8 页、第 8 页、第 8—9 页、第 8—9 页、第 8—9 页、第 8—9 页、第 8—9 页、第 9 页、第 1 页、第 283 页、第 1 页、第 1 页、第 1 页、第 2 页、第 1—2 页、第 2 页、第 7 页、第 6 页、第 192 页、第 193—195 页、第 8 页、第 8 页、第 8 页、第 5 页、第 160 页、第 10 页、第 8 页、第 8 页、第 8 页、第 10 页、第 16 页、第 10 页、第 195 页、第 9 页、第 9 页、第 12 页。

[2] 这 12 幅画作分别是《人马图卷》《鹊华秋色图卷》《水村图卷》《重江叠障图卷》《红衣罗汉卷》《秋郊饮马图卷》《浴马图卷》《二羊图卷》《秀石疏林图卷》《怪石晴竹图卷》《东洞庭图轴》《墨竹轴》，见徐邦达编《中国美术史图录》（上册），上海人民美术出版社 1984 年版，第 170—180 页。

[3]《中国美术辞典》，上海辞书出版社 1987 年版。

[4] 李顺福著《中国美术史》（高等教育出版社，2003 年版）另提赵孟頫的《江村渔乐图》、《陶渊明故实图》两幅画作，参见该书第 204—205 页。

[6] 鲁迅博物馆、鲁迅研究室编：《鲁迅年谱》第 2 卷，人民文学出版社 1981 年版，第 16 页。

[7][12]《鲁迅全集·日记》第 14 卷，人民文学出版社 1981 年版，第 372 页。

[10] 鲁迅 1919 年 12 月 4 日晚回绍兴，5 日是回家后的第一天，周建人说的“第二天”当是 6 日。

[13][55][73][74][75] 裘士雄：《鲁迅和他的乡人（十三）》，《绍兴鲁迅研究》2015 年，第 154、154、154、154—155、154 页。

[17] 挂在鲁迅故家的这幅画鲁迅家人当然知道，谈不上什么发现，但车耕南作为外来者，他的发现则具有特殊意义。

[18] 参见《鲁迅回忆录》(散篇)(上册),北京出版社 1999 年版,第 36 页。
[24] 参见《鲁迅全集・日记》第 14 卷,人民文学出版社 1981 年版,第 372—373 页。
[25] 参见《鲁迅书信集》,人民文学出版社 1976 年版。
[29] [30] [65] 彭定安、马蹄疾编著:《鲁迅和他的同时代人》(上卷),春风文艺出版社 1985 年,第 39、38、10 页。
[40] 周建人口述,周晔整理:《鲁迅故家的败落》第 10 页。注:这其中所说的《兰亭集序》当然是人所共知的仿品或赝品。
[41] 参见中国美术馆编,董玉龙主编:《任伯年精品集》第 93 幅,人民美术出版社 1993 年版(1995 年重印)。
[43] 李福顺:《中国美术史》,高等教育出版社 2003 年版,第 205 页。
[56] 参见裘士雄:《鲁迅和他的乡人》(十三),《绍兴鲁迅研究 2015》,第 154 页。
[59] [66] [67] 周介孚:《恒训》,《鲁迅研究资料》,1982 年 1 月第 9 期,第 22、28、18 页。
[60] 鲁迅:《呐喊・自序》,《鲁迅全集》第 1 卷,人民文学出版社 2005 年版,第 437 页。
[61] 查《鲁迅全集・日记》第 14 卷,人民文学出版社 1981 年版,第 1—378 页 1912 年至 1919 年日记及书帐,《鲁迅书集》(上卷),人民文学出版社 1976 年版,第 1—27 页中 1904 至 1919 年书信,均未见有关购买赵孟頫画作的记载。
[62] 参见《鲁迅全集》第 14 卷,人民文学出版社 1981 年版,第 1—378 页。
[63] 周作人的《知堂回想录》,敦煌文艺出版社 1998 年版;周作人著,止庵编《关于鲁迅》,新疆人民出版社 1997 年版,均未见有关赵孟頫画作的记载和言说。
[69] 参见拙作:《鲁迅对其祖父行为过失的"补救"或尊严的维护(中)》,《绍兴鲁迅研究 2015》,上海文艺出版社 2015 年版。

五四百年话鲁迅

——《鲁迅与20世纪浙江文学研究》研究生讨论课

卓光平主持

卓光平(绍兴文理学院副教授): 作为鲁迅先生故乡的大学,绍兴文理学院一直非常重视对鲁迅思想作品的学习、探究和传播,不仅开设了多门与鲁迅研究相关的课程,也非常注重开展各种有关鲁迅的研讨活动。今年是五四新文化运动一百周年,我们很有必要回顾和纪念这样一场对中国现代社会思想文化有着巨大影响的文化运动和文学革命,同时我们也需要借此机会好好梳理以鲁迅为代表的新文化运动先驱者的思想文化遗产。因此,我们就利用《鲁迅与20世纪浙江文学研究》最后一堂课的机会,一起来回顾一下鲁迅与五四新文化运动的关系,并探讨鲁迅对新文学传统形成的贡献以及他对20世纪浙江文学发展的影响。

一、新文化运动与“作家鲁迅”的诞生

卓光平: 大家都知道,自1917年陈独秀北上就任北京大学文科学长,《新青年》杂志也迁入北京。随之,《新青年》杂志编辑部迅速云集了陈独秀、李大钊、鲁迅、胡适、蔡元培、钱玄同等大批新文化人士。《新青年》杂志迅速在当时的知识青年中产生巨大影响,《新青年》所依托的北京大学也成为五四新文化运动的策源地。在新文化运动期间,鲁迅与《新青年》同人们彼此相投契,《新青年》杂志也直接促成了“作家鲁迅”的诞生。具体来说,《新青

年》一方面唤醒了鲁迅在日本时期的文艺梦想，同时《新青年》同人们营造的思想变革和文学革命的氛围激发了鲁迅的创作热情，并促使他走上了创作之途。“鲁迅”这一笔名正是他在《新青年》上发表第一篇白话小说《狂人日记》时所首次使用。鲁迅后来也曾回忆说，正是因为参与新文化运动和为《新青年》撰稿，自己才“落得一个‘作家’的头衔”。

黄海明（绍兴文理学院研究生）：鲁迅成为真正的作家确实是在五四新文化运动时期，但我认为“作家鲁迅”的诞生也离不开鲁迅自身在此之前文学经验的积累。在参与新文化运动的先驱者中，鲁迅无疑是最早意识到文艺的重要性的。早在留日时期，他就认识到善于改变精神的首推文艺。在弃医从文后，他曾一度热衷于学习西方人文科学知识，并坚持翻译和写作，还计划创办《新生》杂志。《文化偏至论》《摩罗诗力说》等五篇文言论文和《域外小说集》等译文都是这一时期的成果。这一时期，鲁迅的关注点都在“人”上，他认为中国要在世界上生存的关键在于立人，“人立而后凡事举”，而且能够承担“立人”这一使命便是那些像拜伦、雪莱一样的“立意在反抗，指归在动作”的摩罗诗人。他希望借助摩罗诗人的力量，唤醒国民进而实现中国的新生。正是弃医从文这一时期的积累与思考，使得鲁迅在新文化运动中大放异彩。

苏冉（绍兴文理学院研究生）：我认为鲁迅在南京求学期间阅读的经历和积累，对“作家鲁迅”的诞生也有着重要的推动作用。在南京求学期间，鲁迅开始接触西方传播过来的各种新思潮，他不仅受到严复译介《天演论》的影响，同时也阅读了大量“林译小说”，为其在留日时期热衷于翻译《月界旅行》《地底旅行》和《域外小说集》等西方小说作了铺垫。可以说，在南京求学期间便开始阅读的“林译小说”以及后来对百余种外国小说技巧的学习，为鲁迅在五四新文化运动和文学革命中登上历史舞台打下坚实的文学基础。

金柚希(绍兴文理学院研究生):那么我接着前两位同学的话题,谈谈我的看法。众所周知,1912 年鲁迅进入中华民国临时政府教育部工作,但官场人浮于事、虚与委蛇的氛围让他倍感压抑,因此他为自己取号“俟堂”,意为“待死堂”。为排遣苦闷,他把主要精力放在辑校古籍和抄录古碑上。正是在此期间,鲁迅在魏晋文人那里找到了内在的精神共鸣。特别是他反复校对《嵇康集》,而嵇康“越名教而任自然”的精神与五四所倡导“人的自由和解放”有着一定程度的相似性。某种意义上说,长达数年的整理古籍和抄录古碑为鲁迅的创作爆发积蓄了能量。

黎丹丽(绍兴文理学院研究生):大家都谈到新文化运动之前的人生经验对鲁迅的重要性,其实也不能忽略鲁迅在新文化运动期间的思想坚守与创作探索。鲁迅一直希望通过文艺来改造国民的精神,无论是他所创作的小说、随感录、杂文、新诗,还是他的翻译作品,自始至终都内蕴着“立人”思想。鲁迅是带着清醒冷峻的目光与态度参与到新文化运动中的,因而比起他所助威的革命干将们,他更多了几分深沉和坚韧,他的作品实现了文学革命从理论到实作的转换,他在文学革命中创作的小说、随感录、杂感和诗歌在某种程度上为新文学创作提供了一种范式。尽管新文化运动最终退潮了,但是“作家鲁迅”却诞生了。

卓光平:确如大家所说,新文化运动所倡导的思想启蒙与文学革命本应该是一体二面不可分裂的。《新青年》同人团体所营造的文化气氛一方面重燃了鲁迅的文艺旧梦使他走出“待死堂”加入新文化运动阵营,并激发了他旺盛的文学创造力,在小说、随感录、诗歌和翻译方面取得了惊人的成绩;另一方面,鲁迅的加入也使得《新青年》在文学革命的实践方面取得了显著成绩,特别是使得文学革命从理论主张变成了创作实绩。而思想启蒙与文学革命的两相结合、齐头并进又让《新青年》在新文化运动中表现出更强劲的活力。

二、新文化运动之于鲁迅的资源意义

卓光平：五四新文化运动对“作家鲁迅”的诞生产生了重要影响。虽然他后来加入过许多文学社团，但最使他有亲近感、认同感和归宿感的无疑还是《新青年》同人团体。当新文化阵营分化时，鲁迅仍然坚守着原来思想启蒙和文学革命的立场，并依然向《新青年》投了两篇小说作品和两篇翻译稿件，支持其发展。自然，对新文化运动的落潮，鲁迅是非常失望的，“两间余一卒，荷戟独彷徨”，表明了他在后来一直是非常怀念五四时期的启蒙精神和战斗意气的。那么下面就请大家谈一谈新文化运动之于鲁迅的资源意义的话题。

苏冉：新文化运动对鲁迅的资源意义，我认为首先体现在鲁迅对于批判精神和战斗意气的继承上。“两间余一卒，荷戟独彷徨”，表明在新文化运动落潮之后，鲁迅仍坚持先驱者的战斗精神。这也就不难理解在“女师大风潮”中，在“三一八惨案”发生后，鲁迅作了《记念刘和珍君》等文章对北洋政府进行了猛烈抨击。在1930年代，鲁迅主要以杂文为“匕首”和“投枪”进行战斗，进行文明批评和社会批评，而鲁迅的战斗精神也影响了一大批进步青年投身于杂文创作。

黄海明：我认为新文化运动对鲁迅的重要意义表现在两个方面：首先，新文化运动的发生让鲁迅重燃了文艺战士的激情。在日本弃医从文后的失败让鲁迅在很长一段时间内都感到非常失落，但是新文化运动的发生，让他找到了新的战友，并积极参与其中。当钱玄同、刘半农自编自导“双簧戏”被他人批评有矫枉过正之嫌时，鲁迅热情赞扬了他们的行为，认为“只要能打倒敌人，嬉笑怒骂，皆成文章”。其次，新文化运动主将陈独秀等人对于社会文化的抨击对鲁迅杂文写作有一定的启发。不过，相较于陈独秀空泛宏观的论述，鲁迅更注重从具体而微的小事入手，用嬉笑怒骂的笔法，来展开文明批评和社会批判，从而使读者获得更深切的感触。

黎丹丽：新文化运动为鲁迅带来的，我认为还有个性主义对其产生的共鸣。鲁迅留学日本期间曾师从章太炎，章氏“独者群，则群者独”“大独必群，群必以独成”等关于个体与群体的辩证观念，以及以尼采为代表的西方先贤的个性思想对青年鲁迅的影响很深。归国以后，经过近十年沉默期的积淀，五四新文化运动的兴起为鲁迅提供了“呐喊”的契机。从对培育天才沃土的呼唤，到对建构理想人性的寻觅等，鲁迅又吸收着在新文化运动中传入中国的西方个性主义思想，并经过自身结合本国现实境况的深沉思索之后，与《新青年》同人等五四先驱们共同发出了民族觉醒的先声。

金柚希：在我看来，新文化运动之于鲁迅的资源意义也体现在为鲁迅的人道主义思想的发展成熟提供了优良土壤和坚实支持。首先，鲁迅的人道主义思想的核心是“立人”，而新文化运动本身的终极追求就是“人的发现和解放”，追求独立的人格和自由的思想是五四时期一代人共同的信念，这种信念恰与鲁迅的人道主义理解不谋而合。其次，新文化运动中涌现了许多秉持人道主义思想的优秀知识分子，如陈独秀、钱玄同、胡适等纷纷主张“人的独立”，这些思想也势必会对鲁迅产生一些积极的影响。新文化运动中传入了大量包含西方人道主义思想的书籍，这些也成为鲁迅人道主义思想的一个重要资源。

卓光平：如大家所言，新文化运动不仅为鲁迅提供了强大的精神支持，而且深深影响了他后来的文学创作和思想发展。对鲁迅来说，以《新青年》为纽带的五四新文化团体是他情感认同最高的同人团体之一。在他后来的人生中，他时时反顾五四，并不断与五四进行着对话。如果说绍兴是鲁迅出生的故乡，那么五四时期的《新青年》可以称为他后来文学创作和思想发展的精神故乡。

三、鲁迅与新文学传统的形成

卓光平： 新文化运动期间，鲁迅在白话小说、白话诗歌、随感录和长篇杂感等创作方面都非常活跃。仅就《新青年》而言，鲁迅在上面就发表了 5 篇小说、4 首新诗、22 篇《随感录》、4 篇译文以及《我之节烈观》等杂文 6 篇，并在当时产生了很大影响。鲁迅坚持以文学创作来促进思想启蒙和文学发展，他的小说、诗歌和杂感使得当时文学革命的实践走得极为坚实，并为中国文学的发展建立起了新的传统。

苏冉： 鲁迅对于中国新文学传统的开创首先体现在小说方面，具体而言是指对“为人生”小说和乡土小说的开创性贡献。基于“‘为人生’，而且要改良这人生”的创作出发点，鲁迅的小说多取材于下层人们的不幸生活，描绘出他们痛苦而麻木的人生。蹇先艾、许钦文、台静农、王鲁彦等乡土作家也都师法鲁迅，取材于自己所熟悉的故乡生活，一方面同情农民的不幸，另一方面又对乡村中种种的丑恶表示不满。也正是在鲁迅的影响和扶持下，乡土小说流派才得以诞生。

黄海明： 我想从鲁迅与新诗传统的形成来谈一谈我的看法。“其实是不喜欢做新诗的——但也不喜欢古诗——只是因为诗坛寂寞，所以打打边鼓，凑些热闹；待到称为诗人的一出现，就洗手不干了。”这是鲁迅自述对于诗歌的态度。虽然他发表新诗的数量不多，还一直将自己定位为“打边鼓”者，但他对于新诗人的扶持，对新诗发展做出了值得肯定的贡献。特别是他对新诗提出了音乐性和抒情性的要求，这对新诗创作很具启示意义。当然，我认为鲁迅所提的抒情性与新月派的抒情性是不一样的。在抒情性上，鲁迅不喜欢徐志摩诗歌中那种热烈浓郁、瑰丽多彩的抒情，却非常欣赏冯至的诗歌能够将内心激越的情绪通过节制化为客观物象或蕴含在简单的情节之中。

黎丹丽：我认为鲁迅的杂感、杂文创作也非常重要，因为杂文不仅在鲁迅现存作品中所占比重最大，而且杂文写作贯穿了鲁迅整个创作生涯。他的杂感、杂文关注社会现实，蕴深邃广博思想于短小精悍的文字之中，完全不受篇幅长短与体裁规范的限制。鲁迅不仅以高度的成就将杂文这一新文类发扬光大，并且还深刻影响了唐弢、徐懋庸、巴人、柯灵等青年杂文家，并形成了“野草派”杂文作家群和“鲁迅风”杂文流派。

金柚希：我从散文方面谈谈鲁迅与新文学传统形成的关系吧。鲁迅的纯散文创作最早可追溯到1919年的《自言自语》，数年后又写下回忆性散文集《朝花夕拾》，及《记念刘和珍君》《为了忘却的记念》《女吊》等散文。厨川白村认为散文应该质朴自然，鲁迅的散文也体现了这一点，他善用白描，语言自然少修饰，给人一种天然的亲切感。鲁迅的散文语言简练，用三两句话抓住人物、事情的特征和要点，毫无累赘感。更可贵的是他巧妙地化用古文，将白话文与古文运用相结合，给人耳目一新的观感。鲁迅因此成为白话散文的一代宗师，并对中国现代散文的发展产生了很大影响。特别是在语丝社期间，他就扶持、帮助和影响过孙伏园、孙福熙、章川岛和柔石等青年作家。

卓光平：鲁迅一直坚守着五四新文化运动的思想启蒙立场，并通过创作实践有力推动了新文学的发展。作为中国“新文学之父”，鲁迅的贡献一方面体现在高度的文学创作成绩上，并确立了“为人生”小说、诗与史融合的杂文、“闲话风”散文和“独语”体散文诗等新文学范式；另一方面他对20世纪文学的发展起到了极大的推动作用，尤其是在小说、散文、散文诗和杂文等创作文体方面对许多新文学作家和文学流派产生了巨大的影响，既促进了新文学传统的确立，也推动了新文学的发展壮大。

四、20 世纪浙江文学中的“鲁迅传统”

卓光平： 在中国现代作家中，鲁迅不仅对中国现当代文学的影响巨大，而且还提供了一个独特的个体与群体关系的范式。以 20 世纪浙江文学为例，许多浙籍作家或与鲁迅交往，或深受其影响，甚至一些浙籍作家组成创作流派也都打上了鲁迅的烙印。可以说，20 世纪浙江文学中就有着一条“鲁迅传统”存在。

黎丹丽： 鲁迅对现代浙江文学社团和文学群体的影响十分巨大。鲁迅身边常常聚集着一些浙籍作家，无论是“语丝”时期，抑或是“左翼”时期，鲁迅都凭借着自身的人格魅力和文学影响，对这些青年后辈们进行扶持与提携，甘愿作“莳花的园丁”。如 20 世纪 20 年代成立于浙江杭州的湖畔诗社就曾得到过鲁迅的帮助匡扶。鲁迅时任湖畔诗社导师，在他们的爱情诗遭到顽固派的抨击时，鲁迅立即替湖畔诗人们撰文回击，一方面捍卫了湖畔诗人歌咏爱情的正当性，另一方面也给予这些初露头角的文坛新人以创作的勇气和信心。在鲁迅的鼓励与爱护之下，湖畔诗社的爱情诗很快成为现代文坛上的一种新气候，并且还促成了爱情诗这一题材的繁盛，丰富了新文学的品类。

金柚希： 作为中国现代乡土小说的开拓者，鲁迅对浙东乡土小说的创作起到了引领作用。事实上，许多浙东作家都是鲁迅的私淑弟子，他们的许多乡土小说也带有明显的鲁迅风格。在鲁迅的乡土小说中，揭露国民劣根性，揭示在封建宗法制度压迫下人们物质的贫穷和精神上的扭曲落后，揭示企图做顺民而不得的残酷现实，是最为突出的主题。浙东作家们对此进行了继承和学习，他们以浙东农民为原型，塑造出了一个个在宗法制压迫下扭曲的灵魂，王任叔的《疲惫者》，许钦文的《鼻涕阿二》，鲁彦的《阿长贼骨头》等作品中对此都有体现。鲁迅乡土小说带有很强的地方色彩，浙东乡土作家们也很好地继承了这一点，在他们的作品中，浙东地方特色、社会风俗也都有着细致的描写。他们在揭示“国民劣根性”的同时也流露了细腻真挚的乡土之情，这正是浙东乡土小说的独特魅力。

苏冉：杂文是鲁迅所开创的一种特殊文体，20世纪浙江杂文创作中显然也有着明显的“鲁迅传统”。活跃于上海孤岛时期，以浙籍作家为主的“鲁迅风”杂文流派就主张继承鲁迅精神，以杂文为武器进行战斗。可以说，五四新文化运动的战斗传统经由鲁迅又在“鲁迅风”杂文中得到进一步传承。

黄海明：除了上述影响之外，鲁迅对浙江许多单个的作家也产生了深远的影响。现代浙籍作家中，鲁迅对柔石就产生了很大的影响。在小说取材上，柔石和鲁迅一样，也有许多作品“采自病态社会的不幸的人们”。他在小说中写上层统治者的残酷、中层知识分子的彷徨、底层劳动者的悲剧，同样也是为了揭示不同社会阶层中人生存的病态，以引起疗救的注意。当代浙籍作家中，鲁迅同样对于余华影响巨大。我认为，鲁迅对余华的影响主要表现在小说的叙述态度上。和鲁迅一样，余华总是以一种客观的、冷漠的态度讲故事，他只负责把现实展示在读者面前，而把评判的权利留给读者，让读者去做更冷静深刻的思考。

卓光平：鲁迅是浙江现代文坛的中心作家，其不仅对许多现代浙籍作家的创作起着引领的作用，而且对浙江新文学的发展起到了巨大的推进作用。这些既表现在对浙籍作家的扶持、关照和团结上，也表现在精神思想的熏陶和影响上，更表现在对浙江新文学创作范式的引领上。

书评

在“心灵辩证法”视野下回到鲁迅本身

——读钱理群著《心灵的探寻》

韩宇瑄

对于中国现当代文学研究而言，鲁迅是一个绕不过的话题。“除了对旧中国和传统文化的鞭挞入里、沁人心脾外，鲁迅一贯具有孤独和悲凉所展示的现代内涵和人生意义”[1]。在中国历史上，能够如鲁迅一样致力于中国人与中国社会的改造，并以这种改造的努力长久地影响到一代乃至多代中国人的思维导向、行为模式与价值关怀的人物屈指可数，而在思想文化领域，恐怕只有鲁迅。在中国现当代历史上，面对风雨如晦的疮痍河山，数不清的知识分子秉承着中国传统文化中的家国情怀，接受着英舰扣关后汹涌而入的欧风美雨的洗礼，试图以自己的思考与实践在风云际会的时代扶大厦于将倾，挽狂澜于既倒，然而他们中的大多数，或因其自身思想的局限性，或因其理念实践被证明的不可实施性，或因客观时代的某种因素而终究成为思想史、文学史上的斑斑墨迹，失去了对现实的指导意义。而鲁迅却以其独有的深邃与坚守，得以穿透大时代的光怪陆离与层层迷雾，直到今天，仍然发挥着其建设性与指导性作用，在历史上不断地被阐释，并被持久地赋予现实价值。这种复杂性使他得以成为“一个真正反现代性的现代性人物”[2]，带着“孤绝的现代性感知与文学选择”[3]成为 20 世纪乃至 21 世纪中国知识分子需要不断叩问的文化母题。从这个意义上讲，鲁迅是幸运的——他睿智地预见着我们的历史，并持久地塑造着我们的时代。

然而,这个过程并非是由鲁迅自己完成的。自 1936 年 10 月 19 日鲁迅逝世以来,不同时代、不同层次的读者、研究者、社会改造运动的主导者与参与者,都按照各自所处的时代与个人的历史哲学、思想情感、人生体验、心理气质、审美要求,从不同角度、侧面去试图接近鲁迅本体,并从被认识的鲁迅本体中试图提取某种适合于时代要求与个人目的的认识,并试图将其作为对于鲁迅思想的本质界定。在这个过程中,我们对于鲁迅既有正解,又有误读;既有遮蔽,又有阐释。鲁迅塑造着时代,而时代也塑造着鲁迅,这使得时隔几十年后我们所认识的鲁迅与鲁迅的本真发生了很大意义上的变形甚至扭曲。这样的扭曲无疑使得我们对于鲁迅产生了很大程度上的隔膜,并且阻碍着我们对于鲁迅遗产的进一步认识与发掘。正如有论者说:“鲁迅是谁? 这个看似简单而实际上又难以回答的问题,也一直缠绕着 20 世纪中国的知识界。不论他曾经被推上神坛,还是后来又走下神坛,也不论他头上曾经戴有何种桂冠,他的多重身份,他的思想的多样性,心灵世界的复杂性,性格表现上的矛盾性,尤其是深藏在他内心深处的那种难以‘直说’的人生苦楚,那种挥之不去的多疑、忧郁和孤独,那种被灵魂的‘毒气’和‘鬼气’纠缠而产生的心灵苦痛,都使他成为 20 世纪中国始终无法‘说清楚’而又‘说不尽’的异数,并一直延续到 21 世纪的中国”[4]。什么才是鲁迅和鲁迅思想的本体? 我们如何去接近这样一种本体? 鲁迅认识中的自己与后人认识中的鲁迅有什么区别? 在《心灵的探寻》一书中,钱理群教授进行了探究。

正如标题所昭示的,本书的聚焦点在于对于鲁迅本体心灵内涵的探寻,试图通过对于鲁迅作品的贴近与精读,来发现鲁迅作品中的自我,并进而深入鲁迅心灵,在现有的唯一凭据——鲁迅作品——的基础上最大程度上还原一个真实的鲁迅。这样的鲁迅无疑与几十年来不断被阐释、被认识的鲁迅形象存在差异。正如作者所说，“鲁迅”本身即是一个充满着深刻矛盾的、多层次、多侧面的有机体，几十年来对鲁迅的阐释与认识构成了一个不断接近“鲁迅”本体，又不断远离“鲁迅”本体的，永远也没有终结的运动过程。也正是在各代人广泛参与的过程中，“鲁迅”逐渐成为民族共同的精神财富。作者无异于借鲁迅的本体否定几十年来对于鲁迅及其思想的种种阐释与丰富，而是在抱有充分历史同情心的基础上将对鲁迅的观察事业从“民族”的单层面转向“个人”“民族”“人类”统一的多层面，并试图以鲁迅本体思维中占有重要地位的“历史中间物”概念为枢纽，通过这一枢纽中所包含的鲁迅的怀疑主义的否定精神、实践性品格与牺牲精神内涵，将在由于以往研究与阐释的偏颇而产生断裂的“个人”的鲁迅、“民族精神代表”的鲁迅与“人类探索真理的伟大代表”的鲁迅三者统一起来，并在此统一的基础上探究鲁迅的“心灵辩证法”，接近鲁迅本体，“回到鲁迅那里去”。为了实现真正意义上的“回到鲁迅那里去”，钱理群放弃了其他鲁迅研究者的既有成果，而是直接从鲁迅原文中，尤其是最为昭示鲁迅内心的《野草》中，通过精读、统计方法筛选、提取作家独特的单位意象、单位观念，并对这些昭示着作家心理最本质内涵的单位进行深入的、多层次的开掘，联系鲁迅生平遭际，试图达到对鲁迅独特精神与艺术世界的具体把握。

这样的研究方法无疑是行之有效的。钱理群通过精读和统计，在鲁迅的《野草》中，提取出 25 个最能揭示鲁迅内心世界的单位观念和意象，并根据其内在关系将其分为 16 对 4 组，每对内部的两组单位构成一定程度上的对立关系，但又统一于鲁迅这一自我形象之中，通过对这些母题的多侧面、多层次的探讨，逼近鲁迅心灵，直至其深层的潜意识，从而在这些意象单位的对比之中从思维、心境、情感、艺术四大方面完成了对于鲁迅“心灵辩证法”也即鲁迅自我思想的阐释。

全书将思维篇作为首篇，体现出钱理群对于“心灵辩证法”这一思维范式对于鲁迅创作及其思想统摄作用的重视。全篇四章标题多由鲁迅在《野草》中的语录命名，试图通过对于鲁迅内心潜意识的流白直观切入，以探求鲁迅“心灵辩证法”的诸方面。“于一切眼中看见无所有”是对于鲁迅内心深处对于否定（破坏）与肯定（创造）辩证关系的阐释。中国传统的封建文化在创造出中华民族文明史上的一个又一个辉煌的同时，也潜移默化地影响并统摄着中国人的心灵，随着封建文化逐渐走向晚期，其文化中的消极方面逐渐取得主导方面，并造成了近代以来中国的衰落与国民劣根性的顽固，这种没落的、消极的、带有遗毒的国民性及养成它的传统文化糟粕不能不成为志在医治国人心灵的鲁迅批判的目标。而历史因循之沉重、文化积弊之众多使得鲁迅不得不采取批判、扫荡的决绝策略，用怀疑主义的否定精神荡涤历史积垢，用彻底否定的摧枯拉朽之势摧毁民族自大、自卑的病态心理，甚至不得不采取看似极端、偏激的姿态，这使得鲁迅面对中国封建传统积弊，不能不“于一切眼中看见无所有”，并呼唤破坏，大呼猛进，“将碍脚的旧轨道不论整条或碎片，一扫而空”。怀疑主义的否定精神是20世纪的时代精神，更是五四时期的时代精神，新文化运动本身便是一场与封建旧文化的殊死搏斗。不破不立，然而有破有立，在卸去了沉重的历史因袭，轻装上阵之后，鲁迅同样强调新传统的建立与创造。对于鲁迅而言，创造与破坏本身就是一个事物的两个方面，破坏是创造的前提，创造才是破坏的本质。否定得越彻底，旧文化的废墟清理得越干净，理想的追求才越炽烈，新文化的地基才越牢固。鲁迅本人也用自己在小说、诗歌、散文等多方面的创造践行了自己的破立观，并且在立的同时既不拒绝借鉴人类有价值的任何创造，又坚持自己独立的创造，表现出“拿来主义”的宽广胸怀和开放传统。“于天上看见深渊”一章则着重阐释了鲁迅清醒的现实主义与革命的理想主义的辩证法。全章围绕鲁迅作品中经常出现的“黄金世界”的概念入手，表现出鲁迅对于革命、对于理想的冷静审视与现实主义态度，而他对于革命后知识分子命运的思考更是发人深省。“与无所希望中得救”一章阐释了鲁迅自我意识中绝望与希望的辩证关系。绝望与希望的起伏、交战是20世纪中国先觉知识分子典型的心理状态，对于鲁迅而言则更是如此。然而鲁迅并没有因绝望而灰心丧气，亦没有因希望而狂热凌厉，他坚持了亦此亦彼的辩证法思维，从而避免了非此即彼的形而上学思维，实现了清醒的现实主义和历史乐观主义的辩证统一，实现了自己“在绝望中抗战”的理念，为历史，为中国现代文学留下了“反抗绝望”的悲壮剪影。“多疑、尖刻中的现代智慧”一章则说明了鲁迅的多疑与尖刻和现代化人格之间的辩证统一关系。在这里，钱理群不仅摈弃了以往为鲁迅的多疑、尖刻强做辩护的思路，反而承认鲁迅的多疑与尖刻，并用事实的案例证明鲁迅虽然多疑与尖刻，但其中更不乏诚挚与坦荡，它们不仅仅是消极的病态，还有其也许至今还没有得到应有评价的积极价值。这种多疑与尖刻，一方面是20世纪以来空前尖锐、复杂的政治斗争与思想斗争的产物，另一方面更是鲁迅思维周密性、尖锐性的体现，是时代智慧与人民智慧的集中体现。而在多疑和尖刻之中，亦存在着其辩证关系：无前者，后者易流于独断；无后者，前者易流于烦琐。本章如此，本篇也是如此，在环环相套的逻辑推断与翔实可析的事实论据之中，将一个个看似不经意的命题一一得证，从而展示了鲁迅“心灵辩证法”在鲁迅思维方面的影响，展示了鲁迅迷人的精神魅力。

如果说思维上的心灵辩证法更多地体现了鲁迅在面对社会，面对敌人与战友时的智慧，那么第二篇心境篇则更多地潜入创作，在文本之间还原鲁迅面对不同人与事时的对策与智慧，从鲁迅的笔锋间品味鲁迅的人生体验。鲁迅的内心矛盾说到底还是来源于他那强烈的“历史中间物”意识，身上既有旧的因循，又有新的觉醒，因而，先觉者与群众之间的矛盾心态无疑导致了鲁迅的躁动与不安、孤独与寂寞、悲哀与痛苦。受托尔斯泰的人道主义和尼采的个性主义思想的影响，鲁迅在辩证探索与综合中形成了自己以进化论为基础，发展自我与牺牲、自我互相制约与补充的伦理模式。但在实际的生活中，在发展自我与牺牲自我之间，鲁迅始终无法达到其平衡。作为一名先驱者，鲁迅当然不匮乏首当其冲、为民请命的勇气，然而这种先驱者已经实现了的现代人的强大个性，与民族大多数基本上尚未进入人的现代化历程的愚昧状态形成了强烈的反差，他的牺牲不仅不为大多数人所理解，反而为部分人所讥诮、攻讦，这样的例子反复出现在鲁迅的作品之中。而作为一名先觉者，在承受来自外界的巨大压力之时，还要拥有强大的人格力量，理直气壮地按照时代要求发展自己，保持独立的人格，而这在当时乃至今天的中国社会环境中，都是难以做到的。鲁迅这一代知识分子所面临的正是这样的问题，其所引起的内心激荡则被鲁迅内化于心，外化于笔，体现在他的诸多作品，尤其是小说创作形象之中。先驱者也必然是改革者，改革者与对手之间的矛盾也常为鲁迅所苦恼，作为一名战士，鲁迅当然不惧怕来自敌人的短兵相接，但中国国情所孕育出的独特敌人——“无物之阵”却造成了鲁迅精神上的巨大损伤，对鲁迅的生命造成了巨大的销蚀。除此以外，来自阵营内部的阻力，来自民族大多数的阻力更是令鲁迅苦恼，使得鲁迅作为历史的胜者回顾一场又一场战斗的辉煌战果的同时，也产生了生命“酱”在内耗之中的难言苦闷。除此以外，别样的痛苦还来源于爱我者之中，作为一名叛逆的战士，鲁迅对于已成的生命及生存方式也存在着将其稳定化、凝固化的保守型欲求与将其破坏创造出新的生命及生存方式的变动性、开拓性欲求。在这样的矛盾中，爱我者之爱无疑成为战士的负担与拖累。一面是家人的温情，一面是战斗的呼唤，这使得鲁迅在其中左右为难。这使得作为先驱者的鲁迅不能不生发出格外的寂寞感：先驱者已经自觉意识到的历史变革要求，与实现这一要求的历史条件不成熟之间的脱节，先驱者的思想所达到的历史高度与国民思想平均数之间的脱节。这使得鲁迅产生对自我局限性的深刻反省，并从自我肯定向自我否定转变，并集中而典型地体现了五四时期知识分子在强大自我和感伤情绪之间交织的复杂心绪。即使是将马克思主义作为自己心灵的归宿之后，鲁迅仍然寂寞。就在其他左翼知识分子为革命的发展而欢呼之时，鲁迅在对马克思主义理论的本质把握中看到了革命的危机：专制主义对于革命队伍的侵蚀。这是具有极大历史预见性的观点，但在当时却不为人所理解，终于在几十年后，历史如鲁迅的预计无情地演练一遍之后，人们方才发现鲁迅当年观点的先驱意义。鲁迅的这种寂寞感不仅在当时，在今天也仍然具有典型意义：在理解鲁迅作品时，人们主要是按照现实的最迫切的需要和时代的平均水平去理解鲁迅作品的，作品中更深层次的内容则往往被忽略。甚至在今天，在学术领域和思想文化领域，竟然出现了"告别鲁迅"的论调。这说明，鲁迅不仅生前忍受着作为先驱者的寂寞煎熬，即使在身后，仍然存在着不被理解的寂寞与遗憾。这不仅是鲁迅思想超前性的体现，更体现着我们这个民族的悲哀：纵使历史已经重演了无数次，然而这种悲哀还将上演下去。如果说第一篇思维篇洋溢着睿智的思辨热情，那么这第二篇心境篇则更多体现着鲁迅阴郁与无奈的心境。这样的无奈并非是鲁迅本人所造成，而是鲁迅所生活的那个时代乃至其后的遭际所造就。万家墨面没蒿莱，敢有歌吟动地哀？鲁迅在世时如此，而鲁迅去世几十年后的今天为何仍然存在着这样的寂寞呢？

鲁迅的情感历来也为研究者所注意，然而，在20世纪80年代以前的研究多从鲁迅的反抗性、革命性方面进行分析，塑造出一个几乎成为定式的"横眉冷对千夫指""如匕首，似投枪"的金刚怒目的战士形象，似乎鲁迅的情感里从来没有一丝颓丧、忧伤甚至消极的情绪。然而钱理群并不避讳这些情绪，通过对《野草》的分析，他指出这些似乎“负面”“消极”的情绪不仅存在，而且在一定的时间段和一定的具体情况下曾经成为鲁迅整体情感的主导，然而鲁迅不愧为“心灵辩证法”的合格实践者，这些看似负面、消极的情绪永远与其对立面在鲁迅的整体情感中相互影响，相互搏斗，并最终形成了辩证的统一。譬如“冷与热”，身处中华民族最激烈的变革时代的前锋，鲁迅内心深处无疑具有强烈的内在激情喷发的冲动，汹涌的地火、奔突的熔岩、燃烧的激情无疑是鲁迅面对大时代的内心写照。然而作为历史强者的鲁迅又在内心深处时时升腾起克制感情喷发的强烈欲求，两者并存与鲁迅内心当中，互相撞击、激荡，又互相制约、补充，在鲁迅心中形成了最终呈现为外“冷”内“热”形态的辩证运动。再如“爱与憎”，鲁迅是我们民族现代化进程中对“爱”的最先一批呼吁者，因而鲁迅的心中总存有爱——对大众的爱、对同志的爱、对友谊的爱、对战斗的爱、对青年人的爱，爱成为构成鲁迅战士品格的基本要素之一。然而，鲁迅无疑还有憎，在那个特定的年代里，鲁迅面对的历史因循、现实存在无疑都是可憎的，他所憎根的，也就是他所要与之战斗的，严酷的现实升华出憎的情感力量，与爱相互斗争于鲁迅的内心。然而二者并不对立，而是在鲁迅的身上得到了统一，鲁迅的憎根植于更广大的爱，爱之愈深，期待之愈切，憎恨之愈烈，两者相互依存，相互斗争，形成了矛盾对立的统一体，两者并不中和、激化，而是相互保持着各自的强烈性，使得鲁迅及其作品成为20世纪中华民族“爱的大纛”与“憎的丰碑”。又如“沉默与开口”，数千年的沉默的国民性及其所形成的无物之阵给鲁迅以沉重的心灵压力，人与人之间的冷漠与孤独使得鲁迅的情绪在相当长一段时间几乎被沉默所吞噬，表现出相当程度上的寂寥。然而鲁迅并不因此而选择沉默，而是“于无声处听惊雷”，在沉默中形成的物我冥合的境界中充实自我，当这种势能积累到一定程度之时，必将转化为动能，形成浩瀚如江海的战斗洪流，发出来自心灵的呐喊。正如鲁迅自己所说的,“心事浩茫连广宇”,在广阔的心灵世界之中,那些成对出现的情绪往往在鲁迅“心灵辩证法”的作用之下形成互补,并统一于鲁迅的形象之中,反而使得其形象愈加丰满、立体。

对于鲁迅心灵的探寻切入点是鲁迅的作品,而落脚点也终将落在鲁迅的艺术之上。正是由于鲁迅的历史中间物意识,笔耕不辍的他不断地启蒙着他所博爱着的国人,并且以进化论的观点将希望寄托在一代代的青年身上;正是由于有了心灵辩证法,鲁迅才能够将缜密的思维,寥廓的心境,深广的情绪统一于自己身上,并且反映到自己的作品中来,构成了丰富的艺术世界。在这个艺术世界中,人、神、鬼在变形中交融,任意驰骋,自由翱翔。人、神、鬼的背后是鲁迅对于这个世界独特的感受,如果说鬼蜮代表的是鲁迅对于现实黑暗的痛苦而清醒的认识,那么在神的身上,鲁迅则更多地注入了自己的感情,但是他们都统一到了人的身上,鲁迅无一例外地为他们灌注了人的精神。这样一来,人、神、鬼的天马行空世界便有了现实的依托,坚实地建立在了人性的基础之上,统一在了鲁迅坚定而广阔的现实主义追求之中。在这个艺术世界中,各种兽及其所代表的自然被赋予了对象化的人格:鲁迅赞颂人的力与野性,因而赞颂猛兽恶鸟;鲁迅厌恶人间世界的奴性与媚态,因而嫌恶狗与猫;鲁迅心中充满着爱,因而对幼小动物充满着挚爱;鲁迅有着清醒而理性的自然观,因而赞美人对于自然的改造。在博大的、运动着的自然中,鲁迅发现并肯定了人,同时也发现了自我,发现了战斗的、不屈的、野性的人的精魂。在这个艺术世界中,充满着无数的梦。梦承载着鲁迅创作的“天马行空似的大精神”,也承载着对于理想主义的执着追求,更构成了鲁迅隐形的、内在的心理内容。梦里的世界是形象的世界,似乎比现实更能承载鲁迅旷野般的思维。但鲁迅的梦并非是空中楼阁,一切的梦都以无限广阔的现实为旨归,现实与梦在鲁迅笔下巧妙地结合,使得鲁迅成为中国现代文学史上描写梦境最具表现力的作家之一。在这个艺术世界中,悲剧意识与喜剧意识统一于鲁迅所处的变革时代。旧价值被否定的喜剧性,被肯定的新价值的毁灭中所蕴藏的悲剧性相互交织,构成鲁迅启蒙主义的自我审视与历史否定的重要组成部分。正如作者所说,在个体必然灭亡的历史悲观主义中蕴含着人类进化、发掘的历史乐观主义,这正是鲁迅悲剧意识与喜剧意识的本质。而悲喜剧艺术统一于鲁迅的启蒙使命之中,这便是鲁迅的历史的、心灵的辩证法的落脚点所在。

作为一部出版于1988年的鲁迅研究著作,《心灵的探寻》中许多在当时看来令人耳目一新的研究方法在今天已经不再新鲜,但是它仍然以其理论建构的自觉性、叙述逻辑的严谨性与充满激情和睿智的文学化表达而显示出自己独异的魅力。在该书出版之时,王得后曾经评价:"《心灵的探寻》的出世,标志着我国的鲁迅研究冲破了传统的格局,达到了一个全新的阶段,它可以说是新时期十年的代表作。"[5]在今天鲁迅研究著作已经极大丰富了的今天,我们已经无从体验王先生那时读到此书时的喜悦之情,但是在今天,当时学界所极力呼吁、呐喊的"回到鲁迅那里去"却已然成为一种共识,我想这完全可以证明王先生对于本书的评语绝非谬赞。但是,或许是由于时代变迁所产生的隔膜感,在阅读过程中仍然能够感觉到《心灵的探寻》所具备的某些瑕疵:例如在前言中,钱理群将"心灵辩证法"与"历史中间物"同作为奠定本书论述基础的重要概念,并以专节论述,但在实际操作过程中,不难让人感到"心灵辩证法"发挥有余,而"历史中间物"的概念并未能够贯穿全书;此外,作者在16个章节的论述中均牢牢把握"心灵辩证法"这一带有强烈马克思主义思维的概念立论,虽然使得各章节逻辑线索异常清晰、叙述结构异常圆融,但是在部分章节中却多多少少有"硬套"之嫌,令人感到尽管作者竭力追求鲁迅形象的本真,但仍然不免落入用时代和主观观点裁剪鲁迅的窠臼之中去。

再则，全书多次使用"核心""中心""本质"等词界定鲁迅思想中的一些现象，然而多次重复之后反而令人产生这些概念的混乱，很容易令人混淆。但瑕不掩瑜，本书仍然不失为一部有观点、有逻辑、有创见、有情怀的，能给我们带来深刻启迪的优秀学术著作。

注释：

[1] 李泽厚：《中国现代思想史论》，生活·读书·新知三联书店 2008 年版，第 115 页。

[2] 汪晖：《反抗绝望：鲁迅及其文学世界》，生活·读书·新知三联书店 2008 年版，第 435 页。

[3] 朱寿桐：《孤绝的旗帜：论鲁迅传统及其资源意义》，文化艺术出版社 2005 年版，第 28 页。

[4] 黄健：《孤独者的呐喊》，安徽大学出版社 2013 年版，第 1 页。

[5] 王得后：《钱理群〈心灵的探寻〉读后》，《鲁迅研究动态》1989 年第 3 期。

思想体认与价值实践：作为方法的“池田鲁迅”

张清媛

从1909年日本东京出版的《日本及日本人》杂志刊载周氏兄弟合译《域外小说集》的消息算起，鲁迅在日本的传播已整整110年。然而，人们对鲁迅在日本传播的聚焦主要集中在日本学术和教育体制内学者们纯学术的鲁迅研究，尤其是以“竹内鲁迅”“丸山鲁迅”和“伊藤鲁迅”等为代表的日本“学院鲁迅”最为学界所熟知。近年来，青年学者卓光平在借鉴日本学界“鲁迅像”研究范式的基础上提出了“池田鲁迅”这一学术新概念，来涵盖日本宗教思想家和社会活动家池田大作接受与传播鲁迅过程中的思想认识与价值实践。尤其是在《战后日本文化语境中的“池田鲁迅”研究》一书中，卓光平针对池田大作“鲁迅情结”的产生，池田大作眼中的鲁迅形象，以及池田大作对鲁迅作品的解读、对鲁迅“人学”思想的阐释和对鲁迅价值精神的承续等问题进行了深入系统的探讨。可以说，针对“池田鲁迅”的相关研究既充分揭示了鲁迅的世界影响力，同时也让我们从“学鲁迅”的角度认识到鲁迅的当代价值意义。

一、池田大作对鲁迅思想的探究与体认

作为日本创价学会的第三任会长和国际创价学会的现任会长，池田大作不仅对鲁迅有着独到的思考和认识，而且还不断从

鲁迅那里汲取精神资源，并对之进行宣扬和传播，在中日两国产生了巨大影响。在系统梳理池田大作接受与传播鲁迅的相关文献基础上，青年学者卓光平提出了“池田鲁迅”这一学术新概念，并将其置于战后以来日本“学院鲁迅”和“民间鲁迅”的学术场域中进行考察，以此来凸显“池田鲁迅”的独特内涵和现实意义，从而对“日本鲁迅”研究“做出了一种空间立体型的场域开拓”[1]。

自青年时代起，池田大作就开始阅读鲁迅作品。他不仅在阅读的过程中寻求与之进行跨越时空的心灵对话，而且通过在现实中的经历和碰撞来感知鲁迅的精神思想，从而形成了独到的鲁迅观。在对“池田鲁迅”的价值内涵进行学理性探究的过程中，卓光平注重将其置于战后日本时代语境中进行考察，挖掘“池田鲁迅”与“学院鲁迅”的相通之处，并指出两者共同的逻辑基点是“他们对鲁迅文学价值和思想精神的深度认同，并将其作为民族自我批判的思想资源和追求革命变革的精神动力”[2]。同时，卓光平又结合池田大作所领导的创价学会的价值追求，对“池田鲁迅”与“竹内鲁迅”“丸山鲁迅”和“伊藤鲁迅”等为代表的“学院鲁迅”的区别进行了对比分析。相较于“学院鲁迅”的玄学性与思辨性，“池田鲁迅”更具有通俗性与传播性。池田大作从“学鲁迅”的角度出发将鲁迅精神思想进行内化，并以此贯穿于创价学会的“人性革命”实践。可以说，卓光平的“池田鲁迅”研究正是对“学院鲁迅”研究的补充和延伸。

然而，池田大作毕竟不同于日本学术体制内专门致力于鲁迅研究的学者。作为日本最大宗教团体创价学会的领导者，他不仅从多个角度对鲁迅展开了文学解读、思想阐释和价值体认，而且在以日本创价学会为载体的事业追求中对鲁迅价值思想进行了继承和发扬。池田大作一直致力于日本的宗教运动和世界的和平事业，并“在不同场合对鲁迅作品进行阐释，对鲁迅思想进行宣传，对鲁迅价值进行践行”[3]。在研究中，卓光平又从社会实践层面考察“池田鲁迅”的文化价值传播，并围绕“池田鲁迅”实践性和现实性的学术特质，紧贴二战后日本变化的时代语境，积极发掘“池田鲁迅”的现实意义和当代价值。就此而言，“池田鲁迅”具有很强的现实指向性，与日本“民间鲁迅”一样有着很强的活力。

不过，需要指出的是，“池田鲁迅”并不是简单地将“学院鲁迅”与“民间鲁迅”进行相加，而是进行了复杂的化合。卓光平既对“池田鲁迅”进行了思辨性的内涵阐释，又着重挖掘了“池田鲁迅”在战后日本的文化语境中的社会实践价值，从而揭示了“池田鲁迅”在思想精神与价值实践之间的张力。

二、“池田鲁迅”的体系建构与内涵阐释

作为一位宗教思想家、社会活动家、文学家和教育家，池田大作的多重身份决定了他探究鲁迅的视角与一般的鲁迅研究者有着很大的不同。池田大作不仅专注于对心灵世界和艺术世界的探究，同时也追求内心世界与外部世界的相互转化。他曾说：“如何使内心世界和外部世界相互转化发展，对学问和艺术来说，也是一个根本性的课题。当然，学问和艺术本来有它们自己的规律，为此，有人采取这样的生活态度，企图在学问、艺术孤独的世界里通过自我实现来感受美。然而，真正的自我实现，要在自我于外界充分发挥后才能体现出来。”[4]

基于同样的理念，池田大作在对鲁迅思想精神和文学价值进行探究与体认的过程中，也是非常看重其社会价值与意义的，“他对鲁迅的阅读、理解和接受从来不是要将之束之高阁，而是将鲁迅与日本的社会现实、创价学会的价值追求联系起来”[5]。因此，从“学鲁迅”的角度出发，卓光平不仅探究了鲁迅对池田大作人生成长和价值探寻的影响，而且还指出“池田鲁迅”价值内涵不仅包含着池田大作对鲁迅“人学”的思想阐释，更包含了其在社会活

动、创价教育和文化交流中对鲁迅精神思想的内化与践行。

同时，立足于池田大作宗教思想家、社会活动家、文学家和教育家等多重身份，卓光平从池田大作与鲁迅的生命感应入手，通过其对鲁迅致力于国民性批判的“精神革命”思想家、“在灵魂深处唤醒民众”的“笔的斗士”、搭建中日文化交流“金桥”的先驱者和践行“立人”的教育家等四位一体的体认，建构起“池田鲁迅”的“鲁迅像”。在对“池田鲁迅”价值内涵进行阐释的过程中，卓光平以多维视角和立体网状的研究架构，从池田大作对鲁迅小说的再解读、对鲁迅“人学”思想的阐释和对鲁迅价值思想的承续三个方面进行了系统阐释。并且特别指出，池田大作将鲁迅思想价值运用在创价学会的世界和平事业、日中文化交流和创价教育实践中，其对鲁迅当代价值的激活超越了对鲁迅思想文学的单纯阐释和静态解读，而这也使得“池田鲁迅”成为日本鲁迅传播中实用性研究的典范。

三、“池田鲁迅”的现实价值与启示意义

池田大作非常注重通过文学创作、文化讲座、思想对话和展览宣传等方式对鲁迅精神价值进行传扬。在其所创办的创价大学和创价学园就曾举办过鲁迅展览、鲁迅讲座等活动来普及和传播鲁迅，让更多的青年人来认识和了解鲁迅。基于此，学者谭桂林就指出：“所谓‘池田鲁迅’的要义就不是学术的，而是社会的、实践的。”[6]显然，与纯学术性的鲁迅研究不同，池田大作以“学鲁迅”的方式来推动鲁迅价值精神的宣扬传播，而鲜明的现实指向与社会属性正是“池田鲁迅”的独特之处。

卓光平一方面通过求真实证的探索方式对相关文献史料进行深入挖掘和系统整理，梳理了战后日本文化语境中日本知识精英对鲁迅的接受与传播；另一方面又着眼于现实，深入挖掘了“池田鲁迅”的现实价值与启示意义。事实上，正如鲁迅研究学者钱

理群所指出的，“鲁迅开创的是现代思想、文化的新传统，他对现代中国，始终是一个‘正在进行式’的作家、思想家，我们在现实生活中遇到什么问题，都能从他那里得到启示”[7]。池田大作一直注重继承和发扬鲁迅精神思想来实现创价学会的价值主张和解决日本现实社会中的问题，其从“学鲁迅”的角度对鲁迅精神文化资源进行开掘，避开了“学院鲁迅”经院化、学院化的倾向。因而，在战后日本鲁迅的传播史上，“池田鲁迅”既是日本鲁迅传播中实用性研究范式的代表，又与日本“学院鲁迅”和中国“本土鲁迅”相互参照，具有重要启示意义。

总之，卓光平的“池田鲁迅”研究通过翔实的史料梳理和系统的思想阐述为我们呈现了一个日本“学院鲁迅”与“民间鲁迅”之外的“鲁迅像”。其对“池田鲁迅”学术特质与社会属性的深入阐释和细致辨析，既是对“日本鲁迅”研究的深化和拓展，也对我们今天进一步开掘鲁迅思想文化资源提供了重要的启示意义。

注释：

[1] 黄健：《〈战后日本文化语境中的“池田鲁迅”研究〉序一》，《名作欣赏》2018 年第 8 期，第 7 页。

[2][3][5] 卓光平：《战后日本文化语境中的“池田鲁迅”研究》，中国社会科学出版社 2018 年版，第 232、237、207 页。

[4] 池田大作：《人生寄语——池田大作箴言集》，程郁译，上海社会科学院出版社 1992 年版，第 133 页。

[6] 谭桂林：《唤醒人们的诗心：池田大作文学创作初论》，南京大学出版社 2018 年版，第 22 页。

[7] 钱理群：《重新体认鲁迅的源泉性价值》，《鲁迅与当代中国》，北京大学出版社 2017 年版，第 233 页。

越文化视域中的鲁迅与《故事新编》

——以顾红亚著《〈故事新编〉中的越文化精神》为中心

王　帆

不论是复杂主题内涵的多向度挖掘，还是现代创作手法的深入阐释，《故事新编》越来越成为鲁迅文学中备受关注的研究对象之一。尤其是近年来，随着时代语境的变化以及思想文化的多元性发展，研究者们的眼光不再仅仅聚焦于《故事新编》的主题内涵、体裁问题、“油滑”手法等方面，而开始在文本中所蕴含的作家主体意识、地域文化精神及历史本体探索等层面展开深入的挖掘，《故事新编》研究开始了越来越丰富、多元的探索。

顾红亚新著《〈故事新编〉中的越文化精神》（上海社会科学院出版社 2018 年 6 月版）即是从古越文化谈起，认为处于古越文化区域中心的绍兴，其独特的地域环境养育了生于斯长于斯的人们，悠久的历史文化又带给这里的人们一种从远古而来的基因，使这里的人们有着别于其他地域的精神面貌；出生于绍兴的鲁迅，自小受古越文化及身边亲友带有浓烈古越精神的言行影响，形成了其自身独特的精神基因和文化品格。[1]而这一切表现在创作上，势必会自觉或不自觉地将越文化精神渗透于作品的情节发展和人物塑造上，尤其是在《故事新编》里，顾红亚认为人物塑造及故事发展体现了越文化中的务实精神、创新精神、耿直无忌精神、刚柔相济、矢志复仇的“胆剑”精神以及“油滑”精神。

在该著作中，作者一方面在历史还原及史料爬梳的基础上，通过历史事实和人物实例，生动具体地向读者展示了古戉文化精神的源起和历史传承，另一方面则深入挖掘鲁迅在成长和创作过程中与越文化精神相匹配的人生态度与生命哲学的形成，并从越文化精神层面对《故事新编》进行分析，考察鲁迅如何将自身的生命哲学与文化视野渗透到《故事新编》创作中，使其不仅表现出生命的诗意、现实批判、复仇与爱等，也不时流露出鲁迅生于斯长于斯的越国故地的人文精神。

丹纳认为，一个生存于艰苦环境之中的古老民族，其文化性格必然是以讲究“实际和实用”为特征的。[2]古越大地人们生存环境的艰苦与险恶，使得他们不得不正视严峻的现实境地并以理性务实的态度对待、处理事物，从而形成了勤俭务实的古越遗风。血管里流淌着古越文化中务实精神的基因，深受地域文化精神和身边师长们影响的鲁迅，同样有着强烈的务实精神。《〈故事新编〉中的越文化精神》中作者一方面在史料考证的基础上，为读者呈现出在生活中讲求实际、躬身实践的鲁迅形象，如少年时期亲自动手栽种花木以纠正《花镜》中的错误与不足、辑录《古小说钩沉》时不厌其烦地校勘，力求去伪存真、对于居住环境的务实选择等；另一方面则是阐释了鲁迅如何将其内在的务实精神投射到《故事新编》中的人物身上，鲁迅一生都在致力于对理想人性的探寻，而《补天》中的女娲、《理水》中的大禹、《非攻》中的墨子等人在鲁迅笔下实实在在被赋予了“务实”的人性品质，鲁迅曾在《中国人失掉自信力了吗》中提到：“从古以来，就有埋头苦干的人，有拼命硬干的人，有为民请命的人，有舍身求法的人，……这就是中国的脊梁。”[3]大禹的“埋头苦干”、墨子的“为民请命”，可以说他们都是“中国的脊梁”，是理性务实的典范。鲁迅在构造理想人性时，更多的即是在古越文化这个母体中寻找素材的，从这些文字中，我们可以感知到越文化精神与鲁迅理想人性构建的契合点，一方面要有超人的见识、非凡的意力，为自己的生存权利而去斗争，另一方面又要内蕴坚韧、务实的品性，有着大禹、勾践的精神气质。

而古代生存环境的恶劣以及面向大海的自然环境，使得古越之地形成的海洋文明中也形成了另一种鲜明的地域精神，就是敢于冒险，勇于创新。为了使自己生存和生活得更好，古越人从未停止过创新，他们知道只有不断创新，才能在险恶的环境中幸存下来，而正是在这种地域精神的传承和影响下，越地的先贤后裔们才能一直保持“以热烈的怀疑与破坏精神，推倒一切前代的因袭制度传统道德和缚住人心的僵化了的经典。”[4]在古越地域先贤秉持的创新意识以及生活环境中亲友的影响下，鲁迅不管是在个人生活中还是在文学创作里也时时出现勇于创新、敢于冒险的行为。

在《〈故事新编〉中的越文化精神》中，作者认为鲁迅人生中非常关键的一个创新行为，应该是离开故乡到南京求学，成为其重要的人生转折点；第二个关键的创新行为应该是弃医从文，开启了影响其一生的文学创作生涯，同时在其文学创作的过程中，也将这种创新意识赋予到作品中的人物身上，在《故事新编》的创作中更是如此，鲁迅笔下一个个民族脊梁式的人物，在面临给人类带来灾难的危害时，以异于常人的思维模式，打破常规，利用当时的知识和物质条件，为满足人们特定的社会需求，发明和创造了许多契合时代所需的经验和工具，表现出伟大的创新精神，而这种创新精神，不仅在那时有其重要价值，而且超越时空的羁绊，对后世也产生了深远的影响。[5]

古越文化精神影响下的鲁迅，在其文化人格中还产生了最鲜明的耿直无忌的基因和“硬气”品性，一方面古越文化中“锐兵任死”“轻死易发”“卧薪尝胆”的刚毅精神已沉淀在越地人民的血液里，以至于使鲁迅也有“身为越人，不忘斯义”的感兴；另一方面作为知识分子，鲁迅也从思想文化、伦理道德、行为模式、艺术追求等层面受到了传统越文化精神的影响，因而古越文化精神范式对于鲁迅而言有着直接的借鉴意义，这种文化品格的形成，虽然不能说都是传统文化的影响，但古越文化精神的潜在影响是不能忽视的，就像顾红亚在本书中所强调的顽梗不屈的大禹治水精神、十年教训十年生聚的卧薪尝胆精神，魏晋嵇康“越名教而任自然”的刚烈耿直的反礼法斗争，势必会在历史文化的传承中对鲁迅产生潜移默化的影响。在这一文化品格的认同感上，我们尤其可以看到鲁迅对嵇康情有独钟，他们是有着“乡谊”上的精神联系的，嵇康一再进入鲁迅的视野中，其作为“越中先贤”的身份颇为重要。二人虽处于不同时代，但受相同古越文化精神传统影响，使得二人在精神特质、思想维度和艺术追求等方面得到相似的呈现，究其原因，越地区域环境中所形成的思想文化内蕴通过历史的传承与积淀产生作用，正是越文化的深厚积淀，使越地历代贤人不绝如缕，我想这正是作者想要在本书中呈现的核心要义之一。

几千年来，自然环境和地理的限制，使得生活在古越这块大地上的人们，在长期的艰苦劳作中，还形成了一种“劳身焦思、手足胼胝”的艰苦奋斗精神，这些古越先民在与险恶的大自然、周边部族虎视眈眈窥探的斗争中，逐渐形成了“善用剑，皆好勇，轻死易发”的刚强遗风，并由此形成对剑的崇拜。当古越民族这种对剑的崇拜意识，被引向战胜强敌、洗雪国耻的民族目标时，此时的剑已成为一种励精图治，奋发图强的“复仇”精神象征。

鲁迅对吴越文化中的复仇意识抱有很深的好感。在《〈故事新编〉中的越文化精神》中，我们可以看到，“复仇”意识几近伴随了鲁迅的一生，年少时就生发“嫉恶如仇”的精神、早期翻译外国文学作品时就倡导“复仇”意识，以刺激国民、文学创作道路上无尽的战斗、伤害、反击、战斗、伤害、反击的循环，使得鲁迅身上从远古流传下来的复仇基因，因着所受到的人生遭遇而变得越来越强烈，越来越深沉内敛，所以他痛恨姑息恶行的宽容，主张彻底的战斗，直到病重垂危，也仍然坚持着对自己的怨敌，一个也不宽恕。

而鲁迅笔下的复仇既有以牺牲自我为代价的拯救国民个体的行为，又有将复仇上升为启蒙者对看客的思想启蒙上拯救国民的灵魂，从而实现立人的目的，并最终能够建立一个健全的人格世界。[6]《铸剑》中复仇者眉间尺和黑色人对吴越文化“刚性”一面的演绎；《奔月》中后羿面对亲情、普通民众、徒弟的三重背叛而萌生的“复仇”意识，在这些以“复仇”为基调的文字中，鲁迅对吴越文化中的“复仇意识”进行着深刻的剖析，同时予以了赞美和弘扬。

“油滑”作为鲁迅创作中独特的历史——现实理解和认知方式，不但使得《故事新编》完成了对传统文体的一种反叛和超越，也是对大众阅读习惯和审美趣味的一次挑战，鲁迅以一种颠覆性的重新书写面对历史与现实，既使得文本思想内容更加丰富，又显示了鲁迅内心世界的矛盾性和复杂性。在这里鲁迅放弃了对圣人的一贯“神化”，带着些戏谑的味道，将本来严肃的命题幽默化、通俗化，在力求满足艺术表达的同时，调动着他全部的人生经验，出入于历史和现实之间，从而使得古老的神话权威被消解，英雄圣人也落入凡尘，所有被赋予可信性的历史被质疑和颠覆。就像作者所说，鲁迅在《故事新编》中将一些传统意义上的正面人物形象，进行了“脱冕”，使他们成为不再带有光环的普通人，同时将事件发生的时空进行相互交错，古今杂糅，以荒诞的喜剧色彩表现了深刻的主题。以表面的荒诞戏剧色彩来塑造人物构造情节结构，由此表现深刻主题。[7]

在《故事新编》中，鲁迅用“油滑”的手法刻画了许多丑态人物和小人物，出现在女娲两腿之间的“古衣冠的小丈夫”、不甘心每天吃乌鸦炸酱面的嫦娥、文化山上的学者和官员们、华山上的小穷奇和小丙君、侍女阿金、阴奉阳违的巡士和账房先生……这些人物在历史的正统外衣下，通过一些喜剧化的语言和行为，产生一种诙谐幽默又极具讽刺的效果。而“油滑”的出现其实也决定于鲁迅的写作选择，任何作家对于作品题材的选择都会不自觉地受到思想文化和现实环境等各方面因素的影响，在《〈故事新编〉中的越文化精神》中，作者认为在艰难困苦的生活中，古越大地上生活的人们也会用幽默化解着生活中的不平和压抑，特别是一些方言俗语即是对人物、事件一针见血的针砭，表现了古越百姓的幽默风趣，另外被鲁迅称之为“真的农民和手业工人的作品”的目连戏也充满了风趣和幽默，尤其是后者，作为一种幽默诙谐的艺术形式，在很大程度上影响了鲁迅作品中“油滑”手法的产生和运用。通过这一系列论述，作者在本书中不但对“油滑”手法产生做了历史层面的梳理和探讨，也论述了《故事新编》在创作方法上对越地传统“目连戏”的传承和借鉴，从艺术渊源上沟通了《故事新编》和传统越地文化，为我们更全面理解和分析“油滑”问题提供了一种新视角和新思路。

《故事新编》从出版至今已有八十余年，从最初相对贫乏的研究到慢慢形成较为系统的研究体系，这其中经历了一个循序渐进的发展阶段，开凿出了更加多元化、具有自身特点的研究路向。《故事新编》有着独特艺术魅力，因此才会引起一代又一代研究者的兴趣。顾红亚凭借较为深入的文化挖掘和较为扎实的历史视野，在《〈故事新编〉中的越文化精神》这部著作中，以古越文化精神的传承为经，以《故事新编》中的越文化精神体现为纬，贯穿以历史层面的挖掘，形成了既具有地域文化价值又富有历史意味的研究维度，为当代鲁迅研究提供了较为重要的借鉴和参考。鲁迅思想和创作非常复杂，《故事新编》更是如此。因之，我们在研究鲁迅思想和文学时，也应适当采取一些还原和剥离相结合的研究方法，诚如袁盛勇先生所言：“且让我们重新回到鲁迅的根基处沉思。通过真切还原，在沉思和对话中重构而出的鲁迅，不应成为一种新的教条，或某种话语之异化。”而鲁迅“在人类精神的天空中，是永远不会死去的存在！”[8]

注释：

[1] [5][6][7]顾红亚:《〈故事新编〉中的越文化精神》,上海社会科学院出版社 2018 年版,第 2、64、124、136 页。

[2] [法] 丹纳:《艺术哲学》,傅雷译,人民文学出版社 1983 年版,第 162 页。

[3] 鲁迅:《中国人失掉自信力了吗》,《鲁迅全集》第六卷,人民文学出版社 2005 年版,第 122 页。

[4] 刘大杰:《魏晋思想论》,上海古籍出版社 1998 年版,第 18 页。

[8] 袁盛勇:《当代鲁迅现象研究》,人民出版社 2018 年版,第 323 页。

史海钩沉

绍兴鲁迅研究

台静农集外的文稿和书信疏证

葛　涛

2015年10月，海燕出版社出版了《台静农全集》(11种13册，以下简称《全集》)，从《全集》的《出版说明》可以看出，《全集》的编辑工作是由从事鲁迅研究的三位专家和台静农先生的几位亲属合作完成的，并且是国家出版基金资助的出版项目。从编辑团队的学术水平和国家级出版项目的标准来说，这套《全集》应该是一个精品。笔者在翻阅过《全集》之后，却发现该卷失收了台静农的多封书信和两篇文章。

一、台静农散文《人彘》的手稿

台静农在1928年发表过小说《人彘》，但是鲜为人知的是，台静农在1925年还写过一篇同名的散文。这篇文章虽然一直没有发表，但是作为鲁迅保存的青年文稿被保存下来，目前由北京鲁迅博物馆收藏。

鲁迅在1925年5月14日的日记中记载“静农、鲁彦来”。另外，鲁迅在5月20日的日记中记载：“得静农信并稿”。据陈漱渝在《鲁研一得录·台静农、王鲁彦同访鲁迅》[1]一文中的考证，鲁迅这次收到的台静农的文稿就是散文《人彘》，该文描述了台静农和鲁彦在5月14日晚上拜访鲁迅的经过。大约是因为鲁迅不满意台静农在这篇文章所流露出来的对人彘的厌恶之情，所以没有在《莽原》杂志刊登该文。这篇文章后来也一直没有公开发表，《鲁迅研究月刊》在2016年第5期的封三才首次刊登了该文的手稿影印件。《台静农全集》的编者可能没有注意到陈漱渝的这篇文章，因而也就不知道台静农还写过一篇和小说《人彘》同名的散文。下面就依据台静农的手稿，把散文《人彘》的全部内容转录如下（按：黑体字系笔者所加）。

人彘

静农

这次鲁彦北来，真是我所梦想不到的；因为我从不会幻觉到江南的诗人，又重行来到这长天寥阔的北京！

从黄昏我们握手以后，直到晚钟十下，我们絮语却没有一刻的停止。我偶然将鲁迅先生对他作品的称赞告诉了，他便疯狂一般的要我同去作鲁迅先生的“晚间来客”。

我是向来不会记忆我所走过的路，尤其是在晚间；所以鲁迅先生的住宅，在白天我或可找到，在晚间却使我为难了。

我们走到一个似曾相识的巷中，遍在人家的门前摸索，敲错了两家的门，幸而未遭谴责。最后走到一座警查[**察**]的小房，说了许多“劳驾劳驾”才蒙他们让我在住户簿上查得了，原来还在前面的胡同。

踯躅在长的黑暗的胡同里，我的心委实有点恐怖；阴风森然吹过，我的全身顿时打了一个寒战[**颤**]。

老是盼望前面有人行走，或是有灯笼来，终于没有，我们只有身子互相依傍，手紧紧的握着。

呼呼的声音，偶然的出现在我们的面前，我以为是狗，是一条很大的狗；不然，来势绝不会那样的急躁与沉重。

四肢呼呼的响，如秋风扫黄叶一般，直爽的喘息显出野蛮的兽性；在我们无意中，牠傲然的往我们足下扒[**爬**]过。牠是过去了，顺便留下狠[**很**]大的恐怖！牠有比狗还大的黑影，在不平而松湿的地上蠢蠢的移动。

鲁彦带着惊异的问我是什么，我立刻知道了，我说那是人彘，我的声音狠[很]低微，因为恐怖依旧是环绕着我。

在紧急的当儿，看见了白粉的墙矗立在黑暗里，我狠[很]快的跑到门前将门环用力的敲了几下，我的胆气也随着门环的响亮雄壮了。

牠不如狗，甚至于一条小而且癞的狗，居然我们被牠惊袭了，真是耻辱！虽然我的心是平息了跳动，可是想到这里，脸上却发了热。同时我又努力的遏止，陪着他们高谈狂笑，为了恐怕他们知道了这件耻辱！

"为什么社会容许这无用而且讨厌的人彘存在？"在归途中我默默然的想，我的仇恨却因之扩大了！

在第二天的晚间，想到前一晚上的事，不特仇恨没有消灭，且加增了成分。

为了想解决这人彘的问题，便翻了几本社会改革的书，终没找到我所要知道的；因而我益其相信我所拟的"歼灭"是最好不过的办法！

最后精神有点倦了，随手拣了《呐喊》中的《孔乙己》倚在枕上看了半页，便昏昏的拉开被盖睡了！

五月十九晚

二、台静农签名呈请发还书籍的呈文

《台静农往来书信》收录了陈垣在1934年8月2日致北平宪兵三团蒋孝先的书信，以及北平宪兵三团的回信。这些书信虽然与台静农第三次被捕入狱有关，但是都不是台静农本人撰写的。而台静农在第二次被捕入狱时由本人撰写的《台静农呈请发还书籍呈文》一文却被《全集》失收了。

台静农第二次被捕入狱是在1932年12月12日。王永昌在《〈烟袋〉与“炸弹”齐飞——从档案材料看台静农被捕的前前后后》[2]一文中披露了台静农这次被捕的经过，并在文末附录了相关档案资料，其中就有台静农本人具名的《台静农呈请发还书籍呈文》。该文较短。转录如下：

台静农呈请发还书籍呈文

呈为请求发还书籍物品以资应用事。

窃民宅前经贵局协同市党部检查，携去中西书籍、信件、学术论文、讲义、手稿、相片等物，幸经贵局明察，民案已水落石出，当蒙恩释，致为感激。惟该项书籍等件，或有关于学术参考，或系个人应加保存之物。用特冒昧呈请发还，实为德便。谨呈
北京市公安局

具呈人　台静农（盖章）

住址　后门黄城根七十九号

三、台静农致许广平的五封书信的抄件

《全集》的“出版说明”指出：“台先生书信所存不多，且从未编集，此次在台先生亲属努力下，得到台先生给家乡亲属的信札多通；我们将一些他人寄台先生书信编入，称之为‘往来书信’。”令人遗憾的是，台静农致许广平的5封书信虽然在1987年就收入《鲁迅许广平所藏书信选》[3]一书中，但是却被《全集》失收了。鉴于这5封书信在《鲁迅许广平所藏书信选》（以下简称《书信选》）一书中存在一些文字、标点和时间方面的讹误，笔者在此参考鲁迅博物馆保存的几封书信的抄件，重新对这5封书信做了校勘，具体内容如下：

（1）1936年11月10日书信

周师母：

见报载将有先生遗著整理会之组织，甚佳。生近同魏天行[《书信选》误作：门]兄商量，拟将《魏中散大夫嵇康集》用木刻版印行，去年秋初晤先生时，言拟用木刻，当时告以有友人已将此书据宋版本校过，至厦遂将友人所校本[《书信选》误作：者]寄奉，先生回信云，某君虽校以宋本，然佳字未提出，仍有再刻所校之必要，故生意欲木刻本，亦先生之遗意也。再者先生一生，搜集《造象》，《汉画》甚富，有意整理，终无功夫。闻近已有人窥伺此一部份收藏，生意无论如何，均可置之不理。闻先生在厦大时，拟编一《造象目》，不知着手否？若已着手，存稿当在，将来清理出，尚可据现有之材料补入印出。至于《汉画刻石》拓本，先生去年与生函言拟全印，然不可能，只有分类选出，拟分为"摩崖"，"阙、门"，"石室[《书信选》误作：宝]、堂"，"残杂"四部，将来亦可遵先生之意选出，作为先生遗书。此等事并不难，生亦可从事整理。关于先生藏书及木刻画、碑帖之收藏，生意可全部整理保存，以便将来设一纪念馆。关于纪念馆，上海友人有提到否？若未有此议，可否在整理会中提出？

师母于新哀之后，劳悴集于一身，务望珍摄为宜，草草即询

日安

静农　敬上

十一月十日

按：魏天行即魏建功，却被《书信选》误作"魏天门"。另外，鲁迅书信中提到拟编的汉画像拓本，其中分类之一是"石室"，却被《书信选》误作："石宝"。

(2) 1937年4月29日书信

周师母:

四月廿七日手示,顷收到。廿六日寄上胶济铁路局捐洋壹百贰拾伍元,想已收到。该路捐册付[《书信选》误作:附]函寄上。

关于整理国故一文,现正起草,预备一周内写成,写完后并拟寄许季老一阅,免得闹笑话。里面牵涉到的中国书,[《书信选》此处的标点误作:’]这边图书馆竟没有,因为势须一翻阅始能下笔,故亦稍感困难。许季老日前接其一信,说已托了胡博士,惟尚未接到回信。师母的文章(骂苏的),上海既未便发表,何妨寄给曹兄,请其在平发表。鄙意不用真名用笔名为宜。《今春的两种感想》,我再写信到平打听一下,文网如此,殊不可解,令人感叹!前次寄来之手札及今日寄到与振铎书均收到。

草草即询

日佳

静　顿首

四月廿九日晚

(3) 1937年5月22日书信

周师母:

五月十六晚手示,奉悉。

银行收据早收到,已交捐款人矣。

年谱民元以前太简,可于到平时补充,幼年时尚可问大师母,至民元以后或一九二七年以后,多顾忌处,实所不免,俟到平大家商之如何?

书信集出时,想师母当有一序文或后记,鄙意最要在年代(及写信时在何处)应详细注出,以供世人研究。

北上时书不便带,可先寄出,但得先函太师母收,到时不必打开,即妥为保存为要。

《收获》已收到,内容极充实,封面版样较前美丽大方,不知容继续下去否?我所作之国学文,决在此完成,细节俟到平商之于许先生及他友。草草,即询

日佳

伯简　顿首

五月廿二日晚

按:《书信选》误把该信的时间标注为:"[一九四七年]五月廿二日晚"。

(4) 1938年9月24日书信

周师母:

未通音讯,将近一载。每欲上问,以交通不便,生活烦乱,辄执笔中缀。去年此时,寄寓六安,九月间三舍弟病在芜湖,彼在该地读高中,故先回六安后又前往,不意一病不起,当去世时,芜湖正紧,草草埋葬,于次日即同家父仓卒[促]而去。及回到故里(叶家集),对于地方小学教育,略从事整理,其他人所不做之事,亦略做点。至端午节时,秩序乱不可言,不得已随父母出来,沿途遇雨,车不能行,半月始行五百余里抵汉,到宜昌时,全家老小,相继患病,盖因沿途饮食无常,又值炎热,不得不病也。即在该地停月余,遇有西来之船,即入川,友人即介绍来白沙镇乡里寄居。计行两月余,始得一居处,至于旅费,幸家严在里,四处摒挡,得数百元,否则更困难也。农近为教统公司编一历史小说,月得生活费百廿元,尚可维持。家人老小,亦渐恢复。《纪册》已读到,惟以未

能尽力为憾，季福[苐]年谱太简，农决定将据历年之书，重为编制，以年为纲，亦谱亦传，或较善耳。靖兄仍执旧业，携眷在陕之城固，近闻本另有新商店，聘彼任事，自较旧生意获利，然非性之近，大概不拟就，农则殊不以为然也。专此即询

珍摄，并询

海婴安好

伯简　上

九月廿四日

通讯处：重庆中白沙柳马冈邓宅收转

按：台静农在信中提到的“整理国故一文”，即《鲁迅先生整理中古文学之成绩》，该文后来收录在《1913—1983 鲁迅研究资料汇编》第二卷[4]之中，但是这样一篇重要的文章却被《全集》失收。

（5）1938 年 11 月 29 日书信

周师母：

十月廿四日手示奉悉。渝市二周年祭，即为邵君主席，由农说述周师生平——此文已登出。交通不善，未便寄奉。沈君所编之物，不久舍弟在渝，尚未见售，大概日内当可到也。至于港祭情形，已经见诸报载。笔名用意，实应说明，盖此外人不易知之故也。婴弟病已愈，至慰。肺病在幼小时，极易好，因幼小者心中恬静，毫无刺戟[激]。昔韦立人孩时肺病极重，其实并不知为肺病，家人亦未注意，及后在平因失血，曾用 X 光照视，始知孩时有极严重之现象，尚有大瘢痂也。婴弟身体较弱，病后望加意调养，不知尚入学否？最好不妨停半年也。曹兄言拟来渝，书不想教了，依农意早劝其放下粉笔，惟舍不得安静生活，终犹疑不定。农事为编一历史小说（限五万字），殊清闲，特无聊了。草草即询

日安

伯简　谨启

十一月廿九日

按：台静农在重庆举办的纪念鲁迅先生逝世两周年的演讲，已经以《鲁迅先生的一生——在重庆鲁迅先生逝世而周年纪念大会上的一个报告》为题收入《全集》之中。

四、韦丛芜、李霁野、台静农联名在 1932 年 8 月 7 日致鲁迅的原信

《台静农往来书信》收入了鲁迅在 1932 年 8 月 5 日致李霁野、台静农、韦丛芜的书信，却失收了李霁野、韦丛芜、台静农在 1932 年 8 月 7 日联名致鲁迅的一封书信。这封信保存在北京鲁迅博物馆，该信由李竹年（李何林）拟写，李霁野、韦丛芜、台静农三人在信末亲笔签名并盖章，当被视为台静农的一封联名书信，并收入《全集》之中。值得一提的是，该信在 1982 年就已经在《鲁迅研究资料》第 10 辑[5]发表，并被李霁野在《鲁迅先生与未名社》[6]一书中引用过，可以说对于研究鲁迅的学者来说，该信并非陌生，却被《全集》失收。因为该信还附录了未名社的账单，文字较多，就不再转录了。

五、台静农在 1936 年 11 月 1 日致孔另境书信的抄件

《全集》收录了台静农分别在 1933 年 5 月 1 日和 1935 年 8 月 12 日致孔另境的两封书信，但是失收了台静农在 1936 年 11 月 1 日致孔另境的一封书信。这封书信刊登在孔海珠所著的《鲁迅：最后的告别》[7]（另外，该书是《痛别鲁迅》一书的增补版，《痛别鲁迅》曾在 2004 年由上海社会科学院出版社出版过，因为一时没有

查到该版本，所以不确定台静农的这封信是否也在该版本中刊发过。）一书之中，现转录如下：

若君兄：

周先生逝世，哀悼之至，今夏与兄往访，此其最后一面也！

承惠小说史料，极佳，此种工作，大有价值。弟与开明之信，烦兄便中与之接洽。《地之子》存书据云甚多，因原印甚劣，颇希望能够再版。《关于鲁迅及其著作》所以停印者，拟请各方友人将关于先生之文全行搜入，将来交一可靠之书店印行，版权即交周师母。盼将弟意告雁冰先生，对此若何？若上海尚有整个计划，弟即请兄转告愿将此书版权交出。（弟另有函告周师母）

“山大”及“青市文化界”有两追悼，均于今晨九时同时举行。死后文坛情形如何？专此即请

日安

弟　静农上

十一月一日

按：“若君”即孔另境。孔另境在《我的记忆》一文中记述了他和台静农在1936年6月拜访鲁迅的经过。

六、结语

台静农在文学创作、书法、教育等领域均有重要的贡献，因此编辑出版《台静农全集》不仅对于进一步推动台静农研究具有重要的意义，而且对于海峡两岸的文化交流也有一定的推动作用。但是，令人遗憾的是，《台静农全集》存在众多的问题，亟待重新修订。

除了本文所指出的如上问题之外，还有一些研究者也撰文指

出了《全集》存在的其他方面的问题。如程桂婷在《〈台静农全集〉补正》[8]一文中指出《全集》失收了台静农的35篇文章，并且“这里的31篇佚文是指在台静农先生亲自编定的《地之子》《建塔者》《龙坡杂文》《静农论文集》等文集之外陆续被发现且于海峡两岸暨香港已有文集收录，《年谱》与《编年考释》中均有提及，却被《全集》遗漏的文章”。另外，程桂婷还指出《全集》中的《台静农年谱简编》“讹误”较多。柳冬妩在《〈台静农全集〉订补》[9]指出了《台静农年谱简编》中存在的两个错误。

为文化名家编辑全集是一项比较严肃的工作，编者应尽量减少人为的失误，从而编辑出版一部收文全面、考订严谨的全集。这不但是对文化名家负责，也是对读者负责。笔者在此也建议新闻出版总署能加强对各种名家全集出版工作的管理，设立编辑出版名家全集的质量考评措施，从而促使一批高质量的名家全集的出版，这对于传承中华优秀文化无疑具有重要的作用。

注释：

[1] 陈漱渝：《鲁研一得录·台静农、王鲁彦同访鲁迅》，载北京鲁迅博物馆鲁迅研究室编，《鲁迅研究资料》第16辑，天津人民出版社1987年版，第123—124页。

[2] 王永昌：《〈烟袋〉与“炸弹”齐飞——从档案材料看台静农被捕的前前后后》，载北京鲁迅博物馆鲁迅研究室编，《鲁迅研究资料》第13辑，天津人民出版社1984年版，第393—401页。

[3] 周海婴编，北京鲁迅博物馆注释：《鲁迅、许广平所藏书信选》，湖南文艺出版社1987年版。

[4] 中国社会科学院文学所鲁迅研究室编：《1913—1983鲁迅研究资料汇编》第二卷，中国文联出版公司，1986年版。

[5] 北京鲁迅博物馆鲁迅研究室编：《鲁迅研究资料》第10辑，天津人民出版社1982年版，第20—25页。

[6] 李霁野:《鲁迅先生与未名社》,人民文学出版社 1984 年版。
[7] 孔海珠:《鲁迅:最后的告别》,人民文学出版社 2011 年版,第 78—79 页。
[8] 程桂婷:《〈台静农全集〉补正》,《鲁迅研究月刊》2017 年第 1 期。
[9] 柳冬妩:《〈台静农全集〉订补》,《鲁迅研究月刊》2016 年第 5 期。

[本文是 2012 年全国哲学与社会科学研究基金第三批重大招标项目“《鲁迅手稿全集》文献整理与研究(B 卷)”的二期滚动资助成果,项目编号 12&ZD167。]

《人民日报》中的许广平简编（上）

张学义　张爱荣　王泉珍

说明

一、本《简编》以《人民日报》中有关许广平的记载文字为主要内容。

二、本《简编》以1946年至1968年《人民日报》中有关许广平的资料为据。

三、每一条文末括号内的日期均为《人民日报》所刊登的日期。

四、1947年、1948年下“缺”字，表示没有有关许广平的资料记载。

五、为表述方便，本《简编》在文字上做了适当技术处理。

六、为节省篇幅，本《简编》删略了较多辅助性材料。

七、本《简编》为渭南职业技术学院2019年校级科研项目“《人民日报》中的许广平”研究成果。项目编号为WZYZ201905。

1946年

4月16日　许广平当选为上海市各界妇女自动普选国大妇女代表。（1946年5月21日）

7月11日　中国文化界名流近在《上海周报》《民主》两刊物

上著文抨击美国当局支持蒋介石政府进行内战。许广平、周建人、郑禹森都反对给美方最后决定权。(1946 年 7 月 11 日)

7 月 16 日 上海文艺、戏剧、电影、音乐、美术、漫画、木刻各界人士 262 人,联名发表长达四千多字的“上海文化界反内战争自由宣言”,向当局提出三项要求:(1)立即停止内战;(2)有效保障人民自由;(3)保卫民族工业,改善人民生活。许广平署名。(1946 年 7 月 16 日)

7 月 19 日 郭沫若、茅盾、洪深、叶圣陶、周建人、许广平、郑振铎、田汉、胡风、巴金等 13 人,联名致书联合国人权委员会,请派调查团来华调查李闻惨遭国民党特务暗杀事件。(1946 年 8 月 9 日)

8 月 14 日 郭沫若、茅盾、田汉、许广平等四十余人,为前延安大学校长文学家周扬北返张家口,举行盛会饯别。(1946 年 8 月 27 日)

8 月 26 日 《人民日报》发表马寒冰的《景宋先生会见记》一文。(1946 年 10 月 20 日)

10 月 20 日 文化界在上海万国公墓鲁迅墓举行鲁迅逝世十周年纪念。许广平及其子海婴参加。(1946 年 11 月 9 日)

12 月 29 日 中国妇女联谊会及上海妇女联谊会举行妇女岁幕同乐会,会中座谈北平美军暴行,征兵、宪法之问题,一致表示坚决要求美军撤退,反对国民党当局征兵打内战,反对蒋记一党“宪法”。许广平出席。(1947 年 1 月 19 日)

1947 年

(缺)

1948 年

(缺)

1949 年

1 月 16 日 全国民主妇女联合会筹备委员会发出筹字第一号通告。许广平为本会筹备委、常务委员。(1949 年 1 月 16 日)

1 月 22 日 到达解放区的各民主党派各人民团体的代表人物及其他民主人士 5 人，发表对时局声明，题为“我们对于时局的意见”。许广平署名。(1949 年 1 月 24 日)

1 月 26 日 中共东北中央局、东北政务委员会、人民解放军东北军区以及东北各界人民代表，举行盛大的欢迎会，欢迎为参加新政协会议而先后到达东北解放区的全国各民主党派、各人民团体，以及无党无派的民主人士。许广平出席并代表上海人民团体联合会，代表上海 68 个进步的人民团体，以及在其影响下的 40 万以上的各业人民，痛斥了国民党的和平阴谋，坚决主张要把革命进行到底。(1949 年 2 月 2 日)

2 月 3 日 上海人民团体联合会理事马叙伦、沙千里、沈志远、王绍鏊、许广平、罗淑章等六人联名发表告上海同胞书。(1949 年 2 月 6 日)

2 月 25 日 许广平与先后自国民党统治区抵达东北解放区的民主人士李济深、沈钧儒、马叙伦、郭沫若等一行 35 人乘“天津解放号”专车抵平。(1949 年 2 月 28 日)

2 月 26 日 北平市举行欢迎各方民主人士大会。许广平出席。(1949 年 3 月 4 日)

同日 中国民主促进会常务理事马叙伦、王绍凿、许广平诸先生到平后，得知平市曾有所谓“中国民主促进会华北分会”者，到处活动，深为骇异，特发表紧急声明称：顷有王敏侯者用“中国民主促进会”名义，迭在北平报上登载启事，其第二次启事内称：“平市未解放前本会曾有响应军事之临时组织”云云。查本会在华北尚未成立分会，更无军事组织之可言，该项启事显与本会无

关。除另行查究启呈报本市军事管制委员会外，合即声明。（1949年3月2日）

3月3日　下午，华北人民政府文化艺术工作委员会和华北文艺界协会在北京饭店举行文艺界茶话会。欢迎新由各地来平及原来留平的文艺界人士。许广平应邀到会并以作家的身份发言说：来到解放区感到非常愉快，但有一件不愉快的事，即曾以《八月的乡村》一书受鲁迅介绍的萧军，在东北犯了许多严重的错误。她认为萧军的言行完全违背鲁迅的精神，根本不配称为鲁迅的学生。她分析萧军犯错误的根源是他的个人英雄主义。（1949年3月11日）

3月14日　下午，北平军管会文化接管委员会在北京饭店召开"大学教育座谈会"，许广平出席。在发言中主张教育应当集中力量解决占全国人民百分之八十以上的文盲问题。（1949年3月16日）

3月16日　下午，北平军管会文化接管委员会在北京饭店举行文化界座谈会。许广平出席。（1949年3月17日）

3月20日　在北平的全国文化团体及大学教授、作家、科学家、新闻记者在北京饭店就响应召开世界和平拥护者大会问题交换意见，许广平出席。（1949年3月21日）

3月22日　在平的全国文协总会理监事郭沫若、马叙伦、柳亚子、田汉、茅盾、郑振铎、曹禺、叶圣陶、周建人、洪深、许广平、葛一虹、张西曼、戈宝权等19人开会议决，原在上海之文协总会即日起移至北平办公，并会同华北文协筹备全国文学艺术工作者代表大会，以便产生新的全国性的文艺界组织。（1949年3月25日）

3月24日　上午九时，中国妇女第一次全国代表大会预备会在中南海怀仁堂举行。许广平出席，为大会代表资格审查委员会委员。（1949年3月25日）

3月25日　中国妇女第一次全国代表大会举行全体主席团

会议，许广平当选为主席团成员。（1949 年 3 月 26 日）

3 月 26 日 中国妇女第一次全国代表大会继续在中南海怀仁堂举行。许广平任主席。（1949 年 3 月 27 日）

4 月 8 日 中国文化界发表宣言，响应召开世界和平拥护者大会。许广平签名。（1949 年 4 月 9 日）

4 月 9 日 北平文化界 329 人联名发表宣言，声讨南京国民党政府盗运文物的罪行。许广平签名。（1949 年 4 月 11 日）

4 月 14 日 晚，全国妇联在北京饭店召开第一届第一次执行委员会。许广平当选副主席，被推选为常务委员。（1949 年 4 月 15 日）

5 月 27 日 下午，全国妇联在北京饭店举行茶会，招待最近返平的出席世界和平拥护者大会的妇女代表李德全、许广平、龚普生、屈元、戴爱莲等及最近由国民党统治区来平的民主妇女。许广平谈到社会主义的苏联及各新民主主义国家的工人如何积极地参加生产建设，人民生活怎样迅速地提高等情况。（1949 年 5 月 28 日）

5 月 30 日 全国妇联举行第四次常务会议，决定接受国际民主妇联在中国召开亚洲妇女代表会议的决定。许广平出席。（1949 年 6 月 4 日）

6 月 13 日 下午，各界代表暨在平民主人士华侨青年 200 余人举行茶话会，欢迎最近抵平的南洋华侨民主人士陈嘉庚等，许广平出席并致欢迎辞。（1949 年 6 月 14 日）

7 月 20 日 全国文联委员会委员名单公布。许广平为候补委员。（1949 年 7 月 20 日）

7 月 24 日 全国文协成立大会闭幕，选出委员 69 人，许广平当选。（1949 年 7 月 25 日）

8 月 28 日 宋庆龄抵平，毛泽东、朱德等往车站欢迎。许广平参加。（1949 年 8 月 29 日）

9月2日 《人民日报》发布中国人民政协第一届全会各委员会名单，许广平为中国人民政治协商会议共同纲领草案整理委员会成员。（1949年9月2日）

9月30日 全国政协第一届全体会议选举第一届全国政协委员会。许广平当选。（1949年10月1日）

10月2日 中国保卫世界和平大会成立会，许广平为主席团成员。（1949年10月3日）

10月3日 许广平当选中国保卫世界和平委员会委员。（1949年10月4日）

10月19日 许广平在《人民日报》发表《在欣慰下纪念》（连载）。（1949年10月19日）

同日 由全国的文联、总工会、青联、学联、妇联和北京市的工会、中小学教职员联合会、院校教职员联合会等12个团体发起筹备的纪念鲁迅大会，上午九时在国民大戏院举行。许广平参加，被推举为主席团成员，并发表讲话。（1949年10月20日）

同日 国立北京大学师生集会纪念鲁迅，市立男二中、育英、大同等校师生约500人亦参加，在北大学生会代表朗诵了热情的献诗后，许广平讲演"从鲁迅的著作看文学"。（1949年10月20日）

11月11日 中苏友好协会总会根据会章由正副会长指定总干事1人，副总干事7人，干事29人组成干事会。许广平为干事。（1949年11月11日）

12月6日 午后，女教育家俞庆棠的大殓祭礼在教育部礼堂举行，许广平参加。（1949年12月8日）

12月7日 下午，国际民主妇联总书记古久里夫人和亚洲妇女代表会议的各国代表，在中国代表团主持的联欢会上受到中国妇女代表的热烈招待。亚洲妇女代表会议国际筹委会秘书长陆璀首先将中国代表团团长邓颖超，副团长杨之华、许广平、章蕴和，中华全国民主妇女联合会名誉主席何香凝、副主席李德全一一介绍给各国代表，同时将国际民主妇联总书记古久里夫人介绍给中国代表。（1949 年 12 月 8 日）

12 月 8 日 上午，以巴菲诺娃为首的苏联代表团及叙利亚代表萨尔玛·布尼、阿梅涅·阿莱芙·喀萨布，黎巴嫩代表维多利亚·爱尔·海露等十余人到达北京，参加亚洲妇女代表会议。许广平参加欢迎会。（1949 年 12 月 9 日）

12 月 28 日 《人民日报》公布中国民主同盟中央委员会委员及候补委员名单。许广平为补选中央委员。（1949 年 12 月 30 日）

12 月 30 日 《人民日报》公布民主同盟主席、副主席、中委、中央政治局委员、总部各处会负责人名单。许广平为副主席，为妇女委员会主任。（1949 年 12 月 30 日）

1950 年

1 月 9 日 民盟总部各处会首次联席会议举行，讨论决定各委员会应于本月内成立，拟定工作方针计划，并即展开工作，各处会每半月举行汇报一次，每半月与中常会举行联席会议一次。许广平参加。（1950 年 1 月 12 日）

1 月 10 日 下午，北京市妇联邀请本市各界妇女在欧美同学会礼堂座谈如何推行人民胜利公债。许广平出席并讲话。（1950 年 1 月 11 日）

1 月 15 日 下午，俞庆棠追悼大会在教育部礼堂举行，许广平参加并讲话。（1950 年 1 月 17 日）

2 月 25 日 民盟召开第三次中央常务委员会议，许广平参加。（1950 年 2 月 28 日）

3 月 7 日 下午，全国妇联、全国总工会、团中央、全国青联、全国学联及北京市妇女、工人、农民、青年等人民团体联合召开纪念“三八”国际劳动妇女节大会，大会在中南海怀仁堂举行。这是中华人民共和国成立以后，中国妇女和国际妇女在一起第一次庆祝的国际劳动妇女节。许广平为主席团成员。（1950 年 3 月 8 日）

7 月 1 日　各民主党派联名致电毛泽东主席和中共中央，祝贺中国共产党成立 29 周年，许广平属民主促进会成员署名。（1950 年 7 月 1 日）

10 月 18 日　许广平等决定将鲁迅著作的出版发行工作交由中央人民政府出版总署负责办理。（1950 年 10 月 19 日）

10 月 19 日　上午，华东军政委员会文化部、上海市人民政府文化局、上海市文学艺术界联合会联合举行鲁迅先生逝世 14 周年纪念会。许广平到会并讲话，她说：文学艺术界应学习鲁迅先生的批评与自我批评的精神。（1950 年 10 月 20 日）

同日　《人民日报》公布许广平于本年 6 月将鲁迅在北京的故居（西城宫门口西三条二十一号）捐献给中央人民政府一事。（1950 年 10 月 19 日）

10 月 26 日　中国保卫世界和平大会委员会在京委员与参加中国人民反对美国侵略台湾朝鲜运动委员会的各人民团体代表及各民主党派代表，在北京举行联席会议。会议通过将“中国保卫世界和平大会委员会”及“中国人民反对美国侵略台湾朝鲜委员会”合并改组为“中国人民保卫世界和平反对美国侵略委员会”的重要决议。许广平参加，为全国委员。（1950 年 10 月 27 日）

10 月 28 日　任弼时同志治丧委员会成立，许广平为成员。（1950 年 10 月 29 日）

1951 年

1 月 28 日　北京市各界妇女四万余人举行盛大的抗美援朝、反对美帝重新武装日本的爱国大会及示威游行，抗议战争贩子杜

勒斯赴日本的罪恶阴谋活动。许广平为主席团成员。（1951 年 1 月 29 日）

2 月 12 日　史沫特莱女士在伦敦逝世时，曾在遗嘱中声明，将其骨灰葬于人民的新中国——北京。全国文联为了纪念这位美国革命作家，特邀请史氏生前友好及新闻界、救济事业界、文艺界人士郭沫若、茅盾、李德全、钱俊瑞、周扬、丁玲、范长江、许广平、刘尊棋、龚澎、杨刚、陈逵、立波、马海德、康克清、廖梦醒、刘良模 17 人为史沫特莱追悼会发起人，并举行会议，筹备追悼事宜。（1951 年 2 月 13 日）

3 月 6 日　史沫特莱女士追悼大会在北京举行。许广平参加并送殡到八宝山革命公墓。（1951 年 3 月 7 日）

同日　下午，全国政协在中南海怀仁堂欢宴朝鲜人民访华代表团团长元东根、副团长金仁春和该团全体团员，以及艺术团团长韩炳钰和该团全体人员。许广平出席。（1951 年 3 月 7 日）

3 月 7 日　下午，首都各界纪念“三八”国际妇女节大会在中山公园音乐堂举行。许广平为主席团成员。（1951 年 3 月 8 日）

9 月 18 日　宋庆龄接受“加强国际和平”斯大林国际奖金典礼在北京隆重举行。许广平参加。（1951 年 9 月 19 日）

9 月 19 日　晚，宋庆龄欢宴“加强国际和平”斯大林国际奖金委员会委员、苏联名作家爱伦堡和智利诗人聂鲁达。许广平应邀作陪。（1951 年 9 月 20 日）

9 月 28 日　上午，全国妇联举行茶会，欢迎印尼华侨归国观光团及缅甸华侨归国观光团的 14 位妇女代表。许广平出席并致欢迎辞。（1951 年 9 月 29 日）

10 月 19 日　《人民日报》发表许广平《不容情地对敌战斗》一文，纪念鲁迅逝世 15 周年。（1951 年 10 月 19 日）

10 月 19 日　首都及上海等地各界人士纪念鲁迅逝世 15 周年。全国文联和其他有关机关、团体联合主持“鲁迅先生逝世十

五周年纪念大会”,许广平到会。(1951 年 10 月 20 日)

10 月 24 日 《人民日报》刊登中国人民政治协商会议第一届全国委员会第三次会议出席列席名单。许广平为出席成员。(1951 年 10 月 24 日)

1952 年

2 月 19 日 全国政协学习委员会成立,许广平为成员。(1952 年 2 月 28 日)

4 月 1 日 下午,国际民主法律工作者协会派到朝鲜和我国东北调查美国侵略者暴行的调查团,定于二日离北京返国。全国政协和中国人民保卫世界和平反对美国侵略委员会,举行宴会欢送。许广平出席。(1952 年 4 月 2 日)

5 月 3 日 晚,全国政协设宴招待以宇吞帕为首的缅甸文化代表团。许广平出席。(1952 年 5 月 4 日)

5 月 6 日 晚,印度驻华大使潘尼迦举行酒会,招待印度文化代表团。许广平参加。(1952 年 5 月 7 日)

5 月 7 日 中午,中华全国民主妇女联合会举行宴会,招待印度文化代表团团长潘迪特夫人,以及该代表团的女团员。许广平出席。(1952 年 5 月 8 日)

6 月 28 日 下午,中苏友好协会总会在北京举行酒会,欢送奉调离任即将返国的苏联驻我国首任大使罗申。许广平应邀参加。(1952 年 6 月 29 日)

9 月 12 日 《人民日报》公布全国妇女组织调整后的领导机构,许广平为全国妇联副主席。(1952 年 9 月 12 日)

10 月 13 日 全国妇联欢宴各兄弟民族来京参加国庆节观礼的妇女代表,许广平出席。(1952 年 10 月 18 日)

1953年

1月12日 全国政协常委会第44次会议扩大举行。会议决定在本月内召开人民政协第一届全国委员会第四次会议，并定于1月27日前报到。许广平出席。（1953年1月13日）

2月5日 全国政协第一届全国委员会主席、副主席、常务委员、委员出席第一届全国委员会第四次会议名单公布，许广平为委员。（1953年2月5日）

2月8日 全国政协第一届全国委员会增选常务委员名单公布，许广平为常务委员。（1953年2月8日）

4月15日 中国第二次全国妇女代表大会主席团名单公布，许广平为主席团成员。（1953年4月16日）

4月23日 中国第二次全国妇女代表大会经过八天的会议，于23日闭幕。许广平被选为全国妇联第二届执行委员会委员。（1953年4月24日）

4月25日 全国妇联召开第二届执行委员会第一次会议。出席执委、候补执委共93人。会上一致通过宋庆龄、何香凝为名誉主席，并选出常务委员25人；又在常务委员中推选主席一人，副主席五人。许广平为副主席。（1953年4月26日）

5月19日 出席即将于六月五日在丹麦举行的世界妇女大会的中国妇女代表团于十九日乘火车离北京。许广平到车站欢送。（1953年5月20日）

8月11日 上午，由朝鲜前线胜利归国的志愿军司令员彭德怀将军乘火车抵达北京。全国政协、中国人民抗美援朝总会、北京市抗美援朝分会联合在车站举行了盛大的“欢迎中国人民志愿军彭德怀司令员胜利归国大会”。许广平到车站欢迎。（1953年8月12日）

8月18日 全国妇联举行第二届第一次常务委员会，许广平

出席。会议讨论并通过了全国妇联一九五三年八月到十二月的工作计划。(1953 年 8 月 23 日)

9 月 11 日 全国政协常委会第 49 次会议,在 8 日至 11 日扩大举行。许广平出席。(1953 年 9 月 12 日)

9 月 26 日 中国文学艺术工作者第二次代表大会主席团名单公布,许广平为成员。(1953 年 9 月 26 日)

同日 下午,著名画家徐悲鸿灵柩移放在中央美术学院礼堂,许广平前往吊唁。(1953 年 9 月 29 日)

9 月 27 日 上午,志愿军国庆节归国观礼代表团一行一百多人,在团长、志愿军副司令员杨得志将军和副团长、志愿军政治部主任李志民将军率领下,乘火车到达北京。许广平到车站欢迎。(1953 年 9 月 28 日)

9 月 30 日 周恩来于外交部大楼设宴招待在华各国外宾。许广平出席。(1953 年 10 月 1 日)

10 月 8 日 全国文联第二届全国委员会委员名单公布,许广平为委员。(1953 年 10 月 8 日)

12 月 18 日 晚,北京市人民支援越南人民斗争大会在青年宫举行。许广平出席并讲话。她在讲话中传达了中国妇女对全体越南人民,特别是对遭受战争的深重痛苦并英勇战斗着的越南姐妹们无限关怀的心情。(1953 年 12 月 19 日)

1954 年

2 月 5 日 上午,全国政协常委会、中国人民抗美援朝总会常务委员会举行联席扩大会议,讨论决定组织全国人民慰问人民解放军代表团,慰问辛勤地保卫着祖国国防和国家建设的英勇的中国人民解放军。许广平参加。(1954 年 2 月 6 日)

2 月 16 日 下午,首都各界在新建的天桥大剧场举行欢送会,欢送全国人民慰问人民解放军代表团总团代表和志愿军代表

赴各地慰问英勇的人民解放军。许广平出席。（1954年2月17日）

2月17日 《人民日报》公布全国人民慰问人民解放军代表团总团长、副总团长、秘书长名单及各总分团团长、副团长、秘书长名单。许广平为总团副团长。（1954年2月17日）

2月20日 下午，全国人民慰问人民解放军代表团举行慰问中央人民政府人民革命军事委员会大会，向朱德总司令和人民解放军全体指挥员、战斗员表示深切的慰问和敬意。大会在北京怀仁堂举行。许广平出席。（1954年2月21日）

5月3日 中国人民对外文化协会在北京成立。许广平为理事。（1954年5月5日）

7月5日 下午，全国政协常委会第56次会议扩大举行。会议根据“中华人民共和国全国人民代表大会及地方各级人民代表大会选举法”和“中国人民政治协商会议组织法”的规定，对于应该由中央提名的全国人民代表大会代表的一部分候选人名单进行了协商。许广平出席。（1954年7月6日）

7月6日 下午，出席日内瓦会议的中华人民共和国代表团首席代表、中央人民政府政务院总理兼外交部部长周恩来，在飞离日内瓦，访问印度、缅甸，并在中越边界与越南民主共和国胡志明主席举行会谈后返抵北京。许广平到机场欢迎。（1954年7月7日）

7月8日 下午，全国政协常委会第57次会议扩大举行。周恩来在会上就出席日内瓦会议以及访问印度、缅甸和举行中越会谈等项问题作报告。许广平出席并发言。（1954年7月9日）

同日 全国人民慰问人民解放军代表团总团举行最后的总结会议。许广平出席。（1954年7月9日）

8月14日 上午，应外交学会邀请来我国访问的英国工党代表团克·艾德礼、安·比万、埃·萨末斯基尔、韦·伯克、摩·菲

利普斯、塞·华生、哈·厄恩萧、亨·弗兰克林等一行八人乘飞机到达北京。许广平到机场欢迎。(1954年8月15日)

同日 张奚若举行酒会,招待应邀前来我国访问的以克·艾德礼为首的英国工党代表团。许广平应邀出席。(1954年8月15日)

8月18日 下午,全国政协举行欢迎会和宴会,欢迎应邀来我国访问的以克·艾德礼为首的英国工党代表团。许广平参加。(1954年8月19日)

8月20日至23日 全国政协常委会第58次会议举行扩大会议。周恩来就目前国际局势、外交政策和解放台湾的任务等问题作了报告。会议经过充分讨论以后,全体一致地通过了"中华人民共和国各民主党派各人民团体为解放台湾联合宣言",许广平参加。(1954年8月23日)

8月25日 晚,彭真在北京中山堂举行酒会,欢送即将离京去上海等地访问的英国工党代表团。许广平出席。(1954年8月26日)

9月5日 下午,朱德在北京中南海紫光阁举行宴会,欢迎全国人大代表达赖喇嘛·阿旺洛桑丹增嘉措,班禅额尔德尼·罗桑慈勒伦珠却吉坚赞。许广平出席。(1954年9月6日)

9月16日 《人民日报》公布第一届全国人大第一次会议主席团和秘书长名单。许广平为主席团成员。(1954年9月16日)

9月17日 下午,继续讨论"中华人民共和国宪法草案"和刘少奇代表中华人民共和国宪法起草委员会所作的"关于中华人民共和国宪法草案的报告"。讨论中许广平发言表示:保证同全国人民代表和全国人民一起,彻底改造自己,坚决为贯彻宪法的实施而努力前进。(1954年9月18日)

9月19日 晚,应邀来我国访问演出的保加利亚人民军歌舞团在北京怀仁堂举行歌舞晚会,招待我国第一届全国人民代表大会代表。在晚会演出前,毛泽东接见了保加利亚人民军迪亚科夫中将、利托夫上校,保加利亚人民军歌舞团团长普罗科彼耶夫上校,保加利亚人民军米尔切夫中校,歌舞团副团长尼科洛夫少校、乐队指挥阿拉杰姆少校、舞蹈指导曹奈夫少校、演员丽娘娜·格奥尔基耶娃和阿尔索夫。接见时许广平在座。(1954 年 9 月 20 日)

9 月 28 日 《人民日报》发表公告:第一届全国人民代表大会常务委员会委员长、副委员长、秘书长和委员已由第一届全国人民代表大会第一次会议于一九五四年九月二十七日选出。许广平为委员。(1954 年 9 月 28 日)

9 月 29 日 晚,周恩来举行酒会,招待应邀来我国参加国庆节的各国外宾。许广平出席。(1954 年 9 月 30 日)

同日 《人民日报》发表第一届全国人民代表大会预算委员会主任委员和委员名单,许广平为委员。(1954 年 9 月 30 日)

10 月 2 日 晚,周恩来在北京饭店举行宴会,招待应邀前来参加我国建国五周年国庆典礼的各国政府代表团。许广平出席。(1954 年 10 月 3 日)

10 月 12 日 晚,苏联驻我国大使尤金院士为应邀来我国参加建国五周年国庆典礼的苏联政府代表团举行招待会。许广平出席。(1954 年 10 月 13 日)

11 月 9 日 下午,全国妇联副主席许广平举行宴会,招待达赖喇嘛的母亲结云德吉才仁,班禅额尔德尼的母亲结云索南卓玛,西藏拉萨市爱国妇女联谊会主任尧西·泽仁卓玛、泽丹卓噶、副主任杨岗、泽仁拉姆·仁钦卓玛等。(1954 年 11 月 11 日)

12 月 7 日 上午,前中国人民解放军财务部部长杨立三追悼大会举行。许广平参加。(1954 年 12 月 8 日)

12 月 11 日 《人民日报》公布全国政协第二届全国委员会委员名单。许广平为委员。(1954 年 12 月 11 日)

12月21日 下午，全国政协第二届全国委员会第一次全体会议在北京开幕。全国政协第一届全国委员会主席毛泽东主持会议的开幕式。全国政协第二届全国委员会第一次全体会议第一日会议在21日下午3时40分举行。会上，陈叔通作了中国人民政治协商会议第一届全国委员会工作报告；章伯钧作了关于中国人民政治协商会议章程（草案）的说明；周恩来作了政治报告。许广平为主席团成员。（1954年12月22日）

12月26日 《人民日报》公布政协第二届全国委员会名誉主席、主席、副主席、秘书长、常务委员名单。许广平为常务委员。（1954年12月26日）

1955年

2月12日 上午，全国政协常委会和中国人民保卫世界和平委员会常务委员在北京举行联席扩大会议，号召全中国人民响应世界和平理事会常务委员会的号召，开展反对使用原子武器的签名运动。许广平为签名运动委员会委员。（1955年2月19日）

3月8日 前夕，首都各界妇女举行纪念“三八”国际妇女节大会。许广平出席并传达了关于国际民主妇联理事会在日内瓦开会的经过和关于召开世界母亲代表大会的决议。（1955年3月8日）

4月14日 全国妇联举行会议。选出章蕴、许广平、康克清、罗琼、曾宪植、曹孟君、沈兹九、曹冠群等八人组成全国妇联书记处。（1955年4月20日）

4月22日 下午，应全国妇联邀请，前来访问我国的国际民主妇女联合会主席、世界和平理事会副主席、法兰西妇女联盟主席欧仁妮·戈登夫人到达北京。许广平到机场欢迎。（1955年4月23日）

4月29日 晚，中国人民保卫世界和平委员会副主席陈叔通举行宴会，招待前来我国访问的世界和平理事会副主席欧仁妮·戈登夫人和法国妇女维尔德美夫人、亚历山大夫人、巴朗蒂尼夫人。许广平出席。（1955 年 4 月 30 日）

6 月 全国人大一部分代表先后在上海、天津、四川、河南和安徽等地开始视察工作。许广平到湖北视察。（1955 年 6 月 5 日）

6 月 13 日 许广平在《人民日报》上发表《认清胡风的真面目》一文。（1955 年 6 月 13 日）

6 月 18 日 在北京八宝山革命烈士公墓举行瞿秋白遗骨安葬仪式。许广平陪祭。（1955 年 6 月 19 日）

7 月 3 日 《人民日报》发表代表视察各地情况，其中在湖北、四川、黑龙江、河北、福建、云南等地视察的代表，还根据自己亲身了解的情况，严肃地批评了某些政府干部的右倾麻痹思想。他们建议政府加强治安保卫工作，坚决肃清一切暗藏的反革命分子。许广平参加了湖北的视察工作。（1955 年 7 月 3 日）

9 月 19 日 郭沫若和沈钧儒欢宴普里特和布伦姆夫人，许广平出席。（1955 年 9 月 20 日）

9 月 23 日 下午，周恩来、陈毅接见法兰西共和国参议员埃德蒙·密歇勒、利奥·阿蒙、雷纳·昂扎贝尔、贝纳尔·绍什瓦等人。许广平在座。（1955 年 9 月 24 日）

9 月 26 日 上午，周恩来接见意大利妇女代表团。许广平在座。（1955 年 9 月 27 日）

同日 下午，彭真接见意大利妇女代表团。许广平在座。（1955 年 9 月 27 日）

9 月 27 日 应中苏友好协会总会的邀请前来参加中华人民共和国国庆典礼的苏联文化代表团分批到达北京。许广平参加欢迎仪式。（1955 年 9 月 28 日）

9 月 28 日 晚，宋庆龄在北京饭店举行宴会，欢迎以苏联作

家协会书记处第一书记苏尔科夫为首的苏联文化代表团全体团员。许广平出席作陪。(1955 年 9 月 30 日)

9 月 30 日 下午,应全国妇联邀请,前来中国访问并参加国庆节观礼的法国妇女代表团一行十人,由团长玛赛尔·马盖夫人率领乘飞机到达北京。许广平前往机场欢迎。(1955 年 10 月 1 日)

10 月 14 日 上午,陈毅接见以凯特·凯恩为首的全德妇女代表团。许广平在座。(1955 年 10 月 15 日)

10 月 16 日 晚,刘少奇举行宴会,欢送即将离开北京的日本国会议员访华团。许广平出席。(1955 年 10 月 17 日)

10 月 17 日 彭真和日本国会议员访华团团长上林山荣吉根据毛泽东主席接见日本国会议员访华团时双方交换意见的结果,商定发表联合公报。联合公报的签字仪式于 17 日下午七时半在中南海紫光阁举行。许广平参加。(1955 年 10 月 18 日)

11 月下旬 全国人民代表大会代表等开始在各地视察。到广东省视察工作的庄希泉、许广平、王复初等多人已经到达广州。他们将分两组分别到海南黎族苗族自治州和粤中的新会、中山等县视察。陈嘉庚、酆云鹤两代表将分别对广东的侨务工作和广州的纺织工业等情况进行专门视察。(1955 年 11 月 30 日)

《鲁迅与他的乡人》补遗(三)

裘士雄

“孝节双褒”的表叔孙竹亭、表婶孙陶氏

孙丙元是周福清的内弟孙琥铭的长子(簉室赵氏所生),《会稽孙氏宗谱》卷十八“(孙)丙元”条载:“名鹏振,字单庭,一字古如,行一。山邑庠生。生同治五年三月十五日,卒光绪十九年九月八日,年二十八。配陶堰道光癸卯举人、福建兴化府知府海琴陶公次女。生同治四年十二月初四日。生一子:思久。”周福清的这位内侄,即鲁迅辈该称表叔。他又字竹亭,是清末和民国时期绍兴有名的“孙孝子”。《清故奉政大夫、同知衔候选按察司经历、附贡生竹亭孙君暨德配陶宜人孝节双褒合传》中关于孙竹亭载述:“君讳鹏振,字竹亭,邑诸生,清光绪朝纳粟授同知衔,以按察司经历候选。世居越东山阴县常禧门外,照湖一曲,渔舍炊烟,占水乡绝胜处。曾祖讳本义,清赠奉政大夫。祖讳继云,清候选县丞,赠朝议大夫。考讳琥铭,清同治丁卯科举人,户部山东司主事,赠朝议大夫。”孙竹亭(1866—1893)的至孝行为,就是割下自己的股肉来治疗双亲的重病。对于这种现今人们看来很愚昧落后的蠢举,其实在《合传》中并无较多渲染,可能是地方缙绅考虑到他年仅28岁就辞世,多少怀有恻隐之心所致。旧时,寡妇守节时间越长,越能获得“节妇”的褒扬,特别是能与未婚夫的牌位结婚,并为他守一辈子的活寡,那肯定要被当局和士绅捧上天了。

这份《孝节双褒合传》又载述:“夫人陶氏,长君一龄。清福建兴化知府讳良翰季女,翰林院编修、湖南学政讳方琦胞妹。……夫人以民国庚午八月寿终里第,春秋六十有八。”孙陶氏(1865—1930)知书达理,模范地恪守封建礼教,在丈夫孙竹亭年仅28岁去世后,寡母孤儿相依为命,一直在孙家矢志守节,还把儿子孙思久抚养成人,在绍兴当律师。还有一个原因是,孙、陶和周氏均为绍兴世家望族,都是官宦人家,书香门第,孙陶氏的两位胞兄陶方琯、陶方琦和周福清、孙琥铭等还是同治六年同榜举人。孙氏族人和绍兴地方官绅遂将他俩的节孝事迹向上呈报,使这对模范夫妻荣获最高褒奖。民国七年三月,冯国璋大总统为孙竹亭题赐褒孝匾额:“孝阙流芳”。翌年三月,他又为孙陶氏题赐“节励松筠”。居正、蔡元培、邵力子和汤日新等社会名流、地方长官亦有题词褒扬。

鲁迅的生祖母孙月仙虽早在清同治甲子九月初五即1864年10月5日去世,但并未影响周、孙两家往来。清光绪癸巳年(1893)发生的周福清科场贿赂案,托其通关节的5家亲友就有孙家,是孙竹亭还是其他孙氏亲友,则有待于进一步考证。即使周福清科场案发后,周、孙两家仍往来如常。鲁迅早期日记没有被发现,但1898年开始写的《周作人日记》尽管并不完全,但亦有12处记载周、孙两家的往来,其中1900年2月3日,从南京回绍兴度假的鲁迅“坐轿至各亲戚处贺年”。他很可能见到表婶陶孙氏。至于鲁迅青少年时代在绍兴生活、学习和工作时,因拜年、看会、拜已故尊长忌日、看戏等,是有机会同表叔孙竹亭、表婶孙陶氏有所交往的。

“工矿泰斗”孙越崎

《山会初级师范学堂同学录》除“宣统三年四月,山会初级师范学堂简易科肄业生李士铭鼎臣撰”的序和“教员一览”外,学生则以“师范简易科第一班”、“师范简易科第二班”和“师范完全科

第一班”分班编成“同学录”。其中“师范简易科第二班同学录”载有“（姓名）孙毓麒，（字号）世荣，（年龄）十九，（籍贯）会稽，（住址）同康，（通信址）水澄巷钟同和香糕店转交”。孙越崎的同班同学孙伯康、李肇唐等已在拙著《鲁迅与他的乡人》一书中作了介绍，足见孙越崎为鲁迅在山会初级师范学堂任监督时的学生，只是鲁迅在其所有作品中未曾提及，见诸孙越崎发表的演讲和所发表的文章，也从未谈到鲁迅和在山会师范读书的情况而已。1985 年 2 月，我冒昧地给孙越老写信，请他费神回忆他在山会师范读书的情景。是年 4 月，孙越老嘱秘书沈嘉元同志给我复信。复信全文如下：

裘士雄同志：

您二月间致孙越老一函早已收到，因孙老年逾九旬，工作特忙，最近还参加全国政协六届三次会议，住在国务院招待所，没有回家。不日政协会议闭幕后，接着民革中央又要开中央全会。各种会议接连不断，承嘱写回忆录，恐孙老深感没有时间执笔，无以应命为歉，尚祈鉴谅为幸。专复。

此致

敬礼

孙越老的秘书

沈嘉元　启

85.4.7

孙越崎（1893—1995），初名毓麒，字世荣，后在上海复旦公学读书期间，袁世凯与日本签订丧权辱国的“二十一条”，他忧愤异常，痛感国运衰微，立誓要让苦难深重的祖国“越崎岖而达康庄”，遂改名“越崎”。浙江绍兴平水同康村人。祖父是老实巴结的农民，因山林纠纷同他人打官司，尽管有理在身但仍输了官司，他遂痛下决心要儿孙发愤读书，以求“出山”。父亲孙延昌终算成了村里唯一的秀才，民国初期远赴黑龙江哈尔滨，到省府衙门当差，后被上峰看中派到呼玛县当知事。黑河、呼玛一带素以产金闻名，没几年，孙延昌下海，合伙开采金矿。后来，孙越崎上大学学习采矿，与此颇有关系。孙越崎自幼聪颖，又勤奋好学，清宣统元年(1909)，他顺利地考入新办的山会初级师范学堂。1911 年 11 月绍兴光复后，鲁迅被委任为该校监督，故孙越崎当过鲁迅三个月的学生。毕业后，他在家乡当了一年的小学教员。

1913 年，孙越崎考入上海复旦公学中学部，与罗家伦、俞大维等同为邵力子的学生。1916 年毕业后考入天津北洋大学文科，未几，遵父命改读矿冶科。1919 年五四运动爆发，他积极领导天津学生运动而被开除。幸有蔡元培援手到北京大学采矿冶金系得以继续学习。1924 年初，孙越崎应聘到吉林创办穆棱煤矿(现鸡西矿务局)，十分成功。他也痛感现有知识不敷应用，毅然赴美国深造。1929 年 8 月开始，孙越崎先后在斯坦福大学、哥伦比亚大学攻读。他还考察了美、英、法、德等欧美发达国家的先进采矿业，于 1932 年学成回国。他不愿在已沦为殖民地的东三省工作，到南京国防设计委员会(后改资源委员会)任专员兼矿室主任。孙越崎不辞辛劳，很快调查清楚津浦铁路沿线煤矿资源，又在陕北发现并克服巨大困难成功地开采石油，他也因此成了我国历史上开采石油第一人。1934 年，孙越崎临危受命，使河南焦作的中福煤矿公司起死回生，扭亏为盈。全面抗战爆发后，他负责完成中福公司、焦作工学院内迁任务，还先后创办天府、嘉阳、威远、石燕等四个煤矿公司，支援抗战，贡献甚大。1941 年 3 月，孙越崎又被任命为甘肃油矿局总经理，创办了玉门油矿——我国第一个石油基地，他也因此被誉为“煤油大王”，确立了中国现代能源工业的创始人和奠基者的历史地位。抗战胜利后，孙越崎被任命为东北区特派员兼河北平津敌伪产业处理局局长，负责接收东北、平津地区敌伪资产和重工业。他据理力争，从外国占领军手中收回东北电力、鞍山钢铁、小丰满水电等大批企业，并使之很快恢复生产。在平津地区，孙越崎亦是如此。1947 年后，他历任国民政府资源委员会副委员长、行政院政务委员兼资源委员会委员长、经济部部长兼资源委员会委员长、经济部部长等要职。孙越崎坚拒向台湾迁厂矿企业的命令，卓有成效地领导护厂护矿，使所辖 121 个总公司、近千个大中型工矿企业、32 000 名科技管理人员和六七十万工人以及全部资产，均完整地移交给人民政权，为国民经济恢复和社会主义建设作出了卓越贡献。他还策动资源委员会驻港、国外贸易事务所起义来归。中华人民共和国成立后，孙越崎历任民革中央常委、民革河北省主委、民革中央副主席、监察委员会主席、名誉主席等职。在社会上，他历任中央财经委员会计划局副局长、开滦煤矿总管理处副主任、国务院进出口管理委员会和煤炭工业部顾问、河北省人大常委会副主任、河北省政协副主席、中国和平统一促进会会长等众多职务，还是第二至第四届全国政协委员、第五至第八届全国政协常委。

孙越崎将他的一生毫无保留地贡献给祖国和人民，他无疑是鲁迅的优秀学生。

著名数学家陈建功

陈建功(1893—1971)，绍兴城区人。著名的数学家。他自幼有数学天赋，1913 年毕业于杭州浙江两级师范学堂。曾三次东渡日本留学，其中 1929 年获日本东北帝国大学理学博士学位。回国后，陈建功任浙江大学等高校教授、数学系主任。中华人民共和国成立后，他任杭州大学副校长，兼任复旦大学教授，还出任中国数学学会副理事长、浙江省科技协会主席，当选九三学社中央委员、第一至第四届全国人大代表。陈建功长期从事实变函数论、复变函数论和微分方程等方面的研究，是中国函数论方面的学科带头人和许多数学分支学科研究的开拓者。他在国内外发表颇有影响的《关于无穷乘积的若干定理》《单叶函数论在中国》等60余篇数学论文，著有《三角级数论》（系我国学者在日本乃至国外出版的第一本数学专著）、《实函数论》等，译有《三角函数论》等多种，并有《陈建功数学论文集》行世。1955年当选为中国科学院学部委员（物理学数学化学学部）。

其实，陈建功是鲁迅的学生和校友，有过不那么密切的往还。《浙江两级师范学校[堂]同学录》（壬子十月刊）载："（姓名）陈剑功，（字）焕其，（年龄）二十，（科别）高师预，（籍贯）绍兴，（住址）城内华仙弄，（通讯处）城内轩亭口天保堂。"推算时间的话，鲁迅1909年8月到杭州浙江两级师范学堂任教时，陈建功亦入校不久。至于"剑功"，显系"建功"之刊误。因为其他各项均与实际相符。20世纪60年代，陈建功作为全国人大代表到绍兴视察，瞧见绍兴鲁迅纪念馆馆额由郭沫若所题，他了解郭沫若与其老师鲁迅有过"笔战"，当场有微词在陪同和同行人员面前表达出来。记得1991年9月下旬，笔者应邀赴日本仙台参加纪念鲁迅诞辰110周年国际学术研讨会等活动，9月25日下午主人安排与会者参观游览，其中在东北大学纪念资料室（类似校史陈列室）笔者不仅欣喜地看到有关鲁迅的文物资料，而且意外地看到关于陈建功在该校留学时的成绩单和荣誉成果等。

践行教育救国的周志由

宣统三年上学期刊《绍兴府中学堂同学录》载："（姓名）周志由，（字号）霞岑，（年龄）三六，（籍贯）嵊县，（职位）博物教员（薛教员之代理），（通信址）嵊城西前街宏济药栈转。"尽管在所有鲁迅作品中均未曾提及周志由，但上述记载足以说明他是鲁迅在绍兴府中学堂担任教职时的同事，毫无疑问，鲁迅与周志由当是熟识的。

周志由(1876—1937),原名锦标,字霞岑,号月村,浙江嵊县广利乡石楼堆村(今属嵊州市崇仁镇)人。他深受近代思想家、教育家宋恕等人的思想影响,早有教育救国的思想和行动。清光绪三十年(1904),周志由与王金发、胡士俊、张陔南等挚友在嵊县创办大同学社,这是清末该县最早成立的进步团体,旨在启迪民智,宣传唯有推翻君主专制政体,才能摆脱亡国灭种的民族危机。翌年9月,徐锡麟等创办绍兴大通学堂,他与王金发等即入学,并加入光复会。不久,周志由亦东渡日本留学,进东京早稻田大学师范科,并加入中国同盟会。友人张东生吟赠《寄怀周霞岑》诗:"自渡东瀛去,俄惊两岁华。故人多隔世,知己半天涯。夜月蓬莱岛,秋风博望槎。伯鸾犹海曲,庸赁又谁家。"回国后不久,1907年夏秋案发,周志由恐遭牵连,曾避走他乡。待风声稍平,即返老家石楼堆,与周锡庚等同仁在这穷乡僻壤创办了大同两等小学堂,在这个新式学堂里,他倡导男女同校和军国民教育,增设兵式体操等课目。宣统二年(1910),周志由接任嵊县劝学所总董,短短一年,他在全县各地督促新办了20所小学。

1911年武昌首义成功,杭州亦随之光复,周志由随王金发部进驻绍兴,军政分府都督王金发委任他当绍兴统捐局局长,负责征收箔税、酒税以充练兵北伐之军饷。当黄兴转达孙中山要王金发做好"节镇越东"工作的话语后,周志由特地定制"节镇越东"匾额两方,分别悬挂在绍兴军政分府衙门和嵊县董郎岗老宅,其中悬挂在嵊县老宅的这方匾额已经被笔者于1976年底征集到绍兴鲁迅纪念馆里。1912年7、8月间,绍兴军政分府奉令解散,他曾到江苏昆山任烟捐局局长。钱迦牟吟写《怀周霞岑》诗记载其事:"囊岁镜湖曲,联翩上酒楼。无端起风雨,吹散旧朋俦。余亦爱高卧,君应赋倦游。花开篱边菊,还忆故人否?""二次革命"很快失败,王金发亦死于袁世凯、朱瑞之手,这对周志由的打击很大,致使他将主要精力和时间转到践行新式教育上去。1913年4月,周志由接任嵊县县立高等小学堂校长。1915 年，他主持重建县立中学，并任校长，明确提出“提倡新学，开发民智，培育俊才，振兴中华”的办学宗旨。周志由商借原二戴书院为校舍，招生开学。同时，募款建造新校舍，所聘教员多为思想和教育理念较为先进的才俊。他设计的校徽是“晨钟”，寓有黎明觉醒、勤奋好学等积极意义。1919 年、1921 年省视学多次到校视察，均予嘉奖，高度评价道：“办学勤慎，措置周详”，“管理训练周至”；所聘教师“学有专长”，“教法足称”，“成绩甚佳”；“募集经费特筑校舍，热忱毅力，尤不可及”。社会舆论亦一致赞扬周志由办学“卓有成效”。1921 年 9 月，周志由被任命为嵊县劝学所所长，1924 年劝学所改为教育局，他仍任局长。在任期间，周志由循例每年举办教师讲习所，并亲自主讲教育。1925 年，他组织“嵊县小学教育研究会”，分国语、算术、常识、体育、艺术、训育、学校行政七组，遵循“研究小学教育，共谋改进”这一宗旨开展活动。是年，省视学又到该县视察，肯定教育局长“学识优异，经验亦富”，“局内办理事项，分别处理，颇有顺序”。

1927 年“四一二”政变发生后，钱希乃、商荫庄等进步教师遭受迫害，他又无能为力予以援救、帮助，只得托病回乡休养，以书画自娱。1932 年“一·二八”事变爆发后，为“收容失学青年，俾免荒废学习”，周志由不顾体弱多病，曾以“嵊县晨钟学会”名义，到嵊县城关镇招收流亡失学青少年补习功课。1937 年全面抗战爆发后不久，周志由终于诀别一生热爱、献身的教育事业和可爱的家乡、伟大的祖国去世了。

与鲁迅同时被绍兴军政分府委任为绍兴主要学校监督的俞景朗

黄帝纪年四千六百零九年十一月初六日，即西历一千九百十一年十二月二十二号《全浙公报》载有一则报道：

绍兴学务一斑

绍兴自军政分府成立后市肆尚称安善，惟各学堂学生多有散归者。兹由分府委任俞景朗君为府校监督，周豫才君为师范监督，李宗裕君为山会县校校长，张梦龄君为同仁校长，明道女校经理人罗飏伯君因病回里，暂由都督府秘书谢斐麟君托章锡珍君代为经署，延招各教员、学生到齐，均一律照常上课云。（公）

这则报道颇有史料文献价值，对于研究绍兴教育史、辛亥革命和有关人物等十分有用。它也展示了俞景朗是继陈子英后接任绍兴府中学堂监督，鲁迅作为该校的监学，很有可能参加交接工作。那时，有一批先读山会师范，半途转学到府中学堂的学生，鲁迅被绍兴军政分府都督王金发委任为山会初级师范学堂监督后，也很有可能为这些同学转学而与俞景朗打过交道。地方当局召开教育会议，俞景朗与鲁迅还有可能一起与会和参加绍兴的社会活动。毫无疑问，俞景朗与鲁迅主要在辛亥革命期间有所往还，两人应该是熟识的。

俞景朗(1872—1952)，名芝祥，字景朗，浙江嵊县(今嵊州市)苍岩人。清末秀才，同情和支持辛亥革命。1911 年 11 月王金发率部进驻绍兴，组建了他当都督的绍兴军政分府，俞景朗被委任为绍兴军政分府执法处处长。民国肇建后，他出任绍兴县知事。此后，俞景朗历任义乌、东阳等县县长。

留日友人、实业家袁涤庵

1903 年 1、2 月间，袁涤庵、鲁迅等 27 位在日本东京留学同乡，开了同乡恳亲会，会后，他们联名发出了《绍兴同乡公函》，在《在留东京绍兴同乡人姓氏表》中，袁氏列第七位，表载："(姓氏)袁翼，(字)涤庵，(籍贯)嵊县，(里居)南乡上碧溪，(校别)东京学院。”可见，早在留学日本期间，鲁迅就与袁涤庵熟识了。

袁涤庵(1881—1959)，名翼，又字鸿缙，号剡溪老人，浙江嵊县(今嵊州)新市上碧溪村人。清光绪二十八年(1902)，袁涤庵亦东渡日本留学，初入东京学院，后进大阪高等工业学校。学成回国后，他出任绍兴府中学堂监督，曾秘密加入光复会。宣统元年(1909)，袁涤庵经部试授工科举人，殿试授学部七品京官，任农工商部技正。辛亥革命后，他任天津高等工业学堂教授、奉天造币厂工程师。1914年，袁涤庵任甘肃省镇番县(今民勤县)知事，颇有政声，《镇番县志》誉其“莅任两载，振刷维新，盖县令之循良者”。他痛感北洋军阀统治时期难以有所作为，遂弃政从事实业。1924年后，袁涤庵与丁文江、翁文灏等创建地质调查所；集资创办北京电车公司，任董事长兼总经理；兴办热河北票煤矿，任董事长兼总经理；先后建设秦皇岛、上海等地装卸码头……“九一八”事变发生后不久，日本侵略军强行接管北票煤矿，肆意掠夺煤矿资源，曾软硬兼施，拉拢和逼迫袁氏出任伪满要职，被他严词拒绝。他设法隐居北京西部，购地数千亩，种植粮食、水果。同时，构筑“秘魔崖招止亭”，以读书吟诗自娱。中华人民共和国成立初，袁涤庵系北京协和医院、北海公园等处董事。他热心公益慈善事业，纂修民国嵊县志时，袁氏慨助银洋两千元；1922年，嵊县遭受特大水灾，他慨捐两千银元赈济故乡灾民；每逢寒冬腊月，他总是汇寄三五百元，救济孤寡老人；1952年，他慨赠北京协和医院1.5万元；……

袁氏藏书甚富，又家学渊源，将子女培养成为杰出人士，如第三个儿子袁绍文，辅仁大学毕业后赴美留学，入密歇根大学攻读航空工程学。毕业后，进加州理工学院师从卡门教授，获航空学硕士、博士学位。1942年，他被美国马丁飞机公司聘为工程师，发明低阻力机翼，被命名为“马丁·袁翼”。1944年，他进麦克唐纳飞机公司，升任直升机研究部主任。据不完全统计，袁绍文历任美国布鲁克林理工学院研究顾问兼教授、加拿大拉瓦尔大学客座教授、美国德克萨斯州大学宇航工程教授、美国航空太空署前进飞行研究所主席顾问、美国航空与航天学会特优会员、美国航空航天管理局顾问、美国工程科学学会会长、美国国家橡树脊原子能研究所顾问等。1984 年退休后被华盛顿大学聘为荣誉教授。袁绍文曾多次来华讲学、访问，受到邓小平等中央领导的亲切接见。

留日学友韩强士

“癸卯正月初之日，我绍郡人在留日本东京者，共二十有七人，开同乡恳亲会于牛込区之清风亭。”会后，韩强士与鲁迅、陶成章等 27 位同乡好友将《绍兴同乡公函》寄至故乡。在《绍兴同乡公函》所附的《在留东京绍兴同乡人姓氏表》中，韩强士名列第 23 位，具体记载：“（姓氏）韩永康，（字）强士，（籍贯）绍兴，（里居）未填，（校别）弘文学院。”

韩强士（1885—?），绍兴府属萧山县义桥（今属杭州市萧山区）人，名永康，号保之。他出身于书香门第，其父韩澄（1860—1928 后），字静涵，号靖庵，晚号悦圃老人。系廪贡生，候学儒学训导，历充杭州求是书院、安定学堂、上海南洋公学、浙江陆军小学堂等校教员，嘉兴石门县学堂堂长，嘉兴府中学堂监督等，还是一位有相当知名度的书法家，学颜而能脱化，巨细皆能，醇为通逸。他生有三子，韩强士系次子。他家学渊源，由浙江官派留学日本，在东京弘文学院与鲁迅、许寿裳等同学。学成回国后历任浙江高等学堂教务长、铁路学堂教习等职。清宣统元年（1909）三月，经浙江巡抚奏保以县丞到中央某部选用。二年五月改充奉天省清理财政局课长兼交涉司署东文译官。三年四月蒙交涉使奏保补缺后以知县用。据萧山文史工作者介绍，民国初年，他向地方政府提交了《韩强士经营湘湖计划书》，其目标是把湘湖建设成全国新农村的样板，计划在湘湖垦荒、掘井、挖河、铺路等，在湘湖定山设置管理各村之自治机构，下设教育、宗教、风教、卫生、娱乐、金融、社团、副业等各种组织，搞成日本新村那样的乌托邦社会主义世界，最终结果不言而喻，以失败而告终。

《阿 Q 正传》：被非议了八十多年的杰作

邵建新　朱永芳

《阿 Q 正传》是鲁迅小说代表作之一，它以其深邃的思想、娴熟的技巧、独特的风格赢得世人的喜爱和赞赏。它是最早介绍到国外去的中国现代小说，是“现代中国小说中唯一享有国际盛誉的作品”[1]。一代伟人毛泽东也盛赞“《阿 Q 正传》是一篇好小说”(1956)[2]。作品问世近百年，它在受到激赏的同时，也一直遭到一些批评、非议。这个时断时续的非议、“围剿”的历程也有八十余年。其中有些所谓批评带有偏见、贬低的成分，有些甚至成了赤裸裸的攻击、诋毁。我们不揣谫陋，大致梳理《阿 Q 正传》被非议、“围剿”的历程，也可从反面角度帮助我们更好地读懂鲁迅，提升审美鉴赏能力。

当初小说在《晨报》副刊连载还不到一半的时候，就有个署名“谭国棠”的读者写信给茅盾主编的《小说月报》，认为鲁迅的笔“真正锋芒得很，但是又似是太锋芒了，稍伤真实。讽刺过分，易流入矫揉造作，令人起不真实之感，则是《阿 Q 正传》也算不得完善的了”。[3]这大概是最早“尖锐”批评《阿 Q 正传》的文字。茅盾不同意这样的批评，立即拟了一封回信，与来信一并发表在 1922 年 2 月出版的《小说月报》第 13 期第一卷上。他说：“《阿 Q 正传》虽只登到第四章，但以我看来，实是一部杰作。”[4]

1924 年 2 月，创造社成员、当年的青年评论家成仿吾在《〈呐喊〉的评论》(见《创造季刊》第 2 卷第 2 期)一文中批评道：“《阿 Q

正传》为浅薄的纪实的传记”,是“自然主义的作品”;“《阿 Q 正传》的描写虽佳,而结构极坏”[5]。成的偏激评论、认识偏见很大程度上源于他们创造社“艺术至上”文艺主张的偏差。文人张定璜的一篇全面评论鲁迅的长文《鲁迅先生》(下)中说道:“有人说《呐喊》的作家的看法带点病态,所以他看的人生也带点病态,其实实在的人生并不如此。”[6]也有人甚至指斥《阿 Q 正传》是“落伍的反动的文学”[7]。作家钱杏邨认为“《阿 Q 正传》不是一篇伟大的创作”,否认《阿 Q 正传》的现实意义:“阿 Q 时代是早已死去了!”“《阿 Q 正传》的技巧随着阿 Q 一同死亡了”[8]。钱的否定非常“坚定”,其判断极大缩小了《阿 Q 正传》所概括的社会思想意义,是十分狭隘的。

到了 20 世纪 30 年代,京派作家沈从文在其长篇评论《论中国创作小说》中谈到鲁迅创作时,认为鲁迅是凭“趣味”而创作的作家,“以一个诙谐的趣味写成的《阿 Q 正传》,还引起了长久不绝的论争,在表现的成就上,得到空前的注意”[9]。但作品“诙谐的难以自制”[10]。沈具体分析道:

> 又从《阿 Q 正传》上,显出一个大家熟悉的中国人的姿式,用一种不庄重的谐趣,用一种稍稍离开艺术范围不节制的刻画,写成了这个作品。作者在这个工作上恰恰给了一些读者所能接受的东西,一种精神的粮食。按照年青人胃口所喜悦而着手烹炒,鲁迅因此意外成功了。其实鲁迅作品的成就,使作品与读者成立一种友谊,是“趣味”却不是“感动”。一个读过鲁迅作品的人,所得的印象,原是不会超出“趣味”以上的。……《阿 Q 正传》在艺术上是一个坏作品,正如中国许多坏作品一样。给人的趣味也还是低级的谐谑,而缺少其他意味的。作者注意到那以小丑风度学小丑故事的笔法,不甚与创作相宜,在这作品上虽得到无量的称赞,第二个集子

《彷徨》却没有那种写作的方法了。[11]

沈以小说家的身份来作文学批评，他不迷信权威，有凭着他丰富的阅读经验和感受而得来的高见，也有因个人艺术趣味、喜好与对理论的轻视、排斥而导致的偏见。对“阿Q”这部名作，沈在艺术上几乎是全盘否定，“贬”得过度，说得太“过”。就是在恰合史实的叙述中也隐含微讽之意。作者自己大约也意识到“度”的问题。该文的另一“版本”，就删去了“《阿Q正传》在艺术上是一个坏作品……”这类讲得太“过”的判断。

新月派诗人朱湘说：“以前我久已讲过《呐喊》中《阿Q正传》不如《故乡》，现在我又多找到一个证据。《唐吉诃德》(Don Quixote)这本小说名著开卷第一章就是争论着主人翁的真姓。……这种‘名学’的考究固然可以说是不谋而合，不过鲁迅的那篇小说也是拿一个Q字来回旋，这就未免令人生疑了。并且《阿Q正传》在结构上是学《堂吉诃德》。所以我如今仍持旧见：《阿Q正传》并没有什么了不得。”(《再论郭君沫若的诗》，见《中书集》，上海生活书店1934年版)[12]朱湘认为《阿Q正传》结构上学《堂吉诃德》，阿Q名字的考证是学《堂吉诃德》的开头。这些讲得都没有错。但若这样“粗陋”运用比较法，就判定“《阿Q正传》没有什么了不得”，抹杀阿Q的重大典型意义，这个结论就显得很草率、很可笑了。这位很有见地的诗人、评论家在评“阿Q”时过于偏执，推断自然难以客观、公允。

鲁迅逝世后不久，“新月派”名士叶公超在《关于非战士的鲁迅》一文(1936年11月1日天津《益世报增刊·追悼鲁迅先生专页》)中说：“我记得从前读《阿Q正传》的时候曾有过一点感觉。我觉得作者的描写有时太趋于Carieature的意味，大有戏台上三花脸那种神气，他非但把主角写成如此，而且自己高兴的时候仿佛也不惜粉墨登场,从旁加上几句妙语,讨得台下一个连声的'好'。"[13]叶这段话的确非常真诚地写出了他本人的"感觉",但他这种认识却是皮相之见。这种印象感受式的批评里除了有对鲁迅的误解、对作品的误读,还有对鲁迅的贬损、嘲讽,不能算是真正的文艺批评。

1939年,李直在《鲁迅的评价》一文中认为:鲁迅"除了短短的一篇《阿Q正传》勉强算个小说外,其余的都是"'骂街集子'"[14]。他集中谈论"正传"的文字如下:

> 就连《阿Q正传》一样是缺少文艺上的价值,更可惜的是这篇《阿Q正传》还完全是抄袭来的,……郭沫若在东京给《东声》杂志写了一篇文章(题目忘掉),……郭沫若表示以前并未读鲁迅的文章,于是他也在鲁迅盖棺以后去看《阿Q正传》,没想到这篇"正传"是完全脱胎于法国的一篇小说。(这篇文章可去翻翻《东声》杂志)文人相轻,自是常态,不过我怕是"阿Q",被搬到外国去以后,会叫人耻笑中国。[15]

李的这篇"奇文",说鲁迅是个颠倒黑白的"刀笔吏",而不是什么"文学家";鲁迅文章是"白话八股",而不是"文艺"。更炮制出《阿Q正传》"抄袭"论。学者房向东说:"半个世纪以来,几乎无人提及李直对鲁迅的攻击,几乎从没有人谈到《阿Q正传》的抄袭问题,这大约就在于李直的文章太不值一提了吧!"[16]诚哉斯言。

中华人民共和国成立后,在台湾地区有相当长的一段时期鲁迅作品被列为禁书。因而"贬鲁""反鲁"就一直未曾消停过。继蔡元培后任北大校长的蒋梦麟去台后,在《谈中国新文艺运动——为纪念"五四"与文艺节而作》一文中谈及鲁迅,他无视鲁迅小说的社会意义与艺术价值,有意无意地贬低鲁迅:"我所知道他的早年作品,如《狂人日记》(民国七年)、《阿Q正传》(民国十年),

都只为了好玩，舞文弄墨，对旧礼教和社会现状挖苦讽刺一番，以逞一己之快。这种文学，在当时是受人欢迎的，因为当时的人们多半不满于现实，心中苦闷，他便代表大众以文字发泄出来了。”[17]

和鲁迅曾有过旷日持久论战的作家、翻译家梁实秋也在台湾地区写《关于鲁迅》一文，谈到鲁迅小说创作时说：

> 在小说方面，鲁迅只写过若干篇短篇小说，没有长篇的作品，他的顶出名的《阿Q正传》，也算是短篇的。据我看，他的短篇小说最好的是《阿Q正传》，其余的在结构上都不像是短篇小说，好像是一些断片的零星速写，有几篇在文字上和情操上是优美的。单就一部作品而论，《阿Q正传》是很有价值的，写辛亥前后的绍兴地方的一个典型的愚民，在心理的描绘上是很深刻而细腻。但是若说这篇小说是以我们中国的民族性为对象，若说阿Q即是典型的中国人的代表人物，我以为那是夸大其辞，鲁迅自己也未必有此用意。阿Q这个人物，有其时代性，有其地方性。一部作品，在艺术上成功，并不等于是说这个作家即能成为伟大作家。一个伟大作家的作品，必须要有其严肃性，必须要有适当的分量，像《阿Q正传》这样的作品似乎尚嫌不够把它的作者造成一个伟大作家。[18]

梁的论述看起来似乎很“中肯”，不偏不倚，有褒有贬。实际上是贬大于褒，寓贬于褒。这在引文前面对崇拜鲁迅者的所谓“提醒”与引文后面品评鲁迅与萧伯纳上海会晤照片时说“两相对照，实在不称。身量不称，作品的数量分量也不称”[19]的揶揄文字，很明显可以看出梁“贬鲁”的主导思想。对《阿Q正传》的评价显然是“低度”评价。

鲁迅去世后，就公开扯起“反鲁”大旗的苏雪林抵台后更是不遗余力。苏在一篇题为《琵琶鲍鱼之成神者——鲁迅》的文章中说："论创作，他不过写了《呐喊》《彷徨》两本短篇小说，只有《呐喊》里的《阿Q正传》，写得还算不错，但已有人指出有套袭日本作家某篇作品的嫌疑。"[20]苏不仅几乎全盘否定了早在1934年自己就给予高度评价的鲁迅小说，就是对自己原来认为"魔力之大的，还找不出第二例子"的《阿Q正传》(《〈阿Q正传〉及鲁迅创作的艺术》)[21]，用"有人指出""套袭……嫌疑"等模糊语言来信口雌黄，无中生有。鲁迅"套袭"哪位作家的哪篇作品？何人发现的？发现的依据又何在呢？只要一追问，这个谣言便不攻自破。苏的"胡说"只是李直的"升级版"而已。澳大利亚鲁迅研究专家寇志明(Jon Eugene von Kowallis)教授说，这是"重复使用毫无根据且出处不明的谣言"[22]。自称把"反鲁"当事业的苏在1966年11月(正值鲁迅逝世三十周年之际)，又在台湾地区影响甚广的《传记文学》杂志上发表总结性"反鲁"长篇大论《鲁迅传论》。她在全面否定鲁迅的道德、人格时说："他对中华民族的鄙视，在《阿Q正传》里已表现得淋漓尽致，所以《阿Q正传》翻译许多国文字，传遍世界，是鲁迅个人的光荣，却也是中华民族的耻辱。"[23]

1961年，在哥伦比亚大学东亚语文系任教的文学评论家夏志清完成了一部使他一举成名的学术著作《中国现代小说史》(英文版)。这部在海外很有影响的"小说史"，同样设有"鲁迅"专章，夏在专章里指出《阿Q正传》"轰动中国文坛"，承认其是"唯一享有国际盛誉"的现代中国小说。他在抽象肯定后，笔锋一转说：

> 然而就它的艺术价值而论，这篇小说显然受到过誉：它的结构很机械，格调也近似插科打诨。这些缺点，可能是创作环境的关系。……后来鲁迅对这个差事(指为《晨报》副刊连载《阿Q正传》——引者注)感到厌烦，就改变了原来计划，给故事的主人翁一个悲剧的收场，然而对于格调上的不连

贯，他并没有费事去修正。[24]

夏的《小说史》完成于“冷战”时期，由于理论背景与意识形态的局限，对“正传”的批评带有偏见。评论家刘再复对此颇有微词：“把结构的完整说成‘机械’，把人们公认的幽默说成‘插科打诨’，把打破大团圆结局的悲剧收场说成‘格调上的不连贯’，这已经很过分了。”[25]夏的评论的确评得苛刻，评价过低，夸大了“正传”的艺术缺陷，贬低了其艺术价值。

1975年1月，香港作家、学者司马长风的《中国新文学史》(上卷)出版，随即一版再版。他在这本港台地区有影响、传入内地也引起关注的书中说：“其实以小说论小说，《阿Q正传》有很多重大缺陷。”这便是：1.“杂有好多一般民众无法了解的古文”；2.“主人公‘阿Q’无统一的个性，……在小说技巧上这是明显和严重的错误”；3.“就主题和内容来说，《阿Q正传》中没有一个好人，阿Q及任何一角色，没有一个好的动机和行动，换言之所写的是一灰冷的绝望的世界。”[26]司马氏的指责有误读的成分，这种以偏概全式的评论并不符合“正传”的创作实际。著名学者、鲁迅研究专家王富仁在谈到夏志清、司马氏对《阿Q正传》的艺术性非难时说：“我们不同意这种说法，至少，他们没有看到《阿Q正传》具有为其他现代小说(包括鲁迅的其他小说作品)所不具备的许多艺术优长。”[27]

1979年5月，学贯中西的学者钱钟书作为中国社会科学院代表团成员访美。9日下午他在加州大学柏克莱校区举办的一个小型座谈会上，回答台湾地区作家水晶的提问时说：“鲁迅的短篇小说写得非常好，但他只适宜写short-winded‘短气’的篇章，不适宜写‘长气’long-winded的，像阿Q便显得太长了，应当加以修剪curtailed才好。”[28]钱评述鲁迅本来就不多。钱的这段话作为一家之言，言人之未言，有合理因子，道出了鲁迅创作的某些真实

(鲁迅的确没有“长篇”),虽不尽然全对,却也启人深思。它成了“正传”接受史的重要史料,值得研究。

1985年,邢孔荣发表题为《论鲁迅的创作生涯》的长篇评论文章。该文认为:“《阿Q正传》中对阿Q的描写已经接近漫画化的边缘,只要稍一过头,这篇小说的价值就将不那么高了。……《阿Q正传》的漫画式的倾向在中国现代文学史上开创了一个危险先例,即以所谓的本质代形象。”[29]临近1999年岁末,青年评论家葛红兵发表了一篇题为《为二十世纪中国文学写一份悼词》的评论。他说:“鲁迅实际上是一个半成品的大师,他的短篇小说我们可以列出许多绝对优秀的作品,但找不到一部让人一看就彻底奠定了鲁迅地位的,他没有真正意义上的中篇,更没有长篇小说。”[30]这一段文字虽然没有明提《阿Q正传》,明眼人一眼就可以看出,他显然认为“正传”不是“真正意义上的中篇”。他俩的“批评”都是一出炉,就受到文艺界的炮轰,“招来”学界的大量批评、反驳文章。这两篇措辞“激烈”、论断偏激、离经叛道的评论被人戏称为20世纪八九十年代否定鲁迅的“代表作”。

然而否定鲁迅之风并未就此消停,《阿Q正传》仍然是“否鲁派”的重要靶子。2000年,作家王朔撰文《我看鲁迅》指出:“鲁迅写小说有时是非常概念的,这在他那部倍受推崇的《阿Q正传》中尤为明显。……发现鲁迅是当杂文写的这个小说,意在针砭时弊,讥讽他那时代一帮装孙子的主儿,什么‘精神胜利法’、‘不许革命’、‘假洋鬼子’,这都是现成的概念,中国社会司空见惯的现象,谁也看得到,很直接就化在阿Q身上了,形成了这么一个典型人物,跟马三立那个‘马大哈’的相声起点差不多。……这个阿Q是概念的产物,不用和别人比,和他自己的祥林嫂比就立见高下。”[31]差不多同时,文学博士张闳在《走不近的鲁迅》一文中说:“被视为鲁迅最高文学成就的代表之作的《阿Q正传》,在艺术上的问题就不少。这是他最有影响的作品,却未必是最好的作品。

《阿Q正传》在艺术上过于单薄、粗糙,有时我感到很惋惜——这么好的一个题材给写糟了!而且败笔甚多,比如它的结尾,写到阿Q赴死时看到围观群众的眼睛的一段,显然是最生硬做作的段落。过于明显、直露的观念化的痕迹,在风格上也极不协调。这是一处在艺术上不可原谅的严重败笔。"[32]

无论是王朔的评说,还是张闳的评论,贬损之意明显,诋毁成分昭然。很显然,这些已经不是一般意义上的文学批评了,由此而引发了一场"鲁迅论争"。王富仁、林非、陈漱渝、孙玉石、张梦阳、高旭东等一批学者撰文批驳,他们或从立论角度,或从反思角度,或从深思角度予以回应。高旭东编的《世纪末的鲁迅论争》一书收录了这场论争中的代表性文章40篇。该书前言部分编者写的《挑战鲁迅言论述评》一文有对王朔、张闳和葛红兵等人"挑战"的直接回应。这里不再赘述。

2007年11月底,夏志清在其寓所接待大陆访问者,谈及他写《中国现代小说史》心得时说:"我批评鲁迅的话,别人不懂的,鲁迅的小说不错,《阿Q正传》不太好,滑稽太多了。"[33]夏曾对"小说史"进行过两次修订,他意识到对鲁迅的论述多有偏颇。如对《狂人日记》,他承认最初的阅读不够深入,评价过低,修订时进行了学术校正,重新评价认为这是"鲁迅最成功的作品之一"。但对《阿Q正传》这部"伟大中篇",他却一直坚持他"思想的偏见",把"《阿Q正传》说得一无是处"(刘再复《夏志清先生纪事》)。

诚然,《阿Q正传》同其他任何不朽的文学作品一样,可以从不同角度、侧面去研究,去发现。它需要用纯粹的文学眼光去发掘,而不能戴着"有色"眼镜来臆断。有比较,才有鉴别。了解这些不同时期的"批评",听听这些不常听到的不同"声音",有利于提升我们的思辨能力,提高我们的文学鉴赏水平。这对于我们全面、深刻地理解鲁迅小说,更好地把握《阿Q正传》的思想价值与艺术水准,无疑具有积极意义。

注释：

[1][24][美] 夏志清著，刘绍铭等译：《中国现代小说史》（香港）中文大学出版社 2001 年版，第 33—34 页。

[2] 毛泽东：《论十大关系》，中共中央文献编辑委员会编辑：《毛泽东著作选读》（下），人民出版社 1986 年版，第 738 页。

[3][4][5][8] 陈漱渝主编：《说不尽的阿 Q》，中国文联出版公司 1999 年版，第 233、232、244—245、256—259 页。

[6] 中国社会科学院文学研究所鲁迅研究室编：《1913—1983 鲁迅研究学术论著资料汇编》第一卷，中国文联出版公司 1985 版，第 88 页。

[7] 参见周作人（署名知堂）：《关于鲁迅》中的记述。该文刊于《宇宙风》1936 年 11 月 6 日第 29 期，第 261 页。

[9][10][11] 沈从文著，张兆和主编：《沈从文全集》第 16 卷（修订本），北岳文艺出版社 2009 年版，第 200、148、200—201 页。

[12] 朱湘：《中书集》（影印本），上海书店出版社 1986 年版，第 398—399 页。

[13] 房向东编：《活的鲁迅》，上海书店出版社 2001 年版，第 407—408 页。

[14][15] 中国社会科学院文学研究所鲁迅研究室编：《1913—1983 鲁迅研究学术论著资料汇编》第二卷，中国文联出版公司 1986 年版，第 1264—1265 页。

[16] 房向东：《被诬蔑被损害的鲁迅——鲁迅去世后对他的种种非议》，上海交通大学出版社 2016 年版，第 98 页。

[17] 蒋梦麟：《西潮　新潮》，中国工人出版社 2015 年版，第 409—410 页。

[18][19] 梁实秋：《关于鲁迅》（文艺评论集），（台北）传记文学出版社 1988 年版，第 7—8 页。

[20][23] 苏雪林：《我论鲁迅》，（台北）传记文学出版社 1979 版，第 134、15 页。

[21] 苏雪林著，沈晖编：《苏雪林选集》，安徽文艺出版社 1989 年版，第 395 页。

[22][澳] 寇志明：《苏雪林论鲁迅之“谜”》，《鲁迅研究月刊》2011 年第 4 期，第 35 页。

[25] 刘再复：《张爱玲的小说与夏志清的〈中国现代小说史〉》，刘绍铭、梁秉

钩、许子东编：《再读张爱玲》，山东画报出版社 2004 年版，第 54 页。

[26] 司马长风：《中国新文学史》上卷，（香港）昭明出版社 1980 年第 3 版，第 110—111 页。

[27] 王富仁：《〈呐喊〉和〈彷徨〉的环境描写》，《名作欣赏》1985 年 3 期，第 57 页。

[28] 水晶：《侍钱"抛书"杂记——两晤钱钟书先生》，《书城》1999 年第 1 期，第 6 页。

[29] 邢孔荣：《论鲁迅的创作生涯》，《青海湖》1985 年第 8 期，第 71 页。

[30] 葛红兵：《为二十世纪中国文学写一份悼词》，《芙蓉》1999 年第 6 期，第 136 页。

[31] 王朔：《我看鲁迅》，《收获》2000 年第 2 期，第 128—129 页。

[32] 高旭东编：《世纪末的鲁迅论争》，东方出版社 2001 年版，第 54 页。

[33] 李怀宇：《家国万里：访问旅美十二学人》，中华书局 2013 年版，第 88 页。

校门口与鲁迅楼

徐昭武

每一个读过书的人对校门口都会有自己独特的记忆，而把“校门口”当作一条街巷的名字，却十分少见。南京三牌楼和会街附近就有一条街叫校门口。但很多人都说不出它的来历。

这要从一百二十多年前说起，1896 年（光绪二十二年）两江总督张之洞《奏请创立陆军学堂附设铁路学堂事折》提出“今于仪凤门内和会街地方，创建陆军学堂”，主要是取其“宽旷清净，远隔市廛”，又离水师不远。这里原来非常空旷，仅有少数草房，其余都是麦田、坟墓、竹园、池塘。建学堂之初，清政府按当时的市价收购了这些土地，然后大兴土木。据《江南筹防总局造呈大部核销江南创办陆师学堂起造房屋支用工料等项银两册》载：“该道遵于江宁省城仪凤门内之和会街地方，觅购基地，招雇洋匠仓造洋楼房屋，以为洋教习住居之所，其余各学生之诵堂、住房、汉教习讲舍及在堂各员弁、执事人等住居房屋，当即接续造办。另又添设炮厂以资演习、体操厂以舒筋力而练步伐。总计该堂门楼、厅堂、诵堂、讲舍、华洋教习、学生、执事人等住房并厨灶房及跟丁杂役房、库房、马房等项，共造成正屋贰百叁拾间，洋楼上下拾间，洋平房五间，走廊走道共壹百叁拾壹号，穿堂拾壹间，门楼、厕所、字炉、水井、照壁均已一律齐备。”可见学校规模不小，因包括今中山北路省物资局大院和对门部队干休所及南师附中一部分。偌大校园大门口自然形成了路，一边通向三牌楼，一边通向回龙桥。

这路就在江南陆师学堂的大门口，因此，就叫校门口了。

1896 年 11 月 18 日《申报》上的《陆师招考》布告中指出：

金陵访事人云，前报载江南陆师学堂大工将次告竣，不日可赋落成。兹诠学堂基址在三牌楼地方，屋房共有五进。前进五开间，门房一所，中进厅事，后进堂宇，俱各五楹，再由穿堂入内，则横舍云连，为诸生燕息之所，规模宏畅，不下二百间。四面缭以垣墙，其中院落极为宽大，盖以备各学生就中操演技艺也。此外又有洋式层楼两座，高大轩昂，与水师学堂仿佛，但少船桅及鱼雷各制度耳。

这“洋式层楼两座”，如今在校门口这条路上依然可以看到，是两座两层的欧式洋楼，一座靠近中山北路，一座在校门口 20 号南师附中后门口内，人们通称“鲁迅楼”。

坐落在南京中山北路 283 号的百年洋楼，为两层双走廊，除楼梯间，每层有四间房屋。占地面积 273 平方米。20 世纪 50 年代，南京市文管会曾在此楼墙上嵌入“（清）江南陆师学堂附设矿路学堂，鲁迅先生读书旧址（1898 年 11 月—1901 年 1 月）”的石碑，1982 年，列入江苏省第三批文物保护单位。2013 年江苏省文物局又为这古老建筑挂牌，为“矿路学堂遗址”，编号 2013002。当为江南陆师学堂总办楼。

该楼一直为江苏省机关管理局管理，曾为其下属江苏省民防局职工宿舍。2011 年 4 月 29 日下午近 2 时，因电线老化等原因发生大火，烧得面目全非。后本着修旧如旧的原则，对这座百年老楼进行彻底维修，恢复原楼的外观和内部式样。2012 年 10 月经南京园林设计院设计，江苏省民防局委托江苏古典建筑公司进行修缮，2013 年 5 月竣工。2015 年 11 月 19 日，江苏省机关管理局将这座楼移交鼓楼区政府使用。现该楼为挹江门街道鲁迅园社区管辖，并作为社区社会活动的场所。

鼓楼区挹江门街道为鲁迅园社区正在对这座百年老楼进行

合理有效的使用，多方征求意见，确定利用这一有历史意义的老楼，让鲁迅走进社区，既让人们对鲁迅曾生活过的地方、鲁迅在南京的生活有明晰的了解，又让社区群众在其活动中，对鲁迅精神有所了解和感悟。

这座楼里，有树人学堂（“鲁迅在南京”展室和小学堂）、三味书屋（24 小时的图书馆）、南腔乐坊（古筝室）、三闲画社（书画室）、青年汇（会议室）、朝花夕拾（茶室）。把鲁迅精神传承和社区文化活动有机地结合在一起，成为全国第一个鲁迅走向社区的活动场所。

坐落在南师附中的那座百年洋楼，现为南京鲁迅纪念馆。两座楼都建于同一时期，式样一样，面积相当，只是前座楼是两层双走廊，这座楼是两层单走廊。两座楼都是文物保护单位。坐落在南师附中的这座楼于 2014 年 6 月 30 日由鼓楼区文化局立有“不可移动文物”的标牌：“矿路学堂德籍教员宿舍旧址”。

南京鲁迅纪念馆是为了落实全国政协的提案而建。2001 年 3 月，陈漱渝、汝信、宋林飞 3 位全国政协委员在政协九届四次会议上提案（第 3470 号）筹建南京鲁迅纪念馆，经省文化厅文物处、南京市文物局等单位的论证，在考察了鲁迅在南京足迹所到之处后，决定在南京师大附中建立南京鲁迅纪念馆。于是，就将留存下来的欧式洋楼修旧如旧，全楼用来布展。布展设计是：介绍鲁迅生平，以在南京为主；介绍鲁迅作品，以收入中学教材的为主；纪念鲁迅，以弘扬鲁迅精神、进行爱国主义教育、革命传统教育为主。努力把鲁迅纪念馆办成爱国主义教育的基地。

南京鲁迅纪念馆是国内六家鲁迅纪念馆中唯一设在中学校园里的一所纪念馆。2012 年 9 月，南京师大附中“走进鲁迅”课程项目通过评审被确立为 2012 年江苏省课程基地项目。鲁迅先生是 20 世纪中国文学乃至文化的伟大代表。鲁迅先生希望自己的文章“速朽”，然而在新世纪，不论是先生的文章还是精神，依旧有着强大的生命力和现实意义。“走进鲁迅”课程基地的建设主要依据便是南师附中久远的历史文化传统、语文组深厚的教学研究基础以及时代生活的需求。如今已开发建设了一系列的选修课程，这座楼已成为“走进鲁迅”为主题的综合实践活动基地。

江南陆师学堂开办四期后停办，也出了不少人才，辛亥革命领袖赵声上将、吴旸谷上将及担任过教育总长的章士钊等人曾就学于江南陆师学堂。附设矿路学堂，仅空前绝后地招生一次，只有一个班 24 名学生，鲁迅是其中年龄最小的一个，也是最有名的。

校门口、鲁迅楼，鲁迅生活、呼吸过的地方，他在这校园里生活了三年时间，这是他离开家乡后的第一个驿站。他在这里学习新知识、接受新思想，他从这里迈向新的天地，从这里走向世界。这是很值得人们追忆和思考的。

鲁迅学习十分认真。矿路学堂上课，主要是抄笔记。教师把整本的书抄在黑板上，让学生抄在笔记上。鲁迅专心致志，抄得既快又好。鲁迅手抄讲义《几何学》《开方》《开方提要》《八线》与《地质学笔记》五册，《几何学》与《八线》中的图形系用铅笔绘制。这手抄讲义，文字系蝇头小楷，抄写英语、几何、代数、三角等语言符号，书写极工整清晰，可谓认真严格，一丝不苟。

鲁迅学习特别刻苦，学业优异，还爱看小说，对《红楼梦》几乎能背诵。鲁迅生活俭朴，冬天只以夹裤御寒，不得已吃辣椒以取暖，渐渐成为嗜好，终于损伤了胃，成了毕生之累。

为鼓励学生用功学习，校方规定，每星期作文一次，凡获得第一名者赏三等银牌一个；每月月考一次，名列第一名者赏三等银牌一个。四个三等银牌可以换一个二等银牌，四个二等银牌可以换一个三等金牌。由于鲁迅勤奋刻苦、锐意新学，因而学业优异，名列前茅。年龄最小的鲁迅是矿路学堂同学中唯一用四个银牌换得一个金牌的人。金牌到手之后，鲁迅拿了去换钱买书看，买点心请大家吃。

鲁迅读书卓有成效。鲁迅自己说：

> 看新书的风气便流行起来，我也知道了中国有一部书叫《天演论》。星期日跑到城南去买了来，白纸石印的一厚本，价五百文正。翻开一看，是写得很好的字，开首便道：
>
> “赫胥黎独处一室之中，在英伦之南，背山而面野，槛外诸境，历历如在机下。乃悬想二千年前，当罗马大将恺彻未到时，此间有何景物？计惟有天造草昧……”
>
> 哦！原来世界上竟还有一个赫胥黎坐在书房里那么想，而且想得那么新鲜？一口气读下去，“物竞”“天择”也出来了，苏格拉第，柏拉图也出来了，斯多噶也出来了。学堂里又设立了一个阅报处，《时务报》不待言，还有《译学汇编》，那书面上的张廉卿一流的四个字，就蓝得很可爱。

可见，严复介绍的进化论思想，给青年鲁迅以很大的心灵震动。这位严复，1897 年 12 月 18 日起，开始译述赫胥黎的《天演论》。1898 年，严复译述的《天演论》单行本正式出版，这是自从鸦片战争以来，较认真地介绍西方资产阶级理论的最早的一部书。鲁迅说他“是一个 19 世纪末年中国感觉锐敏的人”。鲁迅在南京读书期间，写给他弟弟的诗中说“文章得失不由天”，告诫诸弟要勤奋学习，强调自身的努力，后来诗中又写“我以我血荐轩辕”，把人生的价值提高到为国奋斗献身的崇高境界。从这两句诗中可以看到鲁迅在南京学习新知识，接受新思想的思想成长轨迹。为后来强调“立人思想”打下了坚实基础。

鲁迅读书的校门口，如今又成了南京师大附中的校门口，仍然在传承着育人的精神。

新版《鲁迅全集》文本指误并注释补正二十则

吴作桥　王　羽

又查得新版《鲁迅全集》(以下简作《全集》)若干误注与失注，现补正如下。不当之处，请专家与读者指教。

一、关于蔡斐君的生年。《全集》第13卷第553页注【1】，注蔡斐君生年为1915年，第17卷第245页又注蔡斐君生年为1914年。《全集》之注又一次撞车了。

陈浩望在《鲁迅和蔡健的交往》一文中称："蔡斐君又叫蔡健，1914年1月18日生于桥头屋一个世代书香的家庭。"[1]陈先生提供的信息是可信的，因为他不但提供了蔡斐君诞生的具体日期：1914年1月18日，也提供了他逝世的具体日期：1995年9月20日。

二、关于夏曾佑的号。《全集》有三个注即第3卷第593页注【12】、第11卷第358页注【5】、第17卷第191页。这三个注都未注夏曾佑的号。著名鲁研专家张杰在《鲁迅与夏曾佑》一文中称："夏穗卿，名曾佑，字穗卿，号碎佛，笔名别士。"[2]张杰提供的信息，可补入《全集》此三个注中。

三、关于杜衡的生年。《全集》第4卷第455页注【5】、第5卷第433页注【10】、第6卷第4页注【4】、第12卷第433页注【1】、第17卷第86页注杜衡生年均为1906；独第8卷第428页注【2】注杜衡生年为1907，在这里，《全集》之注又一次撞车了。《中国文学家辞典》现代第4分册杜衡词条其生卒年为1907—1964.11.17，杜衡生年以1907年为正确。杜衡为台湾地区作家。四川文艺出版社曾委托罗孚负责组织港台作家的稿件，罗孚让传主本人写自己的词条。[3]那么对已故的港台作家呢？罗孚未涉及，估计也是请已故作家的亲属或友人代写。杜衡的卒年具体至月日，可见写者是熟悉杜衡的，所以注杜衡生于1907年，此信息较为可信。

四、关于包蝶仙的又字与号。《全集》关于包蝶仙只有一个注，即第17卷第42页注，此注云："包蝶仙名公超，字蝶仙，浙江罗兴人。画家。长期在杭州一些学校任图画教师。"这个注太简略，没有涉及他和鲁迅的关系。柳和城在《新版〈鲁迅全集·日记〉人物注释》一文介绍说，包蝶仙，"名公超，字敦善，别号涤庐，浙江吴兴人。辛亥革命前，曾在杭州浙江两级师范学校任自然画教师"[4]。上述文字突显了包蝶仙与鲁迅之同事关系，他们都是杭州浙江两级师范学堂的教员。敦善，是包蝶仙的又字，其号涤庐，曾在杭州浙江两级师范学堂任教之事应补入《全集》此注中。柳先生此文发表距《全集》出版早17年，《全集》此注之缺失仍旧如故，实在令人惋惜。

五、关于王顺亲的生卒年与后改名。《全集》关于王顺亲只有一个注，见第17卷第20页，此注注王顺亲生卒年为："约1898—？"，未注其后改名。裘士雄在《鲁迅作品中的人物介绍》一文中称："王纯卿(1899—1947)，浙江绍兴城区人。"[5]在《为鲁迅与许广平的结合穿针引线的王顺亲》一文中也说："王纯卿(1899—1947)，原名顺亲，后改纯卿。"[6]裘先生治学严谨，所言王顺亲生卒年与后改名信息，至为可信。

六、关于宋孔显的生卒年与号。《全集》关于宋孔显只有一个注，见第17卷第117页。此注无宋孔显的生卒年与号。裘士雄在《鲁迅作品中的人物介绍》一文中称"宋孔显(1896—1968)，字达卿，号懋堂……"[7]，在《哲学教授宋孔显》一文中称"宋孔显

(1896—1964),字达卿,号懋堂……"[8],惟宋氏卒年,裘先生一说为1964,一说为1968,不知孰对。

七、关于荀克嘉的卒年。《全集》关于荀克嘉只一个注,即见第17卷第138页,此注注荀克嘉生卒年为1906—?。顷读荀克嘉的外孙孙吉生《我的外公荀克嘉》一文,此文说,荀克嘉"光绪三十一年(1905年)农历腊月有二十二日生……"[9],光绪三十一年农历腊月二十二日已是1906年的1月16日。[10]所以,《全集》此注荀克嘉的生年为对,而卒年孙先生说是1985年8月。[11]这一信息是可信的,应补入《全集》此注中。

八、关于叶永蓁的原名。关于叶永蓁,《全集》有两个注,即第4卷第152页注【1】、第17卷第38页。此二注均无叶永蓁原名。裘士雄在《〈鲁迅全集〉注释补正(续三)》中指出:"叶永蓁名榛,号会西,永蓁是他的笔名。"[12]裘先生此文是为纠正1981年版《鲁迅全集》此注之误,且发表在《全集》出版前两年的《鲁迅研究月刊》上,这一真实信息,仍未被《全集》此二卷编注者所注意,《全集》此二注仍旧错下去,这太令人不解了。

九、关于王孝籁的本名、又名与号。《全集》关于王孝籁只有一个注,即第12卷第527页注【4】,此注未注王孝籁的本名、又名与号。裘士雄在他的《鲁迅和他的乡友》(一)中说:王孝籁"又名晓赉,晓籁,号得天"[13]。可见,王孝籁是其本名,其又名是晓赉,晓籁,号得天。裘先生提供之信息,应补入《全集》此注中。

十、关于陈元达的笔名。《全集》关于陈元达只一个注,即第17卷第128页。这个注说陈元达"是柔石的同学与好友","并以'阿灵'的笔名发表译作"。裘士雄在《鲁迅全集注释补正》(三)中说,陈元达与殷夫的关系密切,"曾以'柯灵'的笔名译稿和著作"[14]。这里问题就出来了。陈元达是与柔石还是与殷夫关系密切?他的笔名是"阿灵"还是"柯灵"?笔者尚无其他旁证。只是裘先生是为补充1981年版《鲁迅全集》此注之"未详"的,想必《全集》编注者是见了裘先生此文才增添了此注之释文，许是抄写者将股夫换成了柔石，将“柯”字误为“阿”字。此注应以裘先生提供的信息为准。

十一、关于苏雪林的生年、原名与字。《全集》第12卷第110页注【8】，注“苏夫人”生年为1897，“又名雪林”；第17卷第85页注“苏梅”生年为1899，“字雪林”。在这里，《全集》之注又抵牾乃至撞车了。王凯在《口水民国》一书中称：“苏雪林(1897—1999)，祖籍安徽太平……本名苏小梅。1919年秋天，将‘小’字省去，改名苏梅，以字行。”[15]陈漱渝在《她希望葬在母亲墓旁——台南访苏雪林教授》一文中说，“冰心是本世纪(即20世纪——笔者注)的同龄人，今年92岁，而苏雪林是上世纪末生人，今年已经‘浮生九五’”。[16]这就是说，1992年时，冰心92岁，而苏雪林比冰心大三岁，时已95岁。冰心生于1900年。[17]苏雪林无疑当生于1897年。陈先生之说可与王凯之说互为印证。所以《全集》此二注，苏雪林生年当以第12卷之注为对；其字当以第17卷之注为对。苏雪林原名苏小梅，后改名苏梅，这一信息应补入《全集》此二注中。

十二、关于一八艺社成立时间。《全集》第4卷第317页注【3】、第16卷第259页注【5】均说一八艺社成立于1929年，未及具体日期。赐福在《西湖一八艺社成立时间异说》中引《国立杭州艺术专科学校周刊》(1930年11月版)载《西湖一八艺社二周年纪念征文启事》称：“敝社由十八年一月念五诞生到现在也快满二年了。”[18]一八艺社成立于1929年(即民国十八年)1月25(“念五”即廿五)日是可信的。因为这一信息来自杭州艺专校刊，此文又称“敝社”，自己说自己的事总是较确切的，此信息，《全集》此二注均应采用。

十三、拳匪的传单。《全集》第1卷第316页鲁迅在《三十三》一文中攻击有人在科学中“孱进鬼话”举了义和团传单中最末一句话："'孔圣人张天师傳言由山东来，赶紧急傳，并无虚言！'（傳字原文如此，疑传[傳]字为误）。"

鲁迅此处行文，并未引用传单的原文。唐天然在《〈鲁迅全集〉补注二则》中，从1927年6月4日第134期《语丝》上抄录了此传单的原文，为免《全集》编注者查找之烦，特抄录如下：

"关圣帝君降坛由义里香烟扑面来义和团得仙庚子年刀兵起十方大难人死七分大法悲灾可免传一张免一身之灾传两张免一家之灾见者不传故说恶言为神大怒更加重灾善者可免恶者难逃知不传抄者等至七八月之间人死无数鸡鸣丑时才分人间善恶天有十怒一怒天下不安宁二怒山东一扫平三怒湖海水连天四怒四川起狼烟五怒江南大荒旱六怒遍地人死多一半七怒有衣无人穿装若言那三怒南天门上走一遭去戌亥就是阳关定六月十九日面向东南焚香七月廿六日向东南焚香庚子义神拳戊寅红灯照丙午迷风起甲子必来到壬申不算苦二四加一五遍地红灯照壬申到庚午乙酉是双月。"

"庚子才算苦等到乾字号神追鬼又叫六月十七日七月二十八日身代红布为记面向东南祭。"

"知大吉人死大半传一张免一身之灾传十张免一家之灾。"

"孔圣人张天师传言由山东来赶紧急传并无虚言修功德无量广无矣。"[19]（据鲁迅此文，传单中之传字皆写为傅字，是知此传单执笔人，傳傅二字分不清——笔者注）

鲁迅此文未引传单全文，对鲁迅所说的"好讲鬼话"的人，似有点论证不足，正如唐天然所说"颇觉费解"。唐先生此文到《全集》出版已是23年了，《全集》此处应设注，引录义和团传单全文。

十四、是西汉末年，还是东汉末年？鲁迅在《关于女人》一文中说："西汉末年，女人的'堕马髻'，'愁眉啼妆'，也说是亡国之兆。其实亡汉的何尝是女人！"《全集》第4卷第533页注【2】中注此句云：做"堕马髻""愁眉啼妆"的是东汉顺帝时大将军梁冀妻孙寿，而顺帝刘保是公元 126 年至 144 年在位，他已是东汉倒数第 6 个皇帝。[20]可见，鲁迅原文之“西汉末年”为笔误，应为“东汉末年”。《全集》此注，应点明此为鲁迅之笔误。

十五、关于鲁迅《同意和解释》的写作时间。《全集》第 5 卷中的《同意和解释》一文，文末标示的写作时间为九月三日，即 1933 年 9 月 3 日。张芸在《〈同意和解释〉的写作时间》一文中指出：鲁迅在此文中引述的希特勒的话是希特勒于 1933 年 9 月 5 日在纽伦堡国社党大会闭幕式上的演说，同日国社党机关报《人民观察家》对这一演说做了报道。[21]鲁迅在希特勒演说前两天，即 9 月 3 日怎么会知道希特勒在 9 月 5 日讲了些什么？《全集》此处应设注加以说明。

十六、关于“恨事”。《全集》第 11 卷第 330 页，鲁迅 1904 年 10 月 8 日致蒋抑卮信最末一句是：“恨事！恨事！”例版《鲁迅全集》皆如此。可是鲁迅此信手稿就一个“恨事”，不知为什么又加上一“恨事”[22]。鲁迅手稿“恨事”后有一个符号，难道这一符号就代表对前文的重复？1904 年，大约尚未实施现在这样的标点符号，只有极个别地方有类似现在顿号或一个挑的，或类似现在句号的。此号代表什么，是代表“同上”之意，恐怕缺乏根据。即使有代表“同上”之意，也不应将此符号径改为“恨事”二字。

十七、关于“载在”二字。《全集》第 4 卷第 187 页鲁迅有一段话：“我所译著的书，景宋曾经给我开过一个目录，《关于鲁迅及其著作》里，但是并不完全的。这回因载在为开手编集杂感……”

这几句话不通，第二句和第三句之间好像缺点什么，“目录，《关于鲁迅及其著作》里”缺一个前置词“在”字；最末一句中的“载在”又是多余的，“载在为开手编集杂感……”完全不通。强英良在《〈鲁迅全集〉第四卷的一处错简》一文中指出了这一错误，并说“载在”二字应在《关于鲁迅及其著作》之前，为错排，并说 1958 年版和 1973 年版《鲁迅全集》，“载在”二字正是放在“关于”之前，“因为”二字中无“载在”。

笔者还可以举出另一根据:《三闲集》初版本鲁迅这一段话就是这样的:“所译著的书,是宋曾经给我开过一个目录,载在《关于鲁迅及其著作》里,……。”[23]强先生是为指出 1981 年版《鲁迅全集》此处之误的,想不到《全集》出版后此处仍是修旧如旧,着实令人欷歔不止。

十八、是“芙”还是“英”? 关于汪瑔,《全集》只有一个注,即第 9 卷第 263 页注【11】,此注云,汪瑔“字芙生”。顷读裘士雄《鲁迅与他的乡人》(九): 汪瑔“字玉泉又字英生”[24],裘先生在他的《人品艺品兼优的汪瑔》,称汪瑔又字英生。显然,裘士雄以为汪瑔字英生是不错的,那么,这就有可能是《全集》的手民之误: 将“英”字误认为是“芙”字,二字字形十分相近。裘先生之说当为可信。

十九、“斐君”哪去了? 鲁迅日记书信中多次出现“斐君”这一名字。日记中的“斐君”均指川岛夫人孙斐君,书信中的“斐君”则是指蔡斐君,即蔡仪之弟。这两个“斐君”是两个人。但《全集》第 18 卷却无“斐君”这一词条。第 18 卷之《人名注释索引》应对《全集》出现的人名包罗无遗,“斐君”应设两个词条:“一注斐君,见孙斐君;一注斐君: 见蔡斐君”,这才是合适的。

二十、“苏夫人”哪去了?《全集》第 12 卷第 110 页注【8】,有“苏夫人”这一词条,按《全集》通例,此一词条应收入第 18 卷《全集注释索引 · 人物类 · 人名》中,可第 18 卷此索引中却根本没有“苏夫人”这一词条。《全集》此处应设注,条文为:“苏夫人,见苏梅。”

注释:

［1］见总第 18 期《绍兴鲁迅研究专刊》,第 110 页,1997 年 6 月 15 日印。

［2］张杰:《鲁迅与夏曾佑》,《上海鲁迅研究》,上海社会科学院出版社 2010 年版,第 95 页。

［3］罗孚:《这是徐讦的文章》,《上海鲁迅研究 2008 年冬》,上海社会科学

院出版社 2009 年版,第 64 页。
[4] 柳和城:《新版〈鲁迅全集·日记〉人物注释》,《鲁迅学刊》1988 年第 2 期。
[5][7] 裘士雄:《鲁迅作品中的人物介绍》,《鲁迅研究月刊》2008 年第 7 期。
[6][8][26] 裘士雄:《鲁迅与他的乡人》,西泠印社出版社 2014 年版,第 11 页,第 103 页,第 93 页。
[9][11] 孙吉生:《我的外公荀克嘉》,《鲁迅研究月刊》2006 年第 11 期。
[10]《中国近代史历表》,三联书店 1953 年版,第 77 页。
[12] 裘士雄:《〈鲁迅全集〉注释补正(续三)》,《鲁迅研究月刊》2003 年第 4 期。
[13] 见总第 25 期《绍兴鲁迅研究》第 109 页,2003 年版。
[14] 裘士雄:《〈鲁迅全集〉注释补正(三)》,《鲁迅研究月刊》2002 年第 10 期。
[15] 王凯:《口水民国》,团结出版社 2014 年版,第 23 页。
[16] 见《团结报》1992 年 1 月 21 日。
[17]《中国现代作家传略》(上),四川人民出版社 1981 年版,第 211 页。
[18] 总第 3 期《上海鲁迅研究》,百家出版社 1990 年版,第 128 页。
[19] 唐天然:《〈鲁迅全集〉补注二则》,《鲁迅研究》1982 年第 11 期(中国人民大学复印资料),第 78 页。
[20]《辞海》第 2092 页,上海辞书出版社 1980 年版。
[21] 张芸:《〈同意和解释〉的写作时间》,《鲁迅研究月刊》2004 年第 9 期。
[22]《鲁迅手稿全集》第 1 册第 6 页,文物出版社 1978 年版。
[23] 1932 年 9 月北新书局版《三闲集》初版本第 206 页。
[24] 裘士雄:《鲁迅与他的乡人(九)》,《绍兴鲁迅研究 2011》,上海文艺出版社 2011 年版,第 116 页。

也谈《自嘲》

徐晓光

2018年，在绍兴鲁迅纪念馆的鲁迅生平事迹陈列大厅的影墙上，因鲁迅的一首《自嘲》诗而引发了一场争议。笔者为此查阅了众多资料，咨询了全国各地收藏鲁迅手稿的博物馆（纪念馆），终于将鲁迅《自嘲》诗的几个版本及其背后的故事予以厘清。

1932年10月5日晚上，郁达夫、王映霞夫妇因其长兄郁华自北平调任江苏省高等法院上海分院刑庭庭长，在上海聚丰园设宴为兄长洗尘祝贺，并邀请鲁迅夫妇、柳亚子夫妇、林微音等作陪。那段时间因海婴身体有恙，鲁迅和许广平一直奔走于医院和诊所之间，许广平也为了照顾病中的海婴，没有参加此次宴请，只有鲁迅独自出席。

在席间闲谈时，郁达夫向鲁迅开了一句玩笑说："你这些天来辛苦了吧。"

鲁迅微笑着应答道："我可以把昨天想到的两句联语回答你！'横眉冷对千夫指，俯首甘为孺子牛。'"

此联中的"孺子牛"出典于《左传·哀公六年》，说的是：齐景公溺爱儿子，自己四肢着地，做牛状，让儿子骑在上面，口里还衔着一根绳子，让儿子像牵牛一样牵着，儿子不小心从他背上掉下来，绳子竟把他的牙齿给扯断了。鲁迅也十分宠溺孩子，特别是对体弱多病的海婴，有求必应，别人讥笑他，他便用这首诗诠释了他浓浓的父爱。

“看来你的‘华盖运’还是没有脱?”郁达夫又打趣道。

“给你这样一说,我又得了半联,可以凑成一首小诗了。”鲁迅说。

散席之时,郁达夫拿出一幅素绢,请鲁迅将刚才即兴之诗联题于绢上留念。“横眉冷对千夫指,俯首甘为孺子牛”,联句上角还注了“达夫赏饭,闲人打油”八个字,以纪念这是郁达夫请客时所写。在此前不久,鲁迅将刚出版的杂文集名为《三闲集》,所谓“闲人”,无疑是鲁迅的自嘲和自谦。这幅鲁迅手迹现藏富阳郁达夫纪念馆。

1932 年 10 月 12 日《鲁迅日记》记载:“午后为柳亚子书一条幅,云:‘运交华盖欲何求,未敢翻身已碰头。旧帽遮颜过闹市,破船载酒泛中流。横眉冷对千夫指,俯首甘为孺子牛。躲进小楼成一统,管他冬夏与春秋。达夫赏饭,闲人打油,偷得半联,凑成一律以请’云云。”离上次赴郁达夫宴请已过去一周了,应同席的柳亚子先生之请,鲁迅提笔将那天的“半联”凑成七言律诗,亲自书写在长约 4 尺、宽约 1 尺的条幅上,连同一本《士敏土之图》寄赠给柳亚子先生。

1932 年 7 月,为营救牛兰夫妇,鲁迅、郁达夫、柳亚子等 36 位文化名人联名致电国民政府。促成牛兰夫妇保释,柳亚子将鲁迅喻为梁山泊三十六天罡中的灵魂人物——“玉麒麟”卢俊义。柳亚子一生倾慕鲁迅,他在《新文坛杂咏》组诗中,写了一首诗给鲁迅:“逐臭趋炎苦未休,能标叛帜即千秋。稽山一老终堪念,牛酪何人为汝谋。”因此,在郁达夫的晚宴上,使两位神交已久的友人终于得以见面。柳亚子便请鲁迅赐其墨宝。而此诗的第一句“运交华盖欲何求”正是鲁迅从郁达夫处“偷得半联”的“华盖”之喻以成诗。1950 年,柳亚子回忆起鲁迅手书条幅相赠的往事,写了一首饱含深情的七绝:“崔颢题诗在上头,谪仙才调岂终休。难忘二十年前事,温峤甘居第二流。”1954 年 2 月,柳亚子先生在这幅诗塘题词后捐赠给了国家，“此为鲁迅先生在上海时亲笔题赠之作，其诗万口争传，对广大人民群众起极大的革命教育作用，具有深远的历史意义。余宝藏至今，悬诸座右，兹逢全国人民慰问人民解放军盛典，中国国民党革命委员会全体同志愿以此幅献之于中央人民政府人民革命军事委员会、毛主席、朱总司令以表崇敬之忱。此举深获我心，引为光荣，特掬诚奉献并恭志数语云尔。一九五四年二月二十日柳亚子敬题”。此珍贵大轴现藏北京鲁迅博物馆。

鲁迅在 1932 年 12 月 21 日日记中写道：“为杉本勇乘师书一箑。”日记中所指的杉本勇乘师系日本真言宗僧侣，故鲁迅称之为“师”。箑即扇子，这里所指扇面。1932 年 4 月至 1933 年 3 月，年轻的杉本勇乘法师为佛教事务来中国，住在上海武昌路日本东本愿寺。因常去附近的内山书店漫谈，经内山完造介绍，与鲁迅先生相识。由于杉本爱好文艺，又是短歌作者，常常在内山书店与鲁迅、郁达夫、田汉等文化人切磋、交流文艺、小说、诗歌方面的事情。有时，也与鲁迅谈日本与中国的关系，以及他本人的处境，给杉本极大的影响，使他弄懂了许多道理。

杉本勇乘法师在晚年再次重访上海鲁迅故居时，拿出一张照片，深情地回忆说：“这是鲁迅先生亲笔书写的一首诗，写在一个扇面上的……几十年来，我将鲁迅先生亲手送给我的这些照片和这两幅书法视为最珍贵的纪念物保存起来。”泛黄的照片上题的正是之前写给柳亚子的那首七律诗，只是将诗中的“旧帽遮颜过闹市，破船载酒泛中流”改成“破帽遮颜过闹市，漏船载酒泛中流”；“横眉冷对千夫指”中的“对”字改成了“看”字。诗末题款“未年戏作录呈　杉本勇乘师法正”。这首七律诗正是 1932 年郁达夫赏饭，闲人打油，鲁迅偷得半联，凑成一律的那首诗作。正如诗末所题，因是当年的戏作，在录呈送人之际，鲁迅对其作几处修改。旧帽未必破，破帽一定旧；破船未必漏，漏船更危险。两个字的改动,程度加深,更能表现当时鲁迅在反动统治下的艰难处境。杉本勇乘对鲁迅十分敬仰,带着鲁迅送他的墨宝和照片回国后,写了一本《忆鲁迅的话》,直到47年后再次访问上海鲁迅故居,依旧怀念鲁迅的诚挚情谊。

《集外集》是鲁迅第一本亲自参与筛选、改定、作序的佚文集,由杨霁云担任编辑,上海群众图书公司1935年5月出版。书中收录了鲁迅1903—1933年间所作的杂文、新诗和旧体诗等未被收录过的作品。

1932年起,杨霁云凭着热爱鲁迅著作的感情,搜集、抄录鲁迅未收集的作品,得到了鲁迅大力支持。1934年12月,杨霁云写信给鲁迅,希望能将近几年的诗作编入佚文集。鲁迅在12月9日的回信中答复:"旧诗本非所长,不得已而作,后辄忘却,今写出能记忆者数章。"并在信后附录四首旧体诗,其中便有那首七律诗,并添加了题目为《自嘲》。但诗的内容又略作修改,将"横眉冷对千夫指"中的"看"改回了"对"。之后,杨霁云将四首旧诗都选入了《集外集》中,出版之前,鲁迅还书写了四幅旧诗的墨迹作为卷首页的插图。如今,书信和墨迹都珍藏在北京鲁迅博物馆。

一首诗书写了四次,送给不同的朋友,每次都有修改。这种反复的修改,既是对词句的反复推敲和斟酌,亦是对自我形象的不断修正。"自嘲"的释义:自我嘲笑,自我解嘲。鲁迅在这首诗中戏嘲的对象是自己,是嘲笑那个不被世人理解的"我",但又不在乎外界的一切责难以及种种不测的厄运,做好了冷对一切的心理准备——面对黑暗的人世间,摆出了冷对的姿态,以一种遗世独立的姿态来抗衡整个世界,用诗句进行了自我解嘲。

现在我们所看到鲁迅创作的旧体诗中,有相当一部分诗作有不同的版本,也就是存在不少字词乃至句子的修改。《自嘲》就是这种情况,为区分诗作的版本,鲁迅研究专家根据手稿留存的形式,给予了不同的名称:其一,鲁迅书写题赠的诗作,一般在日记中会有记录，简称为“日记版”，如赠送给柳亚子先生的那幅轴；其二，为编辑《集外集》，鲁迅致杨霁云的信中抄录了诗作，称为“书信版”；其三，专为他人题写，又不在日记中记录，称为“题赠版”。为什么同一首诗会有不同的版本呢？还是要从鲁迅的创作态度说起，虽然鲁迅对自己的旧诗评价不高：“其实我于旧诗素未研究，胡说八道而已。”但他在诗作发表之前或编集之前，都会亲自修订，并加上诗题，可见内心里还是相当重视这部分创作的。而郭沫若对鲁迅的诗作亦有如下评价：“鲁迅先生无心作诗人，偶有所作，每臻绝唱。鲁迅先生亦无心作书家，所遗手迹，自成风格。”

域外择枝

关于鲁迅对中医中药的看法(下)

丸尾 胜

三、许广平与周海婴眼中鲁迅对中医中药的看法

(一) 从许广平看来

许广平在《追忆萧红》中关于1933年以后的事情说:许广平为了治白带每天去医院,可是怎么也治不好,于是她偷偷买了几粒"白凤丸",服了几粒就发现有效,再买了几粒"白带丸"服下,再服了几粒"白凤丸",白带病就治好了。"鲁迅先生是总不相信中医的,我开头不敢告诉他,后来医生叫我停止不用去治疗才向他说。再看到我继续服了几粒白凤丸居然把患了几个月的宿疾治好,鲁迅先生对于中国的经验药品也打破成见,而且拿我这回的经验告诉一些朋友,他们的太太如法炮制,身体也好起来了。"[1]许广平说鲁迅不相信中医,还有认为他不认可像"白凤丸"这样的中药的功能,这么说鲁迅不仅不相信中医,而且不相信中药。她说鲁迅认可她买来的药品的效果,这就是认可中药的功能,不等于认可中医的有效。

在本论(上)第二节(6)中,已经叙述了鲁迅在《经验》(1933)中说他才认识了《本草纲目》中的大部分中药的有效。许广平在《略谈鲁迅对祖国文化遗产的一二事》(1956)中,对于鲁迅对中医中药的看法的质问,根据《经验》的文章与别的医药,回答鲁迅并

不否定中医中药。[2]但是,《本草纲目》是关于中药的书,其他提到的医药也是中药,这些可以说是对中药的评价,却不能说是对中医的评价。在鲁迅的《经验》中写着“药品”“药物”与“医药”,然而许广平写的文章上写着“中医中药”,所以须区别中医与中药。再说,所谓中医,设诊察、辨证、施治与处方的领域,各自具有基础理论与方法论的一大体系,无论如何不能说鲁迅就认可这个体系。

接着,许广平在上述著述中写道:鲁迅跟周建人关于从植物学到《本草纲目》谈话,还有关于生药治急病见效等谈话。鲁迅称赞在《验方新编》中的一些药方,亲自介绍一位朋友用它治疗孩子的疝病,鲁迅用一种简单的民间药物治疗好了他患的“抱腰龙”病。可惜许广平忘记了这些的药名。鲁迅亲眼看到“白凤丸”对妇科病有效以后,他热心地向朋友介绍。他有时在医学刊物上写过中医中药治病有效的点滴经验的话。接着,他提到了关于“草头郎中”的医生,说他们用简单的生药治病,往往有非常好的效果,但是,这些医药,因为没有得到重视,所以不能更大地发挥作用,或者因为年久失传而湮没无闻,对这一点他曾深表惋惜,没有人来对它加以整理研究,是一个很大的损失。[3]这些《验方新编》中的医药、“抱腰龙”病的药物、“白凤丸”“草头郎中”用的生药都是药物,如上所述,鲁迅倾向于认可中药的效果。他特别高度评价为了民众认真地服务的“草头郎中”的态度,这表明他重视人的态度。他说应该把他们用的生药科学地整理、继承并应用,这样的见识表明他对中药的评价。另外,介绍点滴经验的医学刊物不明。

(二)从周海婴看来

鲁迅的儿子周海婴对鲁迅的中医中药的看法怎么样?在《鲁迅并不反对中医》中,全国政协委员周海婴接受国家中医管理局的记者采访时,他回答;“我父亲并不反对中医,反对的只是庸医。……并不是说我们家里不吃中药,不看中医。”[4]许广平服用鲁迅买来的“乌鸡白凤丸”，很快见效。周海婴患了过敏性哮喘，往背部的穴位贴中药三年痊愈了，他的慢性胆囊炎也吃中药治好了。传统的中药是我们祖国医药珍宝。[5]周海婴说鲁迅买来“乌鸡白凤丸”，这是许广平亲自偷偷地买来的。他说，患哮喘贴中药三年就治愈了，然而他在《鲁迅与我七十年》中说贴中药，有时有效，有时没有效，或并没有效[6]，说得不同。这些龃龉让人感觉他的话好像是应付话似的。周海婴的回答中所举的例子是在家吃了中药、“乌鸡白凤丸”、膏药与用胆囊炎的中药，这些都是药物，不是中医的例子。鲁迅认可的是中药的效果。接着，周海婴说他们家里并不是不看中医。到鲁迅逝世为止应该是鲁迅选择给周海婴看病的医生，但查阅《鲁迅日记》却找不到给他看中医的记录。在《鲁迅日记》与其他的作品中，记载着一些中国人医生。在本论文(上)第二节(五)已经引用了，在《从〈胡须〉说到〈牙齿〉》云：“我才正式看中医，服汤药，可惜中医仿佛也束手了。”[7]这个中医，根据《鲁迅日记》从1913年到1916年是徐景文，1917年、1919年与1923年是陈顺龙，这时周海婴还未出生。鲁迅对这两个医生抱有不满，从1923年看伊藤牙医好多次。徐景文是从美国的医科大学毕业，陈顺龙采用西式，使用西式镶牙的技术，不知道能否说这两个人是中医。不管是哪一个，都与周海婴毫无关系。鲁迅请学了西医的陆炳常给母亲看病时，周海婴还未出生。邓梦仙是世界语学校的校医、西医，汤尔和是在日本学了医学的西医。周海婴说免费给他看病的高镜朗是在欧美学的儿科医，如果病人家庭生活困窘他就免费诊察。许广平母子收入很少，而且要给鲁迅的母亲与朱安寄生活费。这些受诊是鲁迅逝世后的事情。

鲁迅在世时，周海婴没接受过中医的诊察。鲁迅逝世后，许广平会带着周海婴请中医看病，或者她自己也会请中医看病。关于鲁迅请看病的医生，在《第五节(一)鲁迅请医生看病》中再作说明，鲁迅接受诊断的中医很少。他对两个牙科医生怀有不满，而且，不知道能否说这两个是中医。还有，他打算接受日本人医生的诊断，不巧那个医生不在，所以才不得不去看中医的。也就是说，基本可以说鲁迅为自己几乎从来没接受过中医的诊断，为了给周海婴看病没选择过中医，从这样的情况可见鲁迅对中医持否定的态度。

四、《本草》等的医学关系书籍

关于《狂人日记》(1918)中的“本草什么”，在本论(上)第二节(四)与注释[26]已作说明，鲁迅1918年前阅览了《本草纲目》与《本草拾遗》。

在《“以震其艰深”》中，关于“钩辀格磔”的词以及关于《论照相之类》中的经水、精液、毛发、爪甲、大小便和臂膊上的肉的效果，笔者推测鲁迅必定查阅过《本草纲目》吧。在1923年的《鲁迅日记》上写着“买景元本《本草衍义》一部”。在《〈小约翰〉动植物译名小记》中，鲁迅直接引用了陶弘景编著《本草别录》，还有，在前文所述的《经验》中，直接引用了《本草纲目》，并在《推背图》中，引用了本草学者写的文章。在《理水》中，介绍著《神农本草》的学者的学说。就这样，鲁迅很早阅览了《本草纲目》与各种《本草》。鲁迅几经周折在《经验》上好容易才言及对中药的评价吧。

在《鲁迅手迹和藏书目录》与《鲁迅目睹书目》的两本书中，对关系到中医中药的书籍提示《支那中世医学史》的医学史书[8]。接着，在《鲁迅目睹书目》中提示《汉药写真集成》的中药资料书[9]，这本书的书目在1930年的《鲁迅日记——书帐》上也可以确认，记载着“雷丸”与“猴枣”等的中药的说明文以及照相与图画。另外，在本论文(上)第二节(二)中，有对《人生象教》的参考书提到的很多的日本医学书。这些日本医学书都基于西洋医学。

在1912年后的《鲁迅日记——书帐》中记载着《最新生理学》《生理学粹》《Der körper des Menschen》《细胞学概论》《人体解剖

学》《生理学》(上)《医学烟草考》《桥田氏生理学》《人体寄生虫通说》《比较解剖学》这些日本医学书与西洋医学书。所以,鲁迅与医学有关联的藏书,除了一本中国医学史书与一本中药的资料书以外,其他都是基于西洋医学的很多的日本医学书。

五、鲁迅请医生看病以及鲁迅亲自治疗病

(一) 鲁迅请医生看病

如果知道鲁迅在哪位医生那里接受了诊断,就能知道鲁迅对医学与医生的看法。接受诊断,大都是鲁迅自己与他的家属接受诊断,也有鲁迅接受亲戚、朋友与朋友的家族等的拜托,跟他们一起受诊的时候,也有为了逃难而躲到医院的时候。

关于给鲁迅父亲看病的中医们,在本论文(上)第二节(一)已经说明了。给童年时代的鲁迅看病的医生不明,应该不是西医吧。何廉臣给鲁迅父亲以及他身边的人们看病。鲁迅的叔父周冠五在他著的《回忆鲁迅房族和社会环境35年间(1902—1936)的演变》中说,鲁迅的祖父周福清出狱后也接受何廉臣的诊断,可能因误诊而逝世了,接着喜好医学的周冠五的父亲虽然对何廉臣的诊断有所怀疑,最终还是接受他的诊断而逝世了,也有跟他们一样接受何廉臣的诊断而逝世了的亲戚[10]。还有,周建人说他祖母蒋氏也是接受了何廉臣的诊断而逝世了的[11],这些事情鲁迅也知道吧。鲁迅的舅父鲁怡堂有中医知识,给发高烧且哮喘症状很厉害的周建人治疗,但当周作人拜托他给四弟周椿寿看病时,却对病束手无策。鲁怡堂也没能医治自己的病,他的弟弟、有中医知识的鲁寄湘对他的病也没法子,亲戚外科医生的李介甫也对他的病放弃了治疗[12]。对四弟看病的事情,疼爱四弟的鲁迅当然是知道的吧。而鲁怡堂的看病,鲁迅以前住在鲁怡堂那儿,所以当然是知道的吧。

根据《绍兴通史》记载，1903年美国人传教士高富林第一次来到绍兴开设西医医院[13]，鲁迅1902年出去留学了，当时不在中国。

鲁迅1898年上南京的学校，1902年到日本留学。1906年鲁迅离开仙台，为了跟朱安结婚回国，后带周作人再去日本。关于从1898年到1905年的鲁迅的动向，根据周作人著的《旧日记的鲁迅》就大概知道，但是，这本书好像有缺乏的地方，没有关于鲁迅接受诊察的记述[14]。从1905年到1912年4月的事情不明白。

1912年5月以后的事情，按照《鲁迅日记》可以调查，也可以利用《鲁迅全集注释索引——人物编》与《鲁迅日记——人物注释》。以下，只写下有关系的。

从1912年到1926年期间就是鲁迅的北京时代。在第三节(二)中已经叙述了，鲁迅牙齿不好，从1913年到1916年接受了牙科医生徐景文的诊断。徐景文从美国的牙科大学毕业后，在王府井开设牙科医院。1917年、1919年与1923年鲁迅接受牙科医生陈顺龙的诊断，陈顺龙采用西式，使用西式镶牙的技术。这两个医生正是鲁迅所说的“我才正式看中医，服汤药，可惜中医仿佛也束手了”中的中医，但是，不知道能否说他们是中医。鲁迅对两个医生抱有不满，从1923年请伊藤牙科医生看病好多次。

谈到鲁迅看病，他1912年8月咳嗽，去池田医院看病，之后继续到池田医院去看病。第二年回到绍兴时，请学了西医的陆炳常给母亲、丰丸与芳子看病。1914年鲁迅访问池田医生，池田不在，于是在旁边的北京医院请侯希民看病。1916年，鲁迅的外甥阮久荪在池田医院看病，他被称为《狂人日记》中的狂人的原型。鲁迅请汤尔和开处方，汤在日本学了医学，是北京医学专门学校校长。1917年为了周作人请德国医院的Dr. Grimm与Dr. Diper出诊。1919年卖掉在绍兴的家宅，在北京购买住房，把家属请来到北京。1920年鲁迅让周建人的儿子沛住在日本人设立的同仁医院。同年7月由于直皖战争让家人在同仁医院避难。从1920年到1926年鲁迅与他的亲戚朋友们常常去山本医院，比如说，周作人1921年患肋膜炎住在山本医院，鲁迅1925年患肺病定期去山本医院看病，1926年请山本医生给鲁迅母亲看病两次等。在本论文(上)第二节(六)已经叙述了，1924年世界语学校校医邓梦仙把鲁迅的腰窝疼诊断为肋膜炎，但山本医生说不是肋膜炎，是神经痛。虽然是西医，但不能说西医都一概好。1926年由于三一八事件鲁迅全家离开家避难到山本医院、德国医院与法国医院。

同年鲁迅离开北京，经过厦门与广东，最后定居在上海。1927年在佐藤牙科医院治牙齿。1929年去北京探亲时，在伊藤牙科医院治牙齿。1929年在宇都牙科医院由于牙床的肿胀接受切开患部的治疗。1930年在上海牙科医院请高桥医生拔掉残余的所有的牙齿，之后进行治疗。鲁迅还曾陪同王蕴如去上海牙科医院看牙。高桥牙科医生访问过鲁迅家几次，鲁迅也访问过高桥医生家。1932年鲁迅在前园牙科医院请修理假牙。

说起鲁迅的疾病，他1928年、1929年在日系综合医院的福民医院看病，从1930年在石井医院继续接受诊断。鲁迅把一本书赠给被称作“医生歌德”的石井医生。鲁迅把石民介绍给平井博士，自己也接受诊断。1932年鲁迅陪伴王蕴如的女儿去篠崎医院，同时为了许广平请了篠崎医院的医生出诊。鲁迅去北京探望母亲时，请同仁医院的塩沢博士为母亲出诊。在鲁迅1934年给许寿裳寄的信中，写着鲁迅陪伴许寿裳的妻子和他的女儿世瑒去篠崎医院，篠崎医生说世瑒的眼病不是中国人医生所诊断的沙眼[15]。1935年鲁迅陪伴许寿裳的女儿世瑛去晴明眼科医生那儿。1936年鲁迅为了许寿裳的妻子和弟弟冒病给须藤医生写了介绍信。

周海婴1929年出生在日系综合医院的福民医院。鲁迅还给了为儿子助产的福民医院妇科的久米医生一笔礼金。同年周海婴在福民医院继续接受诊断。之后，从1930年始，平井博士一直给周海婴看病，直到他 1932 年回国，从 1932 年 5 月开始篠崎医院的坪井医生继续给周海婴看病。

另外，篠崎医院的冈本医生也给周海婴看过病，津岛助产士为王蕴如助产，福民医院的小儿内科医生给鲁迅朋友的孩子看过病，妹尾医生代替须藤医生给鲁迅看过病。

还有，史沫特莱女士（Smedley）带来的美国肺科医生邓（Dunn）医生给鲁迅看过病。接着，成为鲁迅最后主治医生的须藤五百三医生 1933 年给周海婴看过病。在鲁迅逝世的两天前即 1936 年 10 月 17 日的《鲁迅日记》里，记载须藤医生给病危的鲁迅看病的事。在内山完造著的《鲁迅の思い出》中，记载鲁迅逝世的前一天 18 号早上与下午须藤医生出诊，夜里须藤医生与石井医院的石井医生一起看病，病情没有恢复，19 号须藤医生接通知后急忙赶到，但没有赶上鲁迅的临终。[16] 史沫特莱女士带来了邓医生，所以鲁迅不得已承诺他看病，鲁迅没想听取周围人说请中医看病的劝告，把写着“電話デ須藤先生ニ頼ンデ下サイ。早速ミテ下サル様ニト。（拜托你给须藤先生挂个电话，请速来看一下）”的便笺递给了内山书店的内山完造[17]。好像泉彪之介详细地讲的那样，在中日关系恶化的情况下，邓医生、松井医生与石井医生一起给鲁迅看过病，原来是军医的日本医生一直给鲁迅当主治医生，而鲁迅倏然去世，这些让周建人和许广平等对须藤医生抱有怀疑和不满。[18]

如上所述，鲁迅，在北京时代与上海时代，几乎都是请日本医生看病，还有把日本人医生介绍给亲戚和朋友等。周海婴在日系医院出生。鲁迅从周海婴出生到鲁迅逝世给周海婴看病的医生都是日本人。

鲁迅请看病的中国人医生有侯希民，原来是打算接受日本人医生的诊断，不过是因为日本医生不在的情况下才去看的，所以只能说是代诊。还有鲁迅回绍兴时请陆炳常给母亲等看病，陆是学了西洋医学的。之后，鲁迅请了日本人山本医生和塩沢医生给母亲看病。两个牙科医生，一个人是徐景文，他是从美国牙科大学毕业，另一个是陈顺龙，他使用西式镶牙的技术。鲁迅对他们两人的评价不高。鲁迅把两个称为中医，但是，不知道能否说他们是中医。邓梦仙应该算是西医吧，但鲁迅对他的诊断怀有疑问，即使是西医，不一定好。汤尔和是在日本学了医学即西洋医学的。晴明眼科医院，是鲁迅推荐的，而且中医不擅长眼科，所以可以说是西医。这样，鲁迅以自己的意愿选择的中国人医生都是西医或者采用西式。不过，这些医生之中有鲁迅评价不高的。

另外，有德国人格林医生（Dr. Grimm）、狄博尔医生（Dr. Diper）和美国人邓医生。邓医生是不得已的情况下选择的。

如上所述，鲁迅以自己的意愿请看病的医生，大多是日本医生和欧美医生，鲁迅请看病的中国医生也都是西医或采用西式的医生。

（二）鲁迅亲自治疗

在《鲁迅日记》中写着鲁迅给自己治病时以及预防病时用的药品。胃痛和腹痛用姜汁液，发烧用规那丸，腹泻用水杨酸铋重碳酸钠，预防伤寒的药，病休后用兜安氏补肺药，燕氏补丸，背痛和肩膀痛用安替比林，背痛用松节油，发烧用蓖麻油，牙齿痛用硫酸镁，感冒用阿司匹林，燕医师强壮滋养药，侧腹痛用阿司匹林，腹泻用 Help（消化剂），胃痛用 Bismag（调整肠胃的药）等等。这些是多病的鲁迅对应急处理为了给自己治疗以及预防病用的药品。腹泻用水杨酸铋重碳酸钠、发烧用蓖麻油和牙齿痛用硫酸镁对对应症状的药品都是否合适并不清楚[19]。就这样，鲁迅用自己所有的医学医药的知识治疗自己的病或预防病。

在《鲁迅日记——1918 年》中，写着为了治疗周作人的头疼[20]，在日本人经营的信昌药房买了碘钾、苦味丁几、鸡那霜丸与燕医生除痰药。

在如上举的药品之中，中国传统药品是姜汁液和蓖麻油吧。规那丸原来是外来的药，兜安氏和燕氏药是向中国出口的西药吧。

鲁迅也给身体虚弱的周海婴治过病。周海婴在《父亲与我七十年》中如下介绍了他家里经常备有的一些日用药品与治疗器具等。外用药品是硝酸银液和药用甘油混合成的口唇溃疡药（日本医生配制）、颗粒状的结晶碘、用肿疮的细腻药粉、兜安氏驰名药膏（DOANS OINTMENT）、韦廉氏医生药局制造的如意膏、虎标万金油与兜安氏痱子药水。还有鱼肝油和咳嗽药水伯拉吐混合而成的口服药品。除了这些药品以外，很少买成药，亲戚中有病人，总是去医院检查或请医生到家里诊治，然后再按处方买药。除了药品以外，也购买一些简单的医疗器具。比如说，摄氏标准温度计、蒸气吸入器、通便用的玻璃注射器、纱布、绷带、镊子、剪刀等等。鲁迅使用这些药品和器具治疗。周海婴哮喘发作时，鲁迅就用重碳酸曹达和食盐的蒸气吸入法给他治疗。如果还不痊愈，他就用安福消炎膏的温湿布法。这两种方法都不如芥末糊，它的功能来得神速，这两种方法没效果的话，他就用芥末的温湿布的方法。如果发作不停的话，他就先把芥末涂在布上，把这块布直接贴在背上。以上方法都不奏效的话，就请医生出诊或到医院看病，这些在《鲁迅日记》中多有记载[21]。

这些药品、医疗器具、医疗用品，除了芥末以外，都是外来的或者在中国生产的外来物品吧。从鲁迅给自己和周海婴亲自治疗的这些事情，可见鲁迅具有医学的知识与心得，对各种症状能做出正确的治疗。

六、对别的传统文化的看法

省略

七、结束

《父亲的病》等回忆作品、《狂人日记》等小说作品、《随感录》等杂感文、在仙台学习西洋医学的事情、编著《人生象教》的课本、上生理学科的课、很多的关于日本医学的藏书、接受诊断的医生或绍介的医生、亲自用的药品与医疗器具等，无论从以上哪一点来看，或者，在童年时代、留学期间、北京时代还是上海时代，无论从以上哪个时代来看，都可以说鲁迅虽然经历了很多的曲折，犹豫不决，但始终对中医怀着不满与疑问，更看重西医。但是，鲁迅本来是希望接受中国人医生的诊疗的，可见他是非常关心自己国家的，爱自己国家人民的。他试过请中医看病，效果却不太好，于是失望了，对中医的想法与方法产生了怀疑，对中医的医疗态度抱有问题，加上个人的苦味的经验，促进着对中医的批判。这种对中医的批判成为鲁迅对旧文化的批判之一。加上，他具有关于医学的知识与心得，甚至于不请医生看病，主要用西药和医疗器具等治疗自己和他儿子。但是，要整体来评价中医，鲁迅讨厌中医，所以看中医的诊断的经验太少，还有，他对中医急于要求救命的功能与诊疗的有效性，这些不免成为问题。

然而，关于中药，鲁迅用传统药治疗、对《本草纲目》中的中药与特定的药物的评价很高、对草头郎中用的生药的评价很高以及将《药用植物》翻译成中文等，这几点显示出鲁迅有认可中药效果的意向，但是认可的并不是全部的中药。鲁迅这样批判中医、认可西医以及高度评价中药，这样的看法跟孙中山一样，西医余云岫拟定了中华民国政府卫生部1929年采纳的废止中医的原案，他也主张中药的科学分析，所以这样的看法不是鲁迅一个人独有的。

鲁迅对中医中药的看法有两种，一种是有无有效性与合理性，一种是从事人员的态度如何。即使说高度评价西医，也不是说西医就一定好。从事医务人员有无真正的想法与技术，有无邪心、虚伪与欺瞒，是不是纯粹地、准确地、坚持不懈地尽努力，对从事人员的这些看法就是鲁迅高度重视的。

鲁迅对医学医药很感兴趣，但他更注重的是人的态度。作为一个人，确立独立的态度是很重要的，鲁迅认为，看得见的，即形而下的，如果看不见的，即形而上的，就是人的态度没有确立的话，那么就不是真的，而是虚伪的或浅薄的。这可以说是一种立人思想。说起人的态度与中医中药的关联，人的态度可以在中医与中药的功能中显现出来。就是说，传统医学会被儒教与老庄思想等的多余的观念缠住，非合理的地方比较多，利欲等的不纯的东西会让人弄混乱。然而，从事于传统医药研究工作的人，好像草头郎中那样，是为了别人而牺牲自己的，是长年累月坚持不懈的，是纯粹和真实一路走来的，传统医药是这样的人们努力而来的结果。鲁迅不正是看到，传统医药还会有这样的一面吗？

注释：

[1] 许广平：《追忆萧红》(节录)，马蹄疾辑录《许广平忆鲁迅》，广东人民出版社 1979 年版，第 296 页。

[2][3] 许广平：《略谈鲁迅对祖国文化遗产的一二事》，马蹄疾辑录《许广平忆鲁迅》，广东人民出版社 1979 年版，第 373、374 页。

[4][5] 周海婴口述，柴玉巨锋记述：《鲁迅并不反对中医》，《中国中医药报》2008 年 3.月 3 日。

[6][21] 周海婴：《鲁迅与我七十年》，南海出版公司 2001 年版，第 24、170、20—24 页。

[7] 鲁迅：《从〈胡须〉说到〈牙齿〉》，《鲁迅全集》第一卷，人民文学出版社 1981 年版，第 248 页。

[8] 廖温仁：《支那中世医学史》(日语)，京都カニヤ書店 1932 年版。北京鲁迅博物馆编：《鲁迅手迹和藏书目录第三集日文部分》，1959 年，第 86 页。中岛长文编著：《鲁迅目睹书目——日本书之部》，1986 年，第 23 页。

[9] 中尾万三·木村康一编：《汉药写真集成》(日语)，上海自然科学研究所1929年、1930年。中岛长文编著：《鲁迅目睹书目——日本书之部》1986年，第24页。

[10] 周冠五：《回忆鲁迅房族和社会环境35年间(1902—1936)的演变》，人民文学出版社1959年版，第25、26页。

[11] [12] 周建人口述，周晔编写：《鲁迅故家的败落》，湖南人民出版社1984年版，第284、186、147、148、186页。

[13] 李永鑫主编：《绍兴通史》第五卷，浙江人民出版社2012年版，第490、491、494页。

[14] 周遐寿：《鲁迅小说里的人物　附录一旧日记里的鲁迅》，上海出版公司1954年版，第241—281页。

[15] 鲁迅：《341027致许寿裳》，《鲁迅全集》第十二卷，人民文学出版社1981年版，第550、551页。

[16] [17] 内山完造：《鲁迅の思い出》，社会思想社1979年，第25—29、25页。鲁迅递给内山完造的信也在《361018(日)致内山完造》《鲁迅全集》第13卷，第676页。

[18] 泉彪之介：《須藤五百三——鲁迅の最後の主治医》，《福井県立短期大学研究紀要10号》，1985年，第68、69页。

[19] 笔者看发烧用蓖麻油和牙齿痛用硫酸镁对对症状的药品都不合适。蓖麻油用腹泻，他吃药后腹泻两次。硫酸镁是泻下剂。

[20] 周作人：《周作人日记(上)》，大象出版社1996年版。周作人在1918年11月20日的日记中写着他头疼，21日吃了苦味丁几与燕医生除痰药。

与鲁迅同时代人研究

跟鲁迅的心相通

——巴金先生与中国共产党风雨同舟

秋 石

1927年的4月，当本名李尧棠的巴金他们一行人抵达巴黎不久，有关国内北伐胜利的消息，也及时地传到了法国。巴金和几位朋友经常就国内革命形势发展进程，讨论无政府主义者们应该发挥些什么作用。讨论的结果是，几个人将依据自己的观察、分析写下的文章，汇编成一册在国内出版，这就是同年晚些时候由上海民钟社出版的《无政府主义与实际问题》一书。李尧棠写的是其中的第二节，约7 000字，这是他在20世纪20年代最初的，也是最为重要的一篇政治性理论文章。由于巴金与君毅、惠林三位留法学生写成的这本小册子，戳到了蒋某人背叛孙中山遗训背叛革命的痛处，所以，当印行到第7版时，国民党政府以“煽惑军队”的莫须有罪名将其查禁。这使得巴金他们进一步认清了蒋介石的反革命真实面目，为日后不久义无反顾地加入中国共产党领导的、以鲁迅为伟大旗手和实际盟主的左翼文学运动，奠定了必然而又坚实的基础。

就在巴金他们完成《无政府主义与实际问题》的写作的同时，蒋介石悍然发动了“四一二”反革命武装政变，国民党立即宣布清党；当初里应外合，配合北伐军攻占上海作出了重大牺牲和贡献的工人纠察队被强行缴械，上海总工会被封闭，大批共产党人和倾向共产党的革命群众遭到捕杀。……所有这一切，都使得年轻的巴金更加思念祖国,心中无时无刻不在牵挂着国内这场革命与反革命之间的生死较量。而令他深感意外而又痛心的是,昔日朝夕相处的某些无政府主义者,在中国革命何去何从的危难时刻,却与刽子手成群的国民党反动派站在了一起。更甚之,竟然联名通电进行所谓“护党救国”。还有,特别使他失望的是,昔日好友竟然和赞成蒋介石清党的同盟会元老李石曾等人合作办起了一份所谓《革命》的周报,还居然写信到巴黎向他约起稿来。巴金立马表明了自己的严正立场:鉴于你们与反对革命的人合作已经堕落了,从今以后绝交!至于说到为你们写稿的事,则更不用提了。

到邮局寄完这封绝交信之后,巴金来到卢梭像前,他进一步感悟到:共产党人李大钊视死如归地走上绞刑架,临刑前为着自己的信仰和理想慷慨陈言,不啻是一个伟大的殉道者,值得每一个人为之钦佩和永远铭记在心中。

1927 年 4 月 29 日北京《晨报》报道如是称:

> 前日方传军法委审尚未开庭,而昨日下午党人二十名已被绞决矣。据云此次军法会审因所有案情经警察厅司法处审问整理,早已明晰,无再行详审之必要。……而前晚又得前方某重要将领来电,即前敌将士因讨赤而死者不知若干,今晚获赤党首要人物而不置诸法,何以激励士心?最妙者,闻南方某要人亦有电致在京某人,主张将所捕党人速行处决,以免后患。

而根据北平《晨报》报载这一有关李大钊死讯拓展的汉口《国民日报》的报道,更是直截了当地将原消息中所指的“南方某要人亦有电致在京某人”之说法,公开指名道姓为发动“四一二”反革命政变的北伐军总司令蒋介石和在北京的奉系军阀头子、北京军政府首脑张作霖。

汉口《国民日报》在转载来自这一“北京四月三十日快函”时，还特地予以注明一个事实：“记者按此讯甚确，二十九日北京《晨报》详载其事，惟改蒋介石三字为‘南方某要人’……”关押仅22天就加以杀戮等一系列血腥事件的发生，使得年轻的巴金一下子看透了蒋介石与清末民初的封建军阀们是一丘之貉的丑恶嘴脸。为此，义愤填膺的他一连气撰写了《空前绝后的妙文》《无政府主义党并不同情国民党的护党运动》《理想是杀得死的吗?》《反共与反动》《李大钊确是一个殉道者》等一系列旗帜鲜明战斗性极强的杂文，矛头直指与国民党合作并赞成“清党”的无政府主义者李石曾、吴稚晖等人，愤怒声讨国民党右派屠杀共产党人和革命人民群众的血腥罪行。从《无政府主义与实际问题》一文中欢呼北伐即将取得胜利时的“在我们不能消灭资本主义以前，对于打倒帝国主义的运动也不能反对。……我恨国民党，但我更恨北洋军阀，……国民党和北洋军阀不是‘一丘之貉’”有所区别的论断，到以蒋介石为首的国民党右翼势力发动屠杀共产党人的“四一二”反革命政变之后，拍案而起，奋笔撰写一系列旗帜鲜明的杂文，痛斥无政府主义叛徒李石曾等人的“拥护国民党的政权杀了些假共产党人便是‘大同革命’，便是‘社会革命’”的谬论，以及蒋介石之流接受已被推翻的北洋军阀的吹鼓手的恭维，及至最终为我所用，货真价实的一丘之貉的丑恶嘴脸。巴金在这些直戳蒋介石国民党法西斯右翼势力及其御用文人要害的鲁迅式杂文中，嬉笑怒骂，鞭挞邪恶与黑暗，不乏辛辣、尖刻无比的嘲讽。巴金先生写道：

据说李石曾先生的大文《现今革命之意义》“见者曾惊为近世罕见之文字”(见《申报》)，然而在学识浅薄的我，简直无法把它读下去。我只记得下面的两行：

第三层：阶级革命，或财产革命，或经济革命；

第四层：民生革命，或社会革命，或大同革命。

把社会革命或经济革命分开，又在阶级革命之外，创造出民生革命的名词。说“武汉之共产革命为第三层序”（其实武汉政府那一般人哪里会梦想到“共产”），“上海之护党为第四层序”。拥护国民党的政权杀了些假共产党人便是“大同革命”，便是“社会革命”，这样的社会革命真是别开生面。我做梦也不曾想到在上海已经发生了社会革命大同革命了。李先生的大文我不仅惊为罕见，而且觉得真是见所未见，闻所未闻，空前绝后的一篇妙文！（《空前绝后的妙文》，本篇发表于1927年8月1日美国旧金山出版的《平等》月刊1卷2期，署名黑浪）

国家主义者的首领们坐在租界里大骂共产党徒是卢布的走狗。自然共产党中有些为着卢布而去“革命”的人，但是其中却也有不少革命的青年。曾琦先生曾骂李大钊胆小，然而胆小的李大钊后来却以从容的态度，无畏的精神走上了绞首台，为主义而死。在法庭上那样慷慨申辩，临死时又如此勇敢！在主义上……；在行为上，我对于他却是极其钦佩。我确实恭敬他像一个近代的伟大殉道者。而那位曾琦先生呢？（《李大钊确是一个殉道者》，本篇发表于1927年8月1日美国旧金山出版的《平等》月刊1卷2期，署名芾甘）

国家主义者曾在孙传芳保护之下做过拥护国旗运动的。现在“孙联帅”既然“下野”，他们也只得看着青天白日旗之飞扬而空叹国魂之沦亡了。这也是他们“正人君子”的本色！

现在不料在国家主义的刊物上又登出了许多向蒋介石送秋波的文章。虽然何应钦“将军”对于国家主义之痛斥，他们还在尽力辩护。这样的忠诚也许可驾前朝曾文正公面上之。曾氏有知，亦当称赞他们的“玄孙”曾琦“克继祖业”了。

然而在大逆不道的我们看来，只知道国家主义者在捧蒋介石！（《国家主义者在捧蒋介石》，本篇发表于1927年8月1日美国旧金山出版的《平等》月刊1卷2期，署名赤波）

基于上述，我们完全可以这么认为，正是囿于国内蒋介石们对革命的彻底背叛，与对共产党人和广大革命群众展开疯狂大屠杀的血腥暴行，深深地教育了巴金，使得几个月前来法国抱着学经济的他，一下子改变了初衷，决心用自己手中的笔，为生养自己的祖国、民族和人民，呐喊、战斗、服务一生。这也就导致了他从法国回到祖国后，面对周遭国民党反动政权发动的对左翼文学运动实施疯狂围剿的白色恐怖氛围中，被人视作为个体，明哲保身形象的无政府主义者的巴金，自觉地、全身心地投入到以鲁迅为伟大旗手和主帅的左翼文学阵营中来。

其实，对于北伐战争，对于北伐战争与代表着全中国人民利益的中国革命之间的关系，从一开始，在巴金的头脑中，就有着极其清醒的认识的：

中国现在已进入了革命的时期了。中国现在的革命运动已不是国民党的运动，而是民众的革命运动了。许多万的工人罢了工，许多的青年跑到战场去作战，在白色恐怖之下，许多的革命者带有献身的精神去受死刑，去进监狱，要说他们完全是盲目的受着少数人的指挥，要说他们是妄想升官发财的人，要说他们是新的军阀的走狗，要说他们是纯正三民主义的信徒，要说他们想建设一个资产阶级的政府，我是绝对不相信的。国民军的北伐是一回事，中国的革命运动，又是一回事。一个半殖民地的国家谋脱离列强而独立的战争，虽然不是无政府主义者的目的，但无政府主义者也不反对，不过主张更向前走一点罢了。同样，在我们不能消灭资本主义以前，对于打倒帝国主义的运动也不能反对。……我们现在能把一个更好的东西给民众自然更好，否则，袖手旁观的空谈反对，在资产阶级的学者可以做到，但对一个革命家来说，这便是一种罪恶。……

总之，我们看问题要联系实际，不能空谈理论。对工人要求增加工资缩短工时的罢工运动，我们也要赞助，不能因为它不彻底而加以攻击。所以，作为革命家，对当前中国革命的漩涡，我们应该投身进去，不仅不应反对，就是袖手旁观也不应该。

巴金还着重强调道：不过有人主张参加国民党，我并不赞成。

巴金的上述论述，是何等的客观而又精辟啊！

显然，如果他没有对当时的中国社会现状进行过细致深入的调查与观察，没有研读马克思主义和共产党人的经典论著并加以自己独到的分析，是得不出上述有着如此前瞻性的结论的。如"中国现在的革命运动已不是国民党的运动，而是民众的革命运动了"。又如，巴金认为北伐战争仅仅是"一个半殖民地的国家谋脱离列强而独立的战争，虽然不是无政府主义者的目的，但无政府主义者也不反对，不过主张更向前走一点罢了"的论断，雄辩地阐述了他的根本主张，即在消灭资本主义之前，也需要同时展开打倒帝国主义的斗争。由此可见，时在法国留学的巴金他们主张的这个目标，正是无产阶级的政党——共产党所要谋求实现的目标。

无独有偶，当巴金在法国巴黎寓所奋笔写出《无政府主义与实际问题》论著和一系列愤怒声讨蒋介石背叛革命大肆屠杀共产党人檄文的同时，在祖国南都广州，面对蒋介石发动的"四一二"大屠杀和蒋介石在广州的同伙、国民党极右翼戴季陶之流发动的"四一五"大屠杀，在这之前早已与中国共产党两广区委负责人有所往来且心心相印的中国新文学之父鲁迅，挺身而出，如同一名迎着枪林弹雨冲锋在前的无畏战士，怒斥国民党右翼势力人性丧失殆尽的卑鄙残酷暴行。他不但运用自己的特殊影响力和独特的地位，出面召集中山大学主任教授参加的临时紧急会议，呼吁营救被捕的中山大学的包括优秀共产党人在内的进步学生，而且还不顾自身生命危险，于广州“四一五”大屠杀大逮捕的第二天，独自一人前往临时关押被捕学生的南关戏院探视慰问，并捐款大洋十元，声援学生们的正义斗争。营救失败后，他毅然置学校当局的再三挽留于一边，不屈不挠地与国民党控制的校方展开了长达两个多月的拉锯战，直到最终辞去自己担任的中山大学中文系主任和教务主任两大教职，以示抗议。

鲁迅对反动当局的抗议，以及关注被捕学生的作为，一直持续到他获知自来广州后与他保持着密切关系的两广区党组织联络员的毕磊确已被国民党反动当局杀害的消息为止。随后不久，鲁迅怀着极为悲愤的心情，奋笔撰写了《怎么写》一文，从中寄托了他对年轻的共产党员毕磊的深切悼念。

在听到毕磊惨烈牺牲的不幸消息之后的很长一段时间里，鲁迅先生一直处于一种极度悲愤的状态中，以至于到了食之无味、夜不能寐的焦虑境地(相隔四年后，这种情形再次出现，是在又一位共产党人的青年前驱者、“左联”先锋骨干柔石遭秘密杀害之后)。鲁迅不止一次在同住白云楼寓所的老友许寿裳面前，提及毕磊这位年轻的、“瘦小精悍”的湖南籍共产党员。鲁迅异常痛楚地说道：“毕磊死了，是被铁链锁住了弄死的……”

谈起当年鲁迅缘何坚辞中山大学教职一事，许寿裳在其《亡友鲁迅印象记》一文中，以一名历史见证者的身份，道出了原委：“清党事起，学生被捕者不少，鲁迅出席各主任紧急会议，归来一语不发，我料想他快要辞职了，一问，知道营救无效。不久，他果然辞职，我也跟着辞职，他时常提起，有某人瘦小精悍，头脑清晰，常常来谈天的，而今不来了。……至此仅一年，他的生活是不安的，遭遇是创痛的。”

从许寿裳生命最后一年所留存的这一回忆中，我们可以看出，鲁迅心中惦念的，正是那些遭国民党反动当局逮捕的进步学生。尤其让他牵肠挂肚的，则是他的共产党挚友、忘年交毕磊。毋庸置疑，有关在1927年的4月中下旬，鲁迅之所以会提出辞去中山大学教职一事，其最初的，也就是最根本的原因，就在于国民党蒋介石政权发动惨绝人寰地屠杀共产党人和革命人民群众的反革命政变所致。

打那时起，直到半年后离开广州，鲁迅始终以一位亲历广州“四一五”大屠杀的现场见证者身份，就地写出了一篇又一篇直捣屠杀者卑鄙肮脏灵魂的檄文：

> 我一向是相信进化论的，总以为将来必胜于过去，青年必胜于老人，对于青年，我敬重之不暇，往往给我十刀，我只还他一箭。然而后来我明白我倒是错了。这并非唯物史观的理论或革命文艺的作品蛊惑我的，我在广东，就目睹了同是青年，而分成两大阵营，或则投书告密，或则助官捕人的事实！我的思路因此轰毁，后来便时常用了怀疑的眼光去看青年，不再无条件的敬畏了。

> 我的一种妄想破灭了。我至今为止，时时有一种乐观，以为压迫，杀戮青年的，大概是老人。这种老人渐渐死去，中国总可比较地有生气。现在我知道不然了，杀戮青年的，似乎倒大概是青年，而且对于别个的不能再造的生命和青春，更无顾惜。

> 先前的我的言论，的确失败了，这还是因为我料事之不

明……然而那么风云变幻的事，恐怕世界上是不多有的，我没有料到，未曾描写，可见我还不很有“毒笔”……我的看不到后来的变幻，乃是我还欠刻毒……

……但自从“清党”以后，这“直截痛快”以外，却又增添了一种神经过敏。“命”自然还是要革的，然而又不宜太革，太革便近于过激，过激便近于共产党，变了“反革命”了。所以现在的“革命文学”，是在顽固这一种反革命和共产党这一种反革命之间。

恐怕有一天总要不准穿破布衫，否则便是共产党。

鲁迅还在《通信》中进一步诉说道：“辗转跑到了‘革命策源地’。住了两月，我就骇然，原来往日所闻，全是谣言，这地方，却正是军人和商人所主宰的国土。于是接着是清党……。”

在另一篇题为《在钟楼上(夜记之二)》的杂文中，鲁迅这样写道：“我抱着梦幻而来，一遇实际，便被从梦境放逐了，不过剩下些索漠。”他在给翟永坤的信中表示：“我漂流了两省，幻梦醒了不少。”

同年9月4日，鲁迅在《答有恒先生》的公开信中，深刻揭露了蒋介石国民党反动派屠杀革命者手段的野蛮、残忍，控诉其犯下的反人类血腥罪行。针对刊于第四十三、四十四期《北新》杂志合刊，昨日北伐战士时有恒写的名为《这时节》的杂感中，有关“久不见鲁迅先生等的对盲目的思想行为下攻击的文字了”，“在现在的国民革命正沸腾的时候，我们把鲁迅先生的一切创作……读读，当能给我们以新路的认识”，“我们恳切地祈望鲁迅先生出马。因为救救孩子要紧呀”的投石问路，鲁迅似乎是“答非所问”，然而，这个“答非所问”的答复，却是十分的直白，而又一针见血。其一针见血的矛头所向，直指杀人犯血腥暴行的丑陋嘴脸：

> 如果对于动物，也要算“暴殄天物”。我尤其怕看的是胜利者的得意之笔：“用斧劈死”呀，……“乱枪刺死”呀……。我其实并不是急进的改革论者，我没有反对过死刑。但对于凌迟和灭族，我曾表示过十分的憎恶和悲痛，我以为二十世纪的人群中是不应该有的。斧劈枪刺，自然不说是凌迟，但我们不能用一粒子弹打在他后脑上么？结果是一样的，对方的死亡。但事实是事实，血的游戏已经开头，而角色又是青年，并且有得意之色。我现在已经看不见这出戏的收场。

针对迷途青年时有恒表露出来的万般彷徨痛苦心理，鲁迅则有的放矢地进行了开导。在同一封信上，鲁迅笔戳之处，进一步揭露了背叛孙中山先生遗训的蒋介石国民党右翼反动派的真面目：

> 我有一种设想，以为无论讨赤军，讨革军，倘捕到敌党的有智识的如学生之类，一定特别加刑，甚于对工人或其他无智识者。为什么呢，因为他可以看见更锐敏微细的痛苦的表情，得到特别的愉快。

有鲁迅这样的左翼文坛旗手与主帅，有巴金这样自觉投向左翼阵营积极参战的先锋骨干，在革命处于低潮且命悬一线的危急关头，笔者心中最为直觉、深刻的感受是：危难急患之中的中国共产党，有这么一批能与其风雨同舟的留洋知识分子做忠诚朋友，值也！幸也！

无论是在昔日革命策源地的广州，亲身经历了国民党法西斯右翼势力掀起的“四一五”反革命大屠杀的中国新文化运动的一代宗师鲁迅，还是在听到国内不断传来的蒋介石们挥动屠刀屠杀共产党人和革命人民的一系列血腥暴行、正在法国巴黎留学的23岁中国年轻留学生巴金，为着他们共同追求的国家、民族和人民砥砺奋进的同一个目标，不约而同地走到了一起，走到了一生与中国共产党人结盟的战斗行列中。应当说，这并不是什么单纯的巧合与偶遇，而是历史的必然！是蒋介石国民党右派彻底抛弃孙中山遗训与背叛革命的血淋淋的残暴行为，启发、教育并推动他们迈出了顺应中国光明的未来发展的这坚实的一步。蒋介石们发动的“四一二”反革命大屠杀，同1871年5月28日及之后法兰西的屠夫们杀戮数以万计的巴黎公社社员们的血腥暴行相比，虽说是在本质上同出一辙，然而其表现的方式和程度，要更为凶恶、卑鄙无耻和血腥残暴，而且还要走得更远。

在巴黎逗留期间，巴金读到了一个名叫凡宰特的无政府主义者写的自传《一个无产阶级的生活的故事》，有着相同志向的他深受感动与鼓舞，于是，便拿起笔来，给这位隔着重洋被关在美国死囚牢中，出身卑微，十三岁就外出做工，最后流浪到美国的意大利同志写去了一封信，表达了一个旅法中国青年学生的声援。在信中，他还向凡宰特倾诉了自己的心声。

凡宰特接信后，也给他回了信，勉励他道：“青年是人类的希望。”

据巴金后来回忆，凡宰特还在复信中希望他快乐起来，不要灰心，要忠实地活下去。

凡宰特是一个无神论者，即使是在代表着垄断资产阶级的美国法庭以莫须有的杀人罪名，强行宣判他死刑后，他也断然拒绝了监狱方面差遣的牧师要他忏悔给予减刑（免除死刑）的肮脏交易条件。这是因为：第一，倘若他忏悔而且苟且贪生活下来的话，就会摧毁他乃至他们这一代革命者的意志与信仰；第二，他本来就是无罪的，为什么要以忏悔的形式来换取减刑呢?!

> 我的心里萌发着博爱的根，怀着对人类的爱。我从众人的自由中去追求自由，在众人的幸福中去追求幸福，我用我的诚实的血汗挣来我的面包，我的手上从不曾沾过一滴他人的血，我的良心是极其洁白的……我相信人们很难完全控制自己，但真正的智慧在于宽容……我希望每个家庭都有住房，每张嘴都有面包，每颗心都受教育，每个人的才智都得到发挥……我以我的慧眼，看到了新世纪的曙光了。

怀着前所未有的激动心情，巴金读完了凡宰特这本写自监狱里的自传，继而又怀着格外崇敬的心情，一字一句地翻译完了凡宰特在十分艰苦条件下写出来的这本自传。不仅如此，他还为这本由自己亲手翻译的凡宰特自传，写下了一篇题为“呈献给吾师凡宰特”的短文，以作《代序》。《代序》这样写道：

> ……你在电椅上，在临刑的一瞬间，还像神话上的耶稣那样高呼“宽恕”。我知道在你的那一颗爱字铸成的心中是没有“憎”和“报复”存在的。……然而现在我要跪在你的面前，求你的宽恕。吾师呵，原谅我，……至少对于那些吃同类，杀同类，压迫同类的人，我是不能爱的，我是不能宽恕的（秋石附注：据当时媒体报道，临刑前一刻，凡宰特显得异常平静，脸上无丝毫惊恐之色。一进入刑场，他便坦然向电椅走去。他还握了握狱吏的手，说道：“谢谢你，为我做了一些事情。”继而，他面向旁观者说道：“诸君，我愿意告诉你们，我是无罪的。我从来没有犯过罪。我什么罪都不曾犯过。……但我愿意宽恕那些对我不好的人。……”）。

这就是巴金，一个真实的区别于其他无政府主义者，为着真正的革命理想信仰，同吃人的旧社会旧政权，同一切剥削阶级压迫阶级誓言斗争到底的巴金！

毫无疑问，凡宰特是巴金接受人道主义思想影响的导师之一。尽管巴金异常地崇敬凡宰特，对凡宰特的信仰也从来不曾有过怀疑，但是，年轻的巴金还是从凡宰特备受资产阶级污蔑、迫害的经历中，汲取了一个深刻的教训："至少对于那些吃同类，杀同类，压迫同类的人，我是不能爱的，我是不能宽恕的。"这也就是为什么当蒋介石发动"四一二"反革命政变，举起血淋淋的屠刀屠杀共产党人和左翼革命群众时，他竟然如此合拍地和鲁迅心有灵犀一点通，不约而同地拿起笔作刀枪，愤怒声讨蒋介石的血腥残暴行径；及至后来回国后，又是那样的顺理成章地与鲁迅走在了同一个行列中，最终被鲁迅评价为"是一个有热情的进步思想的作家，在屈指可数的好作家之列的作家"。究其原因不是别的，正是因为他们两人的心是相通的，在许多问题上的看法是相一致的。如同在凡宰特这个问题上，两人的看法竟然有着如此这般的惊人一致！鲁迅先生在临终前夕写下的《死》一文中，也曾说过："又曾想到欧洲人临死时，往往有一种仪式，是请别人宽恕，自己也宽恕了别人。我的怨敌可谓多矣，倘有新式的人问起我来，怎么回答呢？我想了一想，决定的是：让他们怨恨去，我也一个都不宽恕。"1927年4月血雨腥风中毅然决然选择与共产党人结盟的鲁迅，他的人道主义核心思想，就在于爱憎、黑白相当之分明，是非、好恶异常之清晰。说到底，在现实生活中，人与人相互之间的宽恕，是有着一定的范围的。诚如鲁迅说的那样："损着别人的牙眼，却反对报复，主张宽容的人，万勿和他接近。"相隔九年后鲁迅掷笔写下的这个警示之语，与1927年在法国留学的青年巴金，为追悼恩师凡宰特惨遭垄断资产阶级法庭杀害后，义愤填膺写下的"至少对于那些吃同类，杀同类，压迫同类的人，我是不能爱的，我是不能宽恕的"的话，及其所体现的主体思想与原则立场，是完全一致的。

当年，读罢凡宰特从死囚牢中寄给他的回信，巴金很是激动，他不但写了回信，还把自己的照片也附寄了过去。随后，他在欧美诸国的各种刊物上一篇接着一篇地发表文章，揭露欧美反动势力迫害革命人士的行为。他在文章中愤怒地责问道：

> 正义么？人道么？仅仅是幻梦罢了！……
>
> 全欧美已经沉沦在黑暗的地狱中了！

然而，为着真理宁可献身，至死也不愿低头屈服的政治犯凡宰特，终究还是被代表着垄断资产阶级利益，满世界嚷嚷“民主”“自由”“平等”“博爱”，以及奉行所谓“人权至上”的美利坚合众国的统治者当局给处死了。

凡宰特被处决的消息，传到大西洋彼岸的法兰西共和国后，巴金感到极度的震惊和愤怒，他不停地写文章控诉欧美法律的虚伪：对手无寸铁的持不同政见分子处以极刑的法西斯暴政……

巴金在其《法律下的大谋杀：萨珂与凡宰特被害以后》）（发表于 1927 年 10 月美国旧金山出版的《平等》月刊 1 卷 4 期）的一文中，怒斥资产阶级的虚伪、专制、暴政，和对革命者的残酷杀害，讴歌为真理英勇献身的先驱。巴金写道：

> 吃人的魔王完成了它的工作。法律下的谋杀“大功告成”。电流通过了萨珂(Sacco)和凡宰特(Vanzetti)的身体，这两个无罪的人——我们的勇敢的同志终于死在电椅上了。
>
> 不管全世界千千万万的人援救，不管全世界各大城市的示威运动，不管各国报纸上的反对，不管我们无数的同志为正义为自由为人道的奋斗，甚至不管他们两个是无罪的人，那弗勒(Fuller)那赛叶(Thayer)和他们的刽子手们终于把萨

珂与凡宰特烧死了。

……

而且我们的同志——我们的两个勇敢的同志却昂然地在电椅上牺牲了他们的生命！他们死了，死得极勇敢极高贵，他们死得像殉道者，像伟大的英雄。正如法国《自由人》周报所说：他们像其他的无政府主义者一样，以伟大以自尊以勇敢而生，又以伟大以自尊以勇敢而死！就在电椅上，就在最后的一刹那间，他们还表示出来他们是为真理为正义为人民而死。而且他们就在最后的一刹那间，他们还向全世界抗议他们是无罪的人！

手无寸铁的无政府主义者凡宰特与萨珂，被代表着少数人利益的垄断资产阶级控制的政权处决，在巴金的眼中看来，这同国内蒋介石屠杀共产党人的残暴行径，并无两样。

在法国留学的日子里，发生在周围的活生生事实，让巴金深切领会到了五十多年前巴黎公社社员——生活在社会最底层的无产阶级劳工大众，为什么会揭竿而起造资产阶级老爷们反的真正原因：直到巴金他们这些中国留学生赴法后，耳濡目染法国大大小小的资本家盘剥、欺压工人，包括以打工换取生活费用的中国穷苦学生的残酷事实。对此，巴金先生的评语，可以说是同无产阶级想靠造反变革来改变现状的想法，是几近一致的。一天，巴金收到了一位处于贫穷、痛苦煎熬中的打工朋友的来信。朋友在信中愤怒而又无奈地向他诉说道：

今天与小工头大吵了一场。他告诉大工头定要把我开除。他竟然骂我是野蛮东西，是笨伯。大工头平日是很客气的，听了他的话也就声色俱厉了。在这里气冲牛斗的当中，回想了一下我的物质生活，我几乎要哭起来了。唉！还有什

> 么话说，无论天大的痛苦都要和血吞下的，只得放开小工头，去和大工头讲和。今天虽然换了一个部分，明天还不知道怎样。
>
> 我想我这条生命比狗还不如。狗子有主人爱，我呢，是一个没有人爱的人，不值得看重的东西罢了。

收到朋友用充满着血和泪控诉的这封来信后，为表明自己的立场，巴金在1927年10月出版的《平等》月刊1卷4期上，以《不要瞎做“劳资妥协”的梦》为题，对那些来到法国后靠打工换取学习和生活费用的留学生朋友作了提醒。巴金这样写道：

> 这是我的一个朋友给我的信里的一节。不知一般的工友看了作何感想。不错，在资产阶级的眼里看来，工人的生命比“狗”的还卑贱。那么在这“人”与“狗”之间是永无连接之可能的。而那些主张劳资妥协的人呢？他们所说的“妥协”不知基础在什么东西上面！

也就在此时，巴金收到了家中大哥的来信。大哥希望弟弟快点学成归国，光宗耀祖，帮忙持家。这对于一个誓言献身革命的无政府主义者来说是难以接受的。巴金越来越感觉到，自己必须脱离封建封闭的旧式家庭，走自己选择的革命道路。但他又怕家人不能理解。想来想去，他决定写篇小说给大哥看，这就是后来在国内产生积极影响的《灭亡》。

巴金的这部小说，以在北洋军阀孙传芳统治下沾满了“腥红的血”、有着殖民地背景的上海为依托，着重描写了一些受到“五四”新思潮鼓舞，因而寻求社会解放道路的知识青年的苦闷和抗争。响彻《灭亡》全书的，是这样的呼声：“凡是曾经把自己的幸福建筑在别人的痛苦上面的人都应该灭亡。”这也是小说的主题。

主人公杜大心怀着“为了我至爱的被压迫的同胞，我甘愿灭亡”的决心，最后，他为“信仰”而英勇献身。杜大心为“信仰”献身的结局，反映了巴金本人正在成熟中的人道主义思想，即忠实地生活，正当地奋斗，爱那需要爱的，恨那摧残爱的，为了人类随时准备献出自己的一切，以及为他所崇尚的初始时期形成的无政府主义思想，即“正义，平等，自我牺牲”。

小说以火一样的激情倾吐爱憎，揭露和控诉罪恶的旧制度和残暴的军阀统治，喊出了人民的心声；它有力地鼓舞着觉醒了的青年一代迫切要求变革的信心，激发他们同万恶的旧世界作彻底决裂的斗争精神。与此同时，小说最终以主人公的悲剧结局，在客观上显示了个人反抗的失败。在小说发表以后的几十年间，《灭亡》成为国内一部具有积极进步意义与一定醒世作用的作品。

在 1928 年，巴金有的放矢完成的这部中篇小说《灭亡》，在旧中国彰显的积极作用是十分明显的，它在一定程度上印证了相隔 14 年后的 1942 年的 5 月 2 日，毛泽东在延安文艺座谈会开幕式上所作的讲话“引言”中强调的那样：“文艺工作者要学习社会，这就是说，要研究社会上的各个阶级，研究它们的相互关系和各自状况，研究它们的面貌和它们的心理。只有把这些弄清楚了，我们的文艺才能有丰富的内容和正确的方向”，从而达到“团结人民、教育人民”的最终目的。

其实，巴金早期完成的激流三部曲《家》《春》《秋》，又何尝不是这一类激荡社会，彰显积极进步意义和起到醒世作用的作品呢？尤其是《家》所彰显的同整个封建社会旧式大家庭的决裂，满怀憧憬地向着未来新社会大踏步迈进的意义。

笔者认为，没有伟大的“五四”先驱精神的熏陶，很难说会有其后不久的脱离封建的家庭和相当闭关落后的四川，去往开放了的上海探寻新生活，自然，也不会有八年后年轻的巴金走出国门，远赴巴黎公社诞生地的法国留学，探寻真理、自由和新的人生追求的旅程，也就很难有巴金在日后七十多年的生涯中，自觉地与鲁迅结盟，与代表着中国绝大多数人民利益的中国共产党人同呼吸共命运，以及为人为文精神情操的进一步升华，和对祖国、民族、人民忠诚服务的精准定位。

论及巴金青年时期留学法国时的嬗变和为之确立的终生服务目标，笔者认为，尤以著名学者、复旦大学中文系博导陈思和教授分析的到位：

> 我觉得中国的留学生分两种，一种留学生是到英美去，一种留学生到法国和日本去。我感觉到法国留学的多半是革命家和艺术家，到英国、美国去的多半都是学者。从文学创作来说，后来中国的文学艺术基本上都是笼罩在法国文学的影响教育中。艺术上像林风眠、徐悲鸿，一路下来中国的大画家基本都是在法国。从革命者来说，就不说留法的中共高层领导，作家里面像巴金，巴金当年就自认为自己是革命者，跑到法国去了；诗人也有很多，譬如艾青、梁宗岱等等，一批最卓越、最活跃的，具有革命性的艺术家和作家都到法国去。因此，法国的自由精神一直到今天还在影响中国人。

反时代的考察：一场被忘却了的小诗运动的夭折（上）

——从写生文、《古诗今译》等谈周作人的散文精神

顾伟良

前言

20世纪20年代初期，中国新文坛流行的新诗有一场小诗运动(1921—1923)。小诗运动主要模仿日本俳句形式、希腊小诗等，周作人发表了有关俳谐文学的评论和介绍文章。由郭沫若、成仿吾为首的创作社成员提出了“革命文学”的口号，在文坛上掀起了一场史无前例的无产阶级文艺运动。面对文坛风波，周作人对于文艺与社会的调和有了新的看法和思想转变。

小诗运动挫折大致有三方面的原因：一是革命文学运动的高涨，二是对俳文的偏见，三是起因于中国文学与日本俳谐文学在体裁上的差异。从文学史来看，小诗运动与革命文学运动的决裂意味着中国现代文学的分歧点，自此以后中国现代文学的方向起了重大变化。

据笔者所知，有关小诗运动的研究最早见于黎活仁的《小诗运动(1921—1923)》[1]一文。此文主要是从诗体角度对小诗运动的实践作了较详细的分析。近年来也有关注小诗运动的研究，如韩玲姬在其博士论文[2]中论及小诗运动与俳句翻译等问题，此外

也有小川利康的《周作人与小诗运动》[3]一文。

小诗运动并不是孤立的现象，它的兴起在新文学刚起步时意味着散文体裁的萌芽，虽然尚未达到散文体裁更新替代的地步。

文学体系中有各种各样的体裁和功能，文学体裁不断更新发展，其中散文文学为主要形式。从这个意义上来讲，冰心的散文诗作在新文化运动时期具有代表性。在这一时期，周作人对于日本和歌诗人与谢野晶子的和歌表现方式也十分关注，并最早翻译了与谢野晶子的《情操论》。

一、冰心诗集《春水》手稿始末

2017 年，在日本国立九州大学图书馆滨文库发现了冰心《春水》诗集手稿。据周作人日记记载，此手稿是由周作人装订成册并拟赠送给滨一卫。关于发现周作人赠送给滨一卫的《春水》手稿的情况详见日本九州大学中里见敬教授的撰文[4]。2018 年 2 月，九州大学举办了“《春水》手稿与日中文学交流——周作人·冰心·滨一卫”国际研讨会，笔者在会上作了关于周作人与冰心诗集《春水》手稿的发言。

滨文库是指九州大学教授滨一卫去世之后建立的文库。滨一卫于 1934 年至 1936 年在北平留学，是与知堂长子周丰一在日本浪速高等学校念书时认识的校友。他在北京留学期间曾寄寓八道湾周家，并在北京逗留期间搜集了许多有关京剧方面的厚实资料。为此九州大学图书馆曾于 2009 年举办了“滨一卫与京剧展”[5]，中里见敬教授撰稿对滨文库作了详尽的介绍[6]。

据滨一卫致周作人书信(昭和十四年 11 月 2 日)中写道：“这次收到惠赠的冰心女士《春水》手稿，非常感谢。我连冰心《繁星》都未读过，惭愧至极。将如此贵重的礼物赠送给我，不知如何感谢为好。我的书房里又多了一册珍本，甚喜。并感谢惠赠各种书籍和杂志。”[7]

《春水》诗集作为“新潮社文艺丛书”第1种刊于1923年5月。周作人时任丛书主编，他将《春水》诗集编入丛书。

目前所知，周作人亲属仅存一页的孙伏园致周作人的信中提起过《春水》稿件：“冰心女士春水拟再版，乞便中去函一问下半部稿何时可寄来，费神。”落款日期为3月18日，惜前页和信封由于“文革”下落不明[8]。显然，周作人曾是冰心与出版社之间的桥梁，《春水》的发表和再版均与周作人有密切的关系。

日本友人中与李大钊、周氏兄弟早期交往的有清水安三、丸山幸一郎（又名：丸山昏迷）等人。丸山昏迷与《北京周报》创办人藤原镰兄是同乡（日本长野县安曇野）。丸山幸一郎（1894—1924）于1919年来到北京，他作为《北京周报》记者为报刊撰稿或组稿，与周氏兄弟接触频繁。周作人在此刊物上发表了不少文章和译介，其中有冰心作品的两篇译文。

由周作人翻译的冰心两篇作品是《爱的实现》及《晚祷》，分别刊登于《北京周报》（1922年5月28日第18号、1923年1月14日第48号，署名仲密）[9]。冰心的诗作《繁星》（中文）也转载于《北京周报》（1922年3月12日第8号），可能也与周作人推介有关。周作人日记（1922年5月25日、26日）记载：“……下午为北京周报訳冰心小说未了……”、“……上午訳小说了，寄丸山函及件。”[10]目前，周作人亲属存有丸山幸一郎致周作人书信数十通。

《爱的实现》最初刊于1921年7月《小说月报》（第12卷第7号）。周作人在《关于〈爱的实现〉的翻译》一文中写道：“我的选择，差不多是无所依据的，只以自己的趣味为标准，或者觉得他可以代表著者的思想和艺术，也就收入。”[11]此文刊登在1922年8月28日《晨报副镌》，署名仲密。

《爱的实现》是一篇富有个性的作品，这部作品与周作人谈妇女儿童的思想是一致的。周作人在《个性的文学》一文中写道：

“假的,模仿的,不自然的著作,无论他是旧是新,都是一样的无价值;这便因为他没有真实的个性。”[12]《爱的实现》以童话般的故事情节描述了人间的爱,透过童真来实现并以完美的形式来实现。我们可以联想到童真、母爱、和平都离不开儿童。即儿童是爱的天使,儿童和母爱与人间、世界和平紧密地连在一起。从这篇散文可看出冰心的思想特征。

周作人在1918年10月15日《新青年》(5卷4号)上作了《爱的成年》(Edward Carpenter 著)等介绍之后,相继发表了关于妇女解放和儿童的文章,并热衷于儿童文学的介绍和推广。他的愿望是在将来的社会上建立一种新的理想和新生活。冰心的出现,对周作人来说无疑是一个新生的希望。

冰心早期创作之际白话文文学刚起步不久,她在《晨报》和《小说月报》上发表的作品对口语文学起了推波助澜的作用。冰心追求新思想和建立新道德,在当时是一位引人瞩目的新型女性。

周作人自1922年第二学年起任燕京大学女校国文系主任。据胡适日记(1922年3月4日)记载:“十时半,燕京大学校长司徒雷登与刘廷芳来、启明来。燕京大学想改良国文部,去年他们想请我去,我没有去,推荐周启明去。(启明在北大,用违所长,很可惜的,故我想他出去独当一面。)启明答应了,但不久他就病倒了。此事搁置了一年,今年他们又申前议,今天我替他们介绍。他们谈的很满意。”[13]

周作人日记中也记载:“上午至适之处,同燕京大学司徒尔、刘廷芳二君相会,说定下学年任国文系主任事。”(1922年3月4日)[14]

在这之前,周作人曾赴燕京大学文学会作过演讲,题为《圣书与中国文学》(1920年11月30日)。冰心留学回国后在燕京大学任教,周作人等学者也一起参加了由冰心主持的文学讨论会。

从周作人日记中可以查到有关冰心的条目、书信往来,以及与冰心夫妇交往的记录。现摘录如下，按年月依次排列。[15]

1923年6月7日：上午往燕大讲演闻冰心病呕血……

1923年7月4日：……得冰心函……

1923年8月10日：……寄冰心函……辞兼课……

1923年8月18日：得……谢女士函又小孩照片二枚……

1923年8月24日：……得冰心神户函……

1924年1月21日：……得凌、谢女士函……

1924年8月23日：……下午寄冰心函……

1924年10月9日：……得谢女士函……

1924年10月22日：……得谢女士函

1924年11月23日：……寄冰心函，语丝二份

1929年1月17日：上午七时半雇汽车往燕大下午四时半了至子通处闲话晚饭到者耀辰岳霖芝生绍虞叔存仕廉共八人七时至C楼赴国文学会讨论会冰心主席九时了同耀辰岳霖乘汽车进城……

1929年9月13日：受信：冰心

1929年9月14日：发信：冰心

1929年10月15日：上午往燕大午至南大地吴文藻君处冰心招午餐……

1929年11月14日：上午往燕大午冰心邀去便饭地山亦来……

1930年7月7日：发信：冰心

1930年7月14日：受信：冰心

1931年9月9日：发信：冰心，受信：冰心

1931年9月16日：受信：冰心

1933年12月6日：……午餐约冰心夫妇、振铎及张君……

1933年12月30日：上午燕大……下午三时往访冰心夫

妇……

1934 年 1 月 6 日：下午……至二院参加国文学会，冰心、振铎二君谈话……

另据从周作人亲属处得知，1929 年吴文藻曾致信周作人（附带冰心的信），说婉莹贫血需要休养，故不能如约来任教，请谅解。1936 年冰心有一封信是陶亢德转来，抬头为“岂明师”，末尾问候周作人夫妇“并请双安”，落款为“谢婉莹拜　二月十七夜”。信中写道：“手示拜读，宇宙风写稿事，谨奉命。只是二月廿日以前，万来不及……。已有多年写作不抄稿了，能保存原稿倒是好办法。近来很懒，又萧飒，自己的努力，还须前辈来催，真是太羞愧了。敬覆。”[16]

目前所知，冰心只在《我的大学生涯》一文中提到周作人：“这时已是一九二三年的春季，我该忙我的毕业论文了。文科里的中国文学老师是周作人先生。他给我们讲现代文学，有时还讲到我的小诗和散文，我也只低头听着，课外他也从来没有同我谈过话。这时因为必需写毕业论文，我想自己对元代戏曲很不熟悉，正好趁着写论文机会，读些戏曲和参考书。我把论文题目《元代的戏曲》和文章大纲，拿去给周先生审阅。他一字没改就退回给我，说‘你就写吧’。”[17]

从这篇文章中可隐约看出冰心并无勇气谈周作人，此文只是提及过去曾有过的一件事。又，《闲话周作人》一书中谈及陈子善于 20 世纪 90 年代初想编一本关于周作人的回忆文集，后成此书。他曾与冰心约稿，但被婉拒。冰心为此特地写信给陈子善作了说明，陈子善在“编者前言”中转引了冰心来信。信中写道“子善先生：……关于周作人先生，我实在没有什么话说，我在燕大末一年，1923 年曾上过他的课，他很木讷，不像他的文章那么洒脱，……我的毕业论文《论元代的戏曲》，是请他当导师的，我写完交给他看,他改也没改,就通过了。(冰心 九·五·一九九一)"[18]

日本汉学家一户务(1904—1977)曾在《冰心与丁玲——近代支那女流作家》(1931)的一篇评论中对冰心的才能予以高度的评价。他指出冰心与丁玲是近代中国的两个典型的女性,与冰心同一类型的是卢隐和绿漪,与丁玲同一类型的有白薇。[19]

《春水》诗集是小诗运动(1921—1923)中的一朵奇葩,周作人在《论小诗》(1922)一文中也曾谈及诗集《繁星》。小诗运动主要是以日本的短诗和写生文及希腊小诗来推动散文运动。不管它成不成功,此运动意味着散文体裁的交替,其意义甚广。周作人所追求的短诗形是艺术与生活上的一种"美意识",与俳谐文有密切的关系。如日本的写生文就是从俳谐文延伸出来的,它具有悠久的历史沿革。周作人重视写生文出自于他的卓越的审美意识,也是文艺上的趣味和风格。

二、和歌女诗人与谢野晶子的译介

在周作人早期所作的日本文学译介中出现了许多日本作家的名字,与谢野晶子为其中的一个。如《日本的诗歌》(1921)[20]一文,指出与谢野晶子的和歌注重实感非技巧,即实感为条件。其特点有五项:"真实、特殊、清新、优雅及美"。

在这之前周作人翻译了与谢野晶子的《贞操论》(《新青年》4卷5号,1918年5月15日),此文发表后在中国读书界引起了瞩目。周作人在此篇译文前面附了一篇与谢野晶子的介绍,称她为:"现今日本第一女流批评家,极进步,极自由,极为真实,极平正的伟大妇人,不是那一班女界中顽固老辈和浮躁后生可以企及,就比那些滑稽学者们,见识也胜过几倍。"[21]周作人早年提倡文艺与社会的调和,追求妇女儿童解放,可见在思想上他是和与谢野晶子有共鸣的。

值得注意的是，周作人以“特殊”一词来形容与谢野晶子的和歌表现。这个词义可解释为“情感”，需从美学意义上来理解。与谢野晶子为《明星》派代表女诗人，她著有近4万首和歌，这在日本和歌史上也是极为罕见的。与谢野晶子的和歌表现自由奔放，有不拘一格的描写手法，抒情官能描写为其特色，形成了她的独特的和歌表达方式，对和歌革新掀起了一场情感革命。

“特殊”一词的含义可理解为与谢野晶子在和歌表现手法上的“唯美主义”，也是一种“文”的变容手法。日本文学传统崇尚“唯美主义”，江户时代文学又出现了多种多样的俳谐文体裁。其体裁之多、范围之广远远超出中国古代艳情小说的体裁，可谓是百花争艳。

从江户文学体裁来看，日本文学传统在于上下衔接得体，其发展从未间断过，且不断推陈出新。俳文发展到近代更显示出了“文”的变容手法之高超，如由正冈子规推广的俳句改革运动确立了近代的“写生文”。由俳文演变为写生文并与近代文学运动链接重现其生命力，类似于这样的文学体裁更新交替在中国文学里也是鲜少见有的。

倘若将冰心早期诗歌和与谢野晶子的和歌表达方式作一对比的话，冰心的诗歌形式兼有哲理性，散文风格趋向清新自然，仿佛是一幅水墨画似的淡淡的色彩，非感情上的自由奔放。当然对这两位女诗人的表达方式不能归结为个性不同，应当说是来自于体裁上的差异。晶子的官能描写手法来自于日本王朝文学的唯美主义，传统的和歌虽然趋向衰退，但唯美主义的意识并未消失。冰心的诗作无唯美主义的特色。冰心曾在毕业论文里涉及李清照的词，李清照的“词”含有纤弱而又奔放的官能描写手法，此种官能描写手法鲜少见于中国近代女诗人的诗歌中。

与谢野晶子的和歌表达方式不仅仅受传统和歌“唯美主义”的影响，还与明治时期的浪漫主义文学运动有关。明治时期出现了各种文学运动，大致分为四期。第一期：明治初期，是以“政治小说”与翻译小说为主，这一时期可称为“模仿期”；第二期：浪漫主义文学运动，始于明治 20 年代；第三期：明治 30 年代文学是以杂志《明星》为主，它代表了浪漫主义文学运动；第四期：明治 40 年代涌现出了以《白桦》派为代表的人道主义和理想主义文学。白桦派文学运动影响面极广，并对中国新文学运动深具影响。

与谢野晶子为《明星》派最具代表性的和歌女诗人，她的和歌表达方式开创了新风，此与明治时期浪漫主义文学是不可分离的。冰心早期小说描写旧风俗旧家庭的女性反抗精神为多，可知在与谢野晶子和冰心的文学作品里分别表达了明治社会的新风尚和儒教社会中的反抗精神。

三、正冈子规的俳句改革与写生文运动

在日本近代文化史上，“写生文”运动独树一帜，这是由明治时期的俳句诗人、文学改革家正冈子规（1867—1902）推广改革的。应当说从俳文到写生文的确立，日本的短诗形式经历了数百年的历程，明治时期终于确立其地位。所谓俳文，即指俳谐文，盛行于江户时代。俳文句法（连歌——俳句的前身）较长，由正冈子规倡导的写生文运动，悄悄地对传统的“连歌”进行了一场改革。这场文学革命使传统的俳文脱胎换骨，换上了新装。

明治初期的诗歌，无论是翻译还是创作或日语的赞美歌，都沿袭了旧体诗歌。为此，正冈子规组织研究会专门整理了一部《发句类题全集》（共 65 卷）。他们只取“连歌”首句中的 17 个字音（日语称之为“发句”），将之改为“俳句”，即“五七五”字音。此为俳句的由来。五七五又分为三个词组，构成了词语节奏。这一改革使俳句有了精炼的表达方式，增强了写生能力，并发挥了对自然宇宙的想象力。

重视词语节奏，其实也是正冈子规从汉诗结构中学到的。正

冈子规在他从事俳句改革之前，曾对汉诗结构作过专门研究。经过改良之后的俳句，其结构原理基本上与汉诗相同，由于日语发音特殊，形成了俳句独特的五七五字音的词语搭配。

“短歌”改革是在日本传统的“和歌”基础上进行的。短歌结构与俳句不同，它是连续性的，节奏感不一。短歌结构为五七五七七，有31个字音，字音比俳句多一倍以上。俳句词语相对独立，短歌结构连在一起，富有节奏感。传统的和歌多为抒情，经改良之后的短歌也无法改变这一性格。俳句的特点为直觉，其方法主要是写生。写生当然是俳句表达最科学的方法。

写生文并不局限于某一作家思想，它摆脱了传统俳文中的形而上的思维方式，使俳文表达方式变为视觉化、感觉化。在只有17个字音的俳句里，无论手法多么高超也无法使俳句观念化。俳句表达方式与视觉艺术的“浮世绘”手法比较接近。我们看到在日本文化传统的继承发展过程中，“浮世绘”与“写生文”的表达方式给了我们一个启发，即重视文学体裁比什么都重要，无视传统文化则难以产生新的文化。

从俳文到写生文的确立说明了日本文学在体裁更新换代上有其特色。周作人曾说日本文化是“创造的模仿”，从他们对传统文化的继承创新来说也是一种“模仿的再创造”。写生文对日本现代文学的文体深具影响，应当指出中国文学有丰富的素材，日本文学从中汲取从而发展了他们的俳谐文学的体裁。较之中国现代文学，日本现代文学的发展非局限于时间上的差异，其主要原因取决于文学体裁及“文”的变容手法。

为改革俳句，正冈子规组织了一个专门研究会。从明治三十一年1月至明治三十六年4月(1898—1903)，他们对俳句、短歌进行了反复改革。搜集资料之多，令人惊叹。为涉猎俳谐文资料，正冈子规几乎跑遍了东京市郊外的旧书店，据悉他患肺结核就与搜集旧书有关。明治三十五年(1902)，当俳句改革完成之际，子规撒手人寰，年仅 35 岁。之后短歌改革并未中断。

写生文运动与明治文学草创期也有密切的关系。如写生派《早稻田文学》(1891)、浪漫人生派《文学界》(1893)、浪漫主义派《明星》(1900)、感觉派《新思潮》(1907)、唯美主义派《三田文学》(1910)、人道主义派《白桦》(1910)等杂志犹如雨后春笋似地相继出现。与《明星》杂志关系密切的诗人石川啄木(1886—1912)的短歌诗集《一握之砂》(1910)，至今仍是一部脍炙人口的青春诗集。这部诗集将传统的短歌改为三行诗，博得了好评。周作人于 20 年代起翻译石川啄木的诗歌，直至 1962 年才完成[22]，后刊出《如梦记　石川啄木诗歌集》[23]。

正冈子规的同窗、文豪夏目漱石也积极响应了写生文运动，他以写生文的笔调写了第一部小说《吾辈是猫》(1905)。这部小说发表后反响极大，至今仍受读者喜爱。此小说文体新颖，笔致轻快，妙趣横生。周作人在《明治文学之追忆》[24]一文中也提及这部小说，可见他尤为关注写生文体裁。也可看出周作人与夏目漱石的文学趣味是一脉相承的。对小说家来说，创造出色的小说文体比什么都重要，其他都是次要的。

夏目漱石著有《写生文》一文，指出写生文与普通的文有所不同："写生文家以自己的眼光观察世间琐事，既然有玩赏之情，那么作者与描写对象之间便会出现一致或不一致的地方。即便不可能完全一致，也不会把自己当作篇中人物去描述。作者以自己的见地描述，彼此之间肯定有界线。写生文家的描写一般是指客观，即大人去理解小孩，而不是扮作小孩。小孩的嘻笑哭啼须客观描写才行。这里所说的客观描写，是指描述别人的一种方法，非指作者。以此种气概去描写，无论描述多么精细复杂，剖析方法都是一致的。"[25]

此文主要是谈写生文的描述方法。写生文运用于小说创作中成为作家自身的文体，并可自由发挥，不受描写对象所困，日本的“私小说”也继承了写生文手法。

应当说自古以来中国散文体裁名目繁多，并不亚于日本文学体裁。日本的俳谐文学可谓是一枝独秀，且不断更新发展，到了近代又派生出了俳句和写生文。相比之下，中国的“俳谐”体裁早已失传。从日本的俳谐文学发展到写生文来看，这个周期非常之长。

周作人在《日本的小诗》一文中对俳谐文的改革作了较详细的介绍，他十分关注写生文。文中指出：“俳句第四期的变化起于明治年间，即十九世纪后半。那时候元禄天明的余风流韵早已不存，俳人大抵为小主观所拘囚，仍复作那纤巧诙谐的句当作消遣，正冈子规出来竭力的排斥这派的风气，提倡客观的描写，适值自然主义的文学流入日本，也提供了好些资料，助成他的‘写生’的主张。他的诗偏重客观的写生以及体裁的配合，这可以说是他的本领。”

正冈子规在评论上对俳句的写实手法卓有贡献，他的俳句创作并不多。周作人早在新文化运动时期即提出对日本文化研究的必要性，可见他对日本文化的理解是有独到之见的。周作人又是20世纪30年代小品文运动的主要成员，其所著的《中国新文学的源流》（北平人文书店，1932）一书，在中国文学批评史上为小品文运动的里程碑。

四、《古诗今译》与忒奥克里托斯的“小景诗”

由周作人推进的小诗运动并未像俳句改革或写生文运动那样轰轰烈烈，因文坛风波中途夭折。周作人在这一时期发表了《日本的诗歌》（1921）、《新诗》（1921）、《一茶的俳句》（1921）、《论小诗》（1922）、《啄木的短歌》（1922）、《日本的小诗》（1923）、《日本的讽刺诗》（1923）、《希腊的小诗》（1923）等文。

其中有两篇《古诗今译》（1917），第一篇未刊（收于《周作人散文全集》第1卷),第二篇是古希腊诗人忒奥克里托斯(theokritos)的《牧歌第十》(刊于《新青年》4卷2号)。这两篇古诗今译都是以口语自由诗体译的,说明周作人早在白话文运动前夕十分关注古希腊诗体的散文体裁,他是最早将忒奥克里托斯介绍到中国的。此外也介绍了古希腊女诗人萨福。

忒奥克里托斯为公元前3世纪初叶"希腊文化"(Hellenism)时期的代表诗人。他的牧歌诗体也称为"小景诗曲"(Eidylia),都是散文体裁[26]。"小诗"一词有可能取自于"小景诗"。周作人于20世纪20年代初提倡小诗运动,模仿古希腊短诗,此与忒奥克里托斯的"小景诗"多有关。如新诗《小河》也是在这一时期创作的。

在忒奥克里托斯死后约两百年的公元前70年,他的一些诗篇被发现后由一位罗马时代的文法家整理编成《牧歌集》。自此以后忒奥克里托斯的名字现身于希腊文学史上。忒奥克里托斯的小景诗《牧歌》共有32篇[27],体裁种类多样,内容多为描写牧羊、打渔、养蜂等生活景象,也有叙事、恋爱、送葬等诗篇。这些描述情感朴实,富有真情实感的乡村风情。忒奥克里托斯被誉为创造了诗人的"乐园",他把牧人生活变为一种"美"的艺术形式。

《牧歌》又称为"田园诗",它的传承对欧洲文学史深具意义。从希腊文学史来看,古希腊的"哀歌"(elegeia)诗体早于忒奥克里托斯的《牧歌》。早在公元前2000多年时日耳曼等民族已侵入小亚细亚,古希腊顷刻间沦落为无数的殖民地。为此爱奥尼亚等地的古老民族留下了可歌可泣的传承文学体裁。"哀歌"即诞生于爱奥尼亚,为抒情诗伊始。哀歌多以方言组成,之后逐渐出现抒情诗,语言接近叙事诗的共同语形式。以爱奥尼亚方言所组成的哀歌、讽刺诗等体裁,形式多为讥讽悲伤,内容平易,惜乎强盛的殖民文化渐渐使丰富多彩的古希腊文化消失。不过"哀歌"诗体流传了下来,并对世界文学深具影响。

哀歌的雏形出现于公元前8世纪末,起初多在宴席上乐器伴奏吟唱，席间也有少年少女合唱队。哀歌多为短诗，最短的只有两行。此外也有讽刺诗（silloi）的形式，并具实践道德思想。如有社交阶级、贫富分配等内容，深受罗马时代诗人喜好。哀歌体裁多出现于古希腊传承文学或讽刺文学中，此为人文主义启蒙精神雏形，并对古希腊史诗深具影响。

古希腊文学出现了伟大的史诗和抒情诗，其散文体裁之丰富多样化远远超出中国的《诗经》。古希腊叙事诗（史诗）或传承文学和讽刺文学里有多种多样的修辞形式，如有感情隐蔽、诙谐、滑稽等表达技巧。此外还有合唱抒情诗悲剧和喜剧，希腊抒情诗是固有的文学形式，也是个性的觉醒。

古希腊人早先在民族英雄神话世界里领略了人生无常和难以超越命运的真谛存在。他们生活在一个对于超自然神抱有特殊信仰的时代。必须指出此种信仰与宗教信仰迥然不同，他们致力于个人接近诸神。他们只认同人的灵魂神性，相信人神合一，死后福音并转世。在古希腊早期思想里，人只是单纯的自然物而已，只是维持由诸神赋予生存的天经地义，只是与鱼类野兽鸟类有别。他们对未来完全处于盲目的状态之中，人仅仅被看作为是神与动物之间的中间物，对诸神是从属关系。

为此爱奥尼亚的米利都学派自然学家所做的最基本的工作是，先设定自然与超自然的界限，当排除超自然的东西之后再从事物中找出纯粹的自然规律，他们在自然事物中发现自然本身也是有缺陷的。米利都学派的宇宙论是在对于自然事物的精炼作业中逐渐浮现出来的成果。这一成果来之不易，因为他们生活在对超自然的诸神抱有特殊信仰的时代。当发现人是自然的属性之后，哲学开始关注纯粹理性。这在世界上也是罕见的，此与早期古希腊人的非理性及非宗教信仰密切有关。

公元前 7 世纪希腊沦为波斯帝国殖民地，当时的爱奥尼亚人并未丧失元气，他们甚至对波斯帝国感兴趣，汲取对方长处，对事物保持进取的态度。继叙事诗之后出现的爱奥尼亚散文与这一时期密切有关，当时辩术在希腊蔚然成风。辩士尤为吃香，著文辩说形成了一股风气，公元前 5 世纪是顶峰。散文小品的出现波及直率的思维方式，他们在语言上讲究精炼的文体，尽量去掉无用的修饰字句。

伊索克拉(Isokrates，公元前 436—前 338)即为这一时期确立散文的奠基者。当时他开办了一所辩术学校，主张追求真理，认为辩术仅仅成为法庭上的辩说是道德败坏。他言传身教，将辩术视为一种教养，认为文学是陶冶人格的手段之一，并将政治、道德纳入授课内容。伊索克拉开办的辩术学校聚集了来自希腊各地人士，培育出了许多大政治家、历史学家等方面的人才。伊索克拉的名声波及整个希腊，他不仅仅是一所辩术学校校长，并成为一名全希腊的著名评论家。不仅如此，他还是古希腊散文的奠基人。值得提及一笔的是柏拉图(公元前 427—前 348)，由他确立了哲人对话形式的散文。此外还有苏格拉底(公元前 469—前 399)等哲人。

忒奥克里托斯的“小景诗”是在古希腊文学中继叙事诗、抒情诗以及剧诗之后出现的最后一个诗体。小景诗特色为写实手法，情感朴实，忒奥克里托斯以他独特的手法创造了清新的田园诗。在这之前古希腊的农村里出现了农民诗歌，忒奥克里托斯当然也受此影响。当我们了解了一些关于忒奥克里托斯的小景诗后便可与周作人作一比较。周作人在散文世界开辟了小品文园地，无疑是从忒奥克里托斯的“小景诗”汲取了养分。周作人的小品文富有浓郁的乡土风情，他所向往的是纯净恬淡的艺术和生活，但又不同于墨客文人的个人嗜好。周作人在文学领域并在世界文化史上留下了自己的足迹，他对中国现代散文作出了不可磨灭的贡献。

周作人的散文小品中的纯朴民风与忒奥克里托斯的“小景

诗”是相通的。读他的平易畅达的小品能感受到有一种清新感及哀愁之感。周作人的散文富有叙事性，从一些琐事的叙述中能看出他的人生观，里面既无勇者，也无任何信仰。他的散文精神体现了一种形式美的思维方式，非斗争式的。

如上所述，小诗运动不仅仅是诗体模仿，它的意义在于汲取忒奥克里托斯的“小景诗”及写生文的精神。从“黑幕小说”的批判到小诗运动的兴起，它标志着在新文化运动的低潮中周作人从乌托邦思想转变为重视散文体裁。散文运动的目的是继承文学体裁并重视生活，此表明周作人在“美意识”上发生了重大变化。

后记

古代的发现往往是一种被忘却了的精神。倘若想从周作人身上发现一种精神，首推为人文主义精神，或称之为世界主义精神。

周作人的世界主义精神来自于“希腊文化”（Hellenism）。他曾经有个构思，即想把希腊文明思想与中国旧文明结合起来建设中国的新文明。这个新文明包括中国文化和非中国文化。在周作人的艺术精神里日本文化与希腊文化占有独特的位置，那么东洋文化的“美”的传统也应当包括在周作人的新文明思想里。小诗运动仅仅是这一精神的萌芽。

周作人在中国文化史上是一枝奇葩，他撒下了一颗稀有的种子。他的存在意义显示出了一个非凡的精神。他重视知识结构，他的文章里凝聚了世界文明史的智慧。从古希腊的路吉阿诺斯、欧里庇德斯、忒奥克里托斯到中世纪的拉伯雷，又有日本神话集《古事记》、随笔《枕草子》、《徒然草》的兼好法师、《平家物语》以及江户时代的文艺，周作人的文章世界是丰富多彩的。此外，他在同时代里尤为关注科学思想家蔼理斯的性科学思想。

周作人对于中国历史及文明的问题持有两种态度，对前者持有批判眼光，后者是进取的精神。这一精神促使他积极汲取古希腊文化和日本文学。他的终生译事闪烁出了敏捷的思惟和深邃的文明精神。

注释：

[1] 黎活仁：《小诗运动(1921—1923)》，《五四文学与文化变迁》，第305—332页，台湾学生书局民国1991年版。

[2] 韩玲姫：《周作人における日本文化受容の研究》，甲第6648号，2013年。

[3] 小川利康：《周作人与小诗运动》，《现代中文学刊》2016年第8期。

[4] 中里见敬：《冰心手稿藏身日本九州大学　〈春水〉手稿、周作人、滨一卫》，《中国现代文学研究丛刊》2017年第6期。

[5]『濱一衛と京劇展、濱文庫の中国演劇コレクション』、九州大学附属図書館、2009年5月。

[6]『濱文庫の概要と現状　1930年代を中心とする中国演劇資料の宝庫』、中里見敬、中尾友香梨、山根泰志著，『九州大学附属図書館研究開発室年報2011—2012』。

[7] 滨一卫致周作人信由周作人亲属所藏。

[8] 孙伏园书信由周作人亲属所藏。

[9] 引自《中国関係日本雜誌論説記事目録1》，近代中国研究センター，1964年。

[10] [14] 引自《周作人日记》(中，影印本)，北京鲁迅博物馆藏，大象出版社1996年版。

[11] [12] [21]《周作人散文全集》第2卷，广西师范大学出版社2009年版，第748—749、289、32页。

[13] 胡适：《胡适全集》第29卷，安徽教育出版社2003年版，第528页。

[15] 周作人日记引自《周作人日记》(中，下，影印本)，北京鲁迅博物馆藏，大象出版社1996年版。其中，1931年周作人日记引自《冰心与我祖父周作人的早期交往》(周吉宜著，《中国现代文学研究丛刊》2018年第4期)。

[16] 冰心书信由周作人亲属所藏。

[17] 冰心:《我的大学生涯》,《冰心全集》第 7 卷,海峡文艺出版社 1999 年版,第 599 页。
[18] 陈子善编:《闲话周作人》,第 3 页,浙江文艺出版社 1996 年版。
[19] 一户务:《冰心与丁玲　近代支那女流作家》,《妇人画报》昭和 16 年 10 月号,第 140—143 页。
[20] 周作人:《周作人自编文集・艺术与生活》,河北教育出版社 2002 年版,第 113 页。
[22] 石川啄木著,周作人、卞立强译:《石川啄木诗歌集》,人民文学出版社 1962 年版。
[23] 坂本文泉子、石川啄木著,周作人译:《如梦记　石川啄木诗歌集》,中国对外翻译公司 2005 年版。
[24] 周作人:《周作人自编文集・立春以前》,河北教育出版社 2002 年版。
[25] 参见《写生文》,《夏目漱石全集》第 10 卷,筑摩文库,1988 年。
[26] 参见《牧歌(小景诗曲)》第一曲　第四曲,テオクリトス著,吴茂一译,『饗宴』創刊号、書肆林檎屋、1976 年 5 月。
[27] 参见『テオクリトス牧歌』、古沢ゆう子訳、京都大学学術出版会、2004 年。

回忆与纪念

我与绍兴五十年

张梦阳

我第一次到绍兴朝拜鲁迅先生是1969年10月1日，到现在已经整整50年了，经过还挺有意思。

1966年5月，"文化大革命"爆发，我像其他的年轻人一样，出于对伟大领袖的无限崇拜，狂热地投入了运动。但到1968年，却恍然大悟，感到这样下去是不行的，不仅贻误自己的青春，还会毁掉自己的一生。因为不学无术，任何时候，对任何人来说，都是有害无益的。于是不顾一切，埋头读书。那时图书馆关门，不出借任何书籍，手边可读的只有父亲在我考入北师大中文系后送给我的1958年版的《鲁迅全集》，因此就钻了进去。越读越觉得鲁迅伟大。

1969年9月底，我去看望刚从部队复员到上海的姐姐、姐夫，9月30日他们带我到杭州旅游。逛了西湖后准备回去，我却执意要到绍兴朝拜鲁迅。姐姐、姐夫只好先回去，我一人独自留在杭州，等第二天乘早车到绍兴去。没有钱住旅馆，在车站候车室的长椅上躺着。那时的杭州火车站很简陋、破旧，连现在的一个小站都不如。我躺在椅子上睡不着，就在沉沉黑夜中，信自漫步，不觉之间来到了六和塔附近的钱塘江大桥桥头，懵懵懂懂上了大桥。结果被守卫大桥的解放军抓住了，带到值勤室询问。我给他们看了学生证，说明了原委，他们才放了我，并向我道歉。我说：解放军同志警惕性高，很佩服！前两年出现过为保卫大桥牺牲的蔡永祥,你们正体现了蔡永祥精神。解放军同志很高兴,送我离开大桥,嘱咐我回火车站,不要再乱走了。

我遵嘱回到火车站,乘第一班早车来到绍兴。那时,绍兴比杭州更差一截,根本就没有站,火车停在一个土坡上,自己下车就是,连检票的都没有。我下了车,只见坡下彩旗招展,游行队伍委蛇而过,想起这一天正是10月1日,建国20年大庆,就下坡穿过游行队伍往城里走。边走边打听鲁迅故居在哪里,走了很远,来到一高墙边,墙呈白色,墙顶是尖角的黑瓦。据说这就是鲁迅故居。大门紧闭,停止开放。我只能在墙外闻闻味儿,从墙内散发的野草气味儿和石板路上戴毡帽的农民身上,我似乎感到了鲁迅所描写的绍兴风味。中午在小饭铺花一角五分钱吃了碗汤面充饥,下午就径自赶回杭州,再倒车回上海,天黑才到姐姐婆家。一进门,就挨了姐姐劈头盖脸一顿臭骂:“别家的孩子,谁敢自己跑到绍兴去呢!”但她绝对没有想到,我也未曾料到:整整10年之后,即1979年10月,我竟然由于对鲁迅的虔诚苦读和独到理解,被林非等先生发现,从农村学校直接调到中国最高的鲁迅研究机关去了。

第二次到绍兴,是24年之后的1993年9月,我已经是中国社会科学院文学研究所的副研究员,历经9年编纂的五卷一分册1 000万字《1913—1983鲁迅研究学术论著资料汇编》业已出齐,摆在世界各大图书馆的书架上,自己也因之颇有些名气,应邀到象山参加浙江省鲁研会年会。

我和同事经历了一天一夜的旅程,终于在晚上到达杭州。一下火车,就赶上了淅淅沥沥的秋雨。在这样黑漆漆的夜晚,淋着寒冷的秋雨,走在人生地不熟的地方,真令人感到凄凉。正在不知所措时,我忽然看见人群中有一位很帅的青年人,两手高举着接我的牌子,屹立在火车站前的一块大石上。秋雨已经打湿了他的头发,水滴顺着额头流下来,可是他全然不顾,坚持高擎着接人牌。呵，是黄健！我抑制不住自己的感情，大声呼喊起来。他一听见，连忙放下牌子，朝我跑来，两双手紧紧握在了一起，真像久别的亲人。他和我非亲非故，仅仅见过一面，为什么要冒着夜雨来接我，在寒冷的秋雨中站了这样长的时间？全是因为心中都深藏着“鲁迅情”！

黄健帮我们安顿好住处，第二天陪我游了西湖，第三天又一起坐火车奔宁波，再倒汽车到达象山，在那里参加了三天浙江省的鲁迅研究学术研讨会。这三天，我受到了有生以来最盛情的接待，尤其是会议主持人、北师大的老同学、象山县委党校林大水校长和宁波大学的竹潜民教授，那种发自内心的情谊始终就像热火一般地温暖着你，简直令你不敢当。我深知个中原因，这不是因为我个人如何如何，而是因为这里离鲁迅的故乡绍兴很近，你是从北京到这里出席鲁研会，崇仰鲁迅来了，靠近鲁迅故乡的人自然要以最大的热情接待你。也全是因为心中有“鲁迅情”啊！

会后，我和人民日报社的刘梦岚等三位大姐一起旅游了三天，夜晚冒雨来到了绍兴时，已经疲惫不堪。我们像找家一样地寻找绍兴鲁迅纪念馆，感到只要找到那里就算是回到家了。几经周折终于来到鲁迅纪念馆门口。这时已近深夜，早已大门紧闭。当我们敲门说明是北京研究鲁迅的人之后，门立即打开了，一位老师傅热情地接待了我们，说受裘士雄馆长指示已经等候多时了。他安排我们住进百草园旁边的宅院里，又是打热水，又是铺被褥，像是招待自家的亲人。

第二天一早，副馆长王强就赶来问候，说裘馆长等了我们两天，不见我们来，上海又有急事，只好先去办事了，特意派他负责接待。具体到哪里参观，生活怎样安排，真是无微不至，还专门派了一位馆里骨干陪同我们去所有的地方。

一到绍兴我就更加觉出：绍兴人，即使不是鲁迅研究学者，内心也都有一种深厚的“鲁迅情”，热爱他的著作，他的思想，他的故居，他的遗物，他的一切，甚至于一些癖好，譬如绍兴黄酒、茴香豆等也都热爱。而这种共同的“鲁迅情”，又把这些鲁迅先生的挚爱者们紧紧地联系在了一起，无论走到哪里，只要知道对方是研究鲁迅的，就一见如故，立即刮目相视，如同一家人，特别优待。鲁迅，已经成为绍兴大多数人心中的情结，对研究鲁迅的人要看重一眼，视为知己，成了他们的惯例。

我们也像朝圣一样景仰着鲁迅先生。到达绍兴鲁迅纪念馆的第二天清晨五点钟，鲁迅研究室的同事钱碧湘大姐就不顾旅途的疲劳，来到百草园清扫院墙上的落叶。鲁迅先生如果地下有知，了解他的这些研究者和崇拜者们的虔诚之心，是会感到慰藉的。

一天，馆里的两位讲解员来看我，询问些鲁迅作品中的问题。因为都热爱鲁迅，所以不大会儿就很熟了，毫不拘束。临走，这两位年轻、俊俏的姑娘跟我玩笑道：

“鲁迅在《从百草园到三味书屋》里讲，百草园里有‘美女蛇’，是‘人首蛇身的怪物’，能唤人名，倘一答应，夜间便要吃人肉的。张老师怕也不怕？”

我也玩笑道：

“不怕的。因为鲁迅他老人家晓得我是真心研究他的，为他付出了一生的心血，他的灵魂会保佑我的。”

然而，到了深夜万籁俱寂时分，孤身一人穿过幽静的后院去上厕所，看见幢幢的树影，听到“夜游恶鸟”的鸣叫，还是有点儿毛骨悚然。这时，我就在心中默默地祈祷鲁迅先生保佑。鲁迅先生就是我们这些鲁迅研究者“心中的上帝”，我看这并不算是迷信，而是进入鲁迅学大门必备的虔诚之心。事实上，从事任何一门学问的研究，都必须对研究对象抱以虔诚的献身精神。何况是对鲁迅先生这样伟大的人呢？你越是深入地研究他、学习他，就越会感到他的伟大，感到他在中国人精神生活中不可替代的位置，不惜把毕生的心血献给对他的研究。

几天后，裘士雄馆长和章贵副馆长从上海回来了，他们顾不上休息就到后院看我。不一会儿，绍兴文理学院的谢德铣、陈越两位教授也来了。一下子，把这古色古香的小屋挤得满满堂堂，热烘烘的，好不热闹。我想，这全是“鲁迅情”把我们这些不沾亲不带故的人们紧紧联系在了一起。

印象最深的是两次小型的酒宴。

一次是陈越、谢德铣代表学院请的，特地买了价格很贵的河蟹。

可是我偏偏懒得吃这玩意儿，硬是送给陈越吃。他开始有点儿奇怪，说：“这是宴席上最贵的菜了，为什么不吃？”我说自己是山东人，喜欢的是大碗喝酒，大块吃肉，没有细嚼这小东西的耐心。他方明白过来，拿过津津有味地细嚼慢咽起来，每一根蟹腿都要咬开，剔出细肉，慢慢嚼咽。那股细心劲儿，真像是大姑娘绣花。我一边看，一边折服绍兴人特有的这种细品的劲头儿。对鲁迅的作品，也只有这样细细品味才能真正有所体悟。一边的谢德铣先生则和他平日一样，不多言语，只是默默地微笑着，照顾着别人，至今我仍然清晰地记得他那朴实、敦厚的笑容，而他已经默默地故去了，永远留在了鲁迅研究者们的心中。

一次是和裘士雄、章贵二位馆长，陪北京鲁迅博物馆的馆长在咸亨酒店吃绍兴风味的宴席，把我也硬拉去了。其中一道菜是鲁迅在杂文《答有恒先生》里写过的“醉虾”。在酒中泡过的活虾不住地往瓷盆外爬，用筷子夹回去还是爬。裘馆长连忙告诉我说：“别来回夹，往嘴里送，硬吃掉！”我却下不去嘴。裘馆长干脆做一示范，夹起一只活虾就朝嘴里送，嚼得咯吱咯吱响。我才勉强也照样吃了一只，不觉得怎么好吃。不过，对鲁迅在文章中所说的“虾越鲜活，吃的人便越高兴，越畅快”，倒有了些许体验。

不几天，绍兴的主要去处都已看过了，纪念馆里却迎来了大队人马：杭州师范学院的钱英才教授和几位教师，率领一百多个一年级新生参观鲁迅故居来了。这是他们系法定的规矩，入学的新生都要先朝拜鲁迅先生。还是“鲁迅情”的效应，我和这大队人马很快就打成一片。鲁迅的外婆家安桥头本来已经去过，但还是和他们一起再去一次。这次的味道大不一样，和师生们一块儿坐在木制的航船上在绍兴的河流上航行，看着船外的绿树、稻田，闻着油菜花的香气，听着钱英才教授风趣幽默的谈话，真是别有一番风味。

还必须提到的是鲁迅纪念馆的工友王师傅，每天必给我们送三次开水，风雨不误，令人感动。王强副馆长告诉我，王师傅是复原军人，20 世纪 60 年代响应国家号召不要职工待遇，回家当农民。到现在已经六十岁了，还没有成家，一个人过日子。裘馆长很同情他，请他到馆里当工友，并跟上级反映过多次，希望恢复他的工资待遇，但始终没有结果，现在他就以馆为家，住在门口传达室，把馆里所有杂活和保卫工作都包下来了。真是馆里万万缺少不了的人。我无事时，到他小屋里坐过，他很乐观，从不为自己所受到的不公正待遇忧心。

一晃就是半个多月，我实在不忍心再麻烦这些好人了，决定离去。到会计室要求结清房钱，会计说都是鲁迅研究圈内的朋友，裘馆长说好不要钱的。这房是对内的，外面的人给钱也不让住。我说既是出差就有经费，公对公不必客气。这样，会计才按最低的价钱结算了。我叮嘱她暂时跟裘馆长保密，第二天一大早留了一封感谢信，悄悄走了。后来见到裘馆长，一开口就埋怨我为什么不打招呼就“逃跑”了，本来是一定要派车送我的。我解释说：“是太不忍心再惊动你们了，你们的盛情使我心中很不安。”

这就是鲁迅研究圈内的“鲁迅情”，是金钱难以换来的。

2001 年 9 月又到绍兴开中国鲁迅研究会年会，由于林非、陈漱渝先生指派我负责会务，忙得不可开交，只跟裘士雄、陈越等先生打了个招呼，没来得及多谈。

2006年10月，我虽然已经退休，但院里还是通过了我曾经报的《鲁迅全传·苦魂三部曲》项目，并给了两万五千元经费，我就自己一人重游绍兴，打算仔细体味一下绍兴的生活风味，为写好第一部《会稽耻》做准备。为了专心致志体验生活，谁也没有告诉。在绍兴文理学院附近的廊桥酒店包了间房子，买了茴香豆和各种绍酒品尝，以体会鲁迅笔下人物阿Q、孔乙己等当年喝酒吃豆的滋味；在咸亨酒店一坐就是半天，观察绍兴人是怎样喝黄酒的；乘乌篷船逛东湖，游小河，去安桥头，望会稽山，回味鲁迅故乡的风俗世情；甚至半夜从鲁迅故居徒步走到府山，在黑暗中登山，想象少年鲁迅在父亲死后登府山的悲凉心境。

但还须参观鲁迅故居并看馆藏，所以到绍兴鲁迅纪念馆去了一下，见了顾红亚女士。她立即向徐东波副馆长做了汇报，徐馆长当即表示全力支持，让负责馆藏的徐晓光女士陪我去看镇馆之宝——少年鲁迅珍藏的《花镜》。里面有鲁迅的亲笔批字和当年夹在书中的广玉兰花瓣，不能拍照，我就找纸把书页、字句和旁边的批字摹拟下来，后来全写进《苦魂》里。从馆藏室出来后，红亚又迎了上来，说厨房已经给我准备好午餐，请我用饭。我跟她到了小餐厅，见饭桌上摆好了两盘鱼和菜，我只好从命，刚想请红亚一起用饭，她却一溜烟跑了。

当时鲁迅纪念馆的参观券80元一张，参观过一个地方撕一角。撕过就不能再去了，我正想购票，购票处的一位女同志仔细端详我一番，问道："您是张梦阳先生吧？"我点头称是。她笑道："您不用买了，馆里通知了，张梦阳先生不用买票，自由出入，自由拍照，不要干涉。"我闻听，感动得几乎落下泪来。就是在这样的无微不至的关怀下，我仔仔细细、反反复复察看了鲁迅住过的房子和三味书屋，连书屋里的桌椅板凳、犄角旮旯都细察了个够，还为少年鲁迅当年用过的桌子上刻的"早"字拍了照。为后来的写作提供了丰富的实地资源。

都察看完了，在酒店房间里收拾东西，准备离开，忽然一人连门都没敲就闯了进来——是陈越。赶紧起身握手，他一边紧紧握着我的手，一边怨道："来了这么多天，怎么没通知一声？"我说是为了写《鲁迅传》，重来考察，既怕耽误你们时间，又怕分我的心，所以保密了。他说听纪念馆说你来了，马上来找，正好鲁迅文学奖颁奖会在绍兴召开，要举行一次鲁迅报告会，黄健已经从杭州赶来了，光他一人，有些孤单，你既来了，就正好请你也讲讲吧！我只好答应。他又关心地询问酒店房费的事，我说这就不用你们破费了，社科院给了经费，已经结清了。他才算罢。不然，他们非得出房钱才是。又谈起看过《花镜》的事，他抱拳说道：真是优待到极点了。《花镜》是绍兴鲁迅纪念馆的镇馆之宝，一般绝不拿出让人看。我连说：那老兄见了他们，代我致谢了！

回京后，红亚给我寄来了一套十本的绍兴历史文化丛书，张理明教授和他秀美的夫人傅支伟为我找到一本《绍兴方言词汇》，特地快寄过来。关于绍兴的资料非常全了。

特别应该提到的是绍兴鲁迅纪念馆老馆长、绍兴历史风俗权威裘士雄先生的帮助。少年鲁迅和二弟周作人因祖父科场案避居舅舅租住的皇甫庄范氏大院，这是必须要写的。2006 年秋天我到绍兴考察时，绍兴文理学院曾经派专车，请刘家思、吕晓英两位老师陪我去瞻仰过鲁迅祖父母的墓地，后来又请李红霞老师陪我去皇甫庄察看，但那里早已面目全非，只剩下些残垣断壁，无从了解原貌。过去，在人们的印象中，好像很艰苦，是家小门小户，而据裘士雄先生在《鲁迅避难过的皇甫庄及其主人范啸风》一文考证，范氏大院其实是所很典雅、阔绰的祖传老宅。因此我写《会稽耻》第四章皇甫庄时，裘文就成了惟一的参照。我向裘先生求赐，他一口答应：完全交你处理，不必考虑其他。这样，这一章的环境描写就全部依据裘文进行了。为了不走样，有些地方简直是"抄袭"裘先生的原文。裘先生不但没有丝毫异议,还仔细看了我前十章的打印本,提出数十条订正意见,特地寄给我。我又按照他的意见做了修订。可以说《会稽耻》关于绍兴史实、风俗的描写,是经过绍兴权威专家认真审核的。这是何等无私的友情,一心一意于鲁迅研究的共同事业,不像一些世俗之人那样斤斤计较世俗得失。我对裘先生又该多么地感激!

经过这样的多方支持,《鲁迅全传·苦魂三部曲》的第一部《会稽耻》于2012年1月试水出版了。绍兴市作家协会、文联、社联、绍兴鲁迅纪念馆、绍兴文理学院人文学院,于2012年4月13日联合召开了"长篇小说《会稽耻》座谈会",特地邀请我与会。会上,绍兴作家协会主席马炜先生站起来说:绍兴作家多少年来也没有像张梦阳先生这样写出绍兴的民俗风味。这是马炜先生的谦虚,绍兴作家肯定比我了解绍兴。但我作为外地学者能够得到绍兴作家协会主席这样的称赞,还是感动得几乎再次落泪,感到自己多年的苦功终于没有白下。而这与绍兴各界的大力支持分不开。

转眼间,我已经过了古稀之年。经过《中国鲁迅学通史》《鲁迅全传·苦魂三部曲》《中国鲁迅学百年史(1919—2019)》好几百万字的苦写,感到自己的生命几乎消耗殆尽了。以至想到魂归去时该留下怎样的话……

今夜悄悄过五洲,梦魂牵绕若云流。

这是我怀念年轻时代恋人时所作的一首七律《梦魂》的开头两句。如今,青春已逝,对恋人虽仍怀念,但已淡如青烟,五十余年来梦魂牵绕的是鲁迅和他的思想、著作和对鲁迅的研究。甚至于20世纪90年代初,最困难、孤苦的一个夜晚,竟梦见一位仙人告诉我应该写一部书:《〈野草〉通解》……

那么,惟一想留下的话还是集中在鲁迅研究上了——

> 有生之年已经不多。让我们把最宝贵的时间用在学术研究上吧,不要在琐事上耗费光阴,全力以赴从事鲁迅著作和思想的学术研究!鲁迅学当中,需要做的学术工作还多着呢!

但愿上天还能再假我以10到20年的光阴,让我能够基本完成要做的工作。

人都是要死的。魂终归要归去。我祖籍山东临清,但从来没有去过;生于甘肃天水,三个多月就离开了;虽在北京生活了几十年,但老北京人从未把我当作北京人。自己真有一种没有故乡的感觉。既然陪了鲁迅一辈子,就把鲁迅的故乡当作自己的故乡吧!魂归去时,但愿能在故乡绍兴得一块墓地,树一小碑,上刻——

> 鲁迅的崇拜者、研究者张梦阳之墓

倘若此愿不可得,则由我的女儿、外孙女把我的骨灰撒向绍兴东边、鲁迅少年时代曾去过的大海……

> 此情可待成追忆,
> 魂归去兮向鲁迅……

2019年3月5日夜于北京香山"孤静斋"

因鲁迅而结缘

——回忆我与张能耿先生的交往

谷兴云

《绍兴鲁迅研究》的责任编委，顾红亚女士 2018 年初回复我，在绍兴的著名鲁迅学者“张能耿先生已经在去年过世了”。闻此噩耗，即刻黯然神伤，久久不能平静，许多往事，涌上心头。

我和能耿先生称得上老朋友了，开始交往于四十多年前，即 1970 年代。——这里要多说几句，其实，我与绍兴鲁迅学者交友，最早一位是周芾棠先生。因缘是，1975 年发现鲁迅仙台书简（即，现存鲁迅书信最早一通，1904 年 10 月 8 日写于仙台的《致蒋抑卮》），引起学界关注，芾棠先生对此简写了研究文章，发表在南京师大《文教资料简报》。1976 年，我编《新发现的鲁迅作品及书简》一书，拟收录此文，于是通过《文教资料简报》，得以联系到文章作者。经由芾棠先生和别的学者，嗣后又与能耿先生，绍兴鲁迅纪念馆前馆长裘士雄先生等，在绍兴的多位鲁迅研究者，陆续结成文友、书友。可以说，我与诸位绍兴朋友，全由鲁迅而结缘。单就能耿先生而言，从 1976 年起，彼此就不断有书信往来。以 1977 年为例，翻查当年邮件收寄记录本，有关记载是：

1 月 6 日，收张能耿所寄《杭州大学学报》（专号）1 本。

1 月 26 日，寄张能耿《新发现的鲁迅作品及书简》增补页及勘误表。

3 月 8 日，寄张能耿周总理讲话、《鲁迅诗歌研究》征稿提纲等各一份。

3 月 26 日，收张能耿信，谈《鲁迅诗歌研究》约稿事。

5 月 22 日，寄张能耿《读点鲁迅》（二）一册。

6 月 22 日，收张能耿赠《鲁迅书话》一本，附信谈写稿事。

同日，即复张能耿，谢赠书，谈写稿事。

7 月 30 日，收张能耿复信，对《阿 Q 正传》中的自由党、银桃子等，表示不甚清楚。

11 月 3 日，寄张能耿《鲁迅诗歌研究》订单及《读点鲁迅》（1）各一，另赠书一册。

12 月 11 日，收张能耿寄回的订单，信中告知，正在劳动。

据以上记录，在 1977 年这一年中，与能耿先生来往邮件共 10 次（实际有漏记）。其中，《杭州大学学报》（专号）是 1976 年该学报当年出的最后一期（纪念鲁迅专号），刊登有能耿先生某篇文章。《鲁迅诗歌研究》，是我在《新发现的鲁迅作品及书简》之后，持续经手编的鲁迅研究资料，两者均为内部印行；同性质的，还有《读点鲁迅》（1），这是一本小册子。（《读点鲁迅》（二），系转赠，是安徽劳动大学中文系编印的）《鲁迅书话》一书，为张能耿与黄中海二位合著（《杭州文艺》编辑部编印，1976 年 10 月）。关于《阿 Q 正传》中的自由党和银桃子，是我在阅读中产生疑问，意图探究实情，曾写信向前辈学者（如在北京的孙用先生）、绍兴朋友（能耿、芾棠等先生）、研究机构（中国社会科学院近代史研究所）请教。嗣后，根据了解到的材料，撰《关于〈阿 Q 正传〉中的自由党和银桃子》一文，作为资料，最初编在《读点鲁迅》（1）中。（薛绥之先生先后主编的《鲁迅作品分析》和《鲁迅作品教学初探》二书，均予以收录，后一度编入中学语文教学参考书，人民教育出版社出版。）

1977 年以后，在许多年里，我和能耿先生等绍兴朋友，一直保持着友好来往：通信，交流书刊、资料和信息。这种交往，更多是我向各位求教、求助。

1980年初，我在《狂人日记》一课教学中，产生对这一经典的研究兴趣。从王士菁先生所著《鲁迅传》中看到，“狂人”原型阮久荪（书中称“鲁迅的姨表兄弟”），有一封发病时写的家信留存，保存在北京鲁迅博物馆。于是投书，向北京鲁迅博物馆馆长，鲁学专家李何林先生求询此事。果然，确有阮信存世，为鲁迅博物馆藏品。随即得到在鲁博工作的我的大学同学、好友王得后先生鼎力相助，为我抄录了阮氏原信，共四通。研读阮信，发现一些涉及阮氏本人，以及有关绍兴的地名、往事，不知其详。我写信，向在绍兴的能耿、芾棠二位，以及裘士雄等先生请教。不久就得到满意的答复，疑团冰释。比如，第三封信的寄信人姓名、地址：“绍兴郛桥作民校阮久巽（按，“久巽”即“久荪”）缄”，“郛桥”在绍兴哪里？“作民校”是什么意思？为此，能耿先生协助作了调查，回函告诉我：此信应是阮氏，在所任教的学校所在地郛桥写并寄的。“郛桥”，就是现在绍兴市樊江公社的“枯桥”（“枯桥”旧作“郛桥”）。“作民校”即“作民学校”，过去确有过一个“作民学校”。“郛桥作民学校”的界碑石，现在还可以在枯桥村见到，等等。我后来撰写《关于〈狂人日记〉中的“狂人”原型阮久荪——介绍鲁迅保存的四封阮氏书简》及《再谈“狂人”原型阮久荪兼答二位读者》两文（前篇刊于《河北学刊》1983年第1期，后篇刊于《河北学刊》次年第1期），引用了能耿、芾棠等几位文友，热心介绍的情况，或提示的资料，并在篇后附记中，表示了谢意。

多年里，能耿先生屡有书刊惠赠或惠示。其中，有一本十分难得，就是《鲁迅亲友谈鲁迅》。此书系能耿先生最早问世的著作，1958年4月，由东海文艺出版社出版。此本之所以难得，可从能耿先生复信，了解究竟：

兴云同志：

来信收悉。

遵嘱将《鲁迅亲友谈鲁迅》寄上，请注意保存，因为我也只有这一本了，还是周芾棠同志送我的。

这一本不像样的东西，1977年澳门曾经翻印过一次。

祝

好！

能耿

(1980)10.8.

情况是，我在编印鲁迅研究资料中，得知能耿先生曾出版这本书，极欲拜读，随即写信，请求赐阅。很快，书主人即将此自己珍存，而且包含友情的绝版孤本，慨然惠示于我。在感动之余，我随即研读一过，并请退休在家的先父过录保存(那时还没有复印技术)，以备以后再读，必要时查阅。能耿先生的无私精神，由此可见一斑。

后来，能耿先生有新著出版，均蒙惠赠，如《鲁迅早期事迹别录》《鲁迅的青少年时代》等，不一一细述。

我居住、工作在阜阳，地处安徽西北一隅，距离绍兴较远。虽然久欲拜访鲁迅故里，看望绍兴朋友，但此非轻而易举之事。等待多年，终于有了机会。1983年4月21日至27日，在杭州召开"全国教育学院系统现代文学教学研讨会"，我有幸收到与会通知。经有关领导批准，可以前往参加。我提前几日出发，辗转经沪宁等地，19日抵杭。办过报到手续后，当即去绍兴参观、会友，尚可在绍兴勾留二日。到绍兴后，径去鲁迅纪念馆，拜晤主持馆务的裘士雄先生，被接待住在纪念馆的招待所。当晚，在看望芾棠先生之后，即去能耿先生寓所，会晤这位经年通信而未得一见的文友。按事先通信中主人示知的地址"绍兴红卫里四楼406

号”，如愿与文友欢聚，互诉相见恨晚之意。可惜这次初见，为时不长，我以新收到的《河北学刊》样刊，以及《文教资料简报》等资料，留做见面礼，随即道过“后会有期”而辞。

初见的遗憾，三年后得到补偿。1986 年，也是在春天(4 月下旬)，我到杭州，参加《中国当代文学作品选评》教材的定稿会议。4 月 20 日午后 3 时抵杭，没有离开火车站，立即签票去绍兴，争取与几位绍兴朋友能够多聚一些时间。这里，为免除回忆失真之弊，不妨直接抄录当年个人日记的片断——

(1986 年)4 月 20 日：“时已五点多，绍兴的公共汽车停了。一路步行，到鲁迅纪念馆招待所投宿，又住进了上次(1983 年)住过的平房 3 号。晚饭后，先去周芾棠同志家，欢谈了约一个小时。回纪念馆，去看了值班的裘士雄同志。谈了几十分钟，从他那里借了三本绍兴文史资料选辑，带回房间看。”

4 月 21 日：“经周芾棠同志联系，午后和张能耿同志会晤，借周芾棠的办公室(市群艺馆调研室)，聊了一下午。张做东请我们二人在饭店吃饭。三个人谈了共同编写《鲁迅在绍兴生活和活动的地方》一事，颇为融洽。是我提议，希望他们搞；他们表示，三人一同搞。饭后，又继续聊。近八点，饭店要关门，我们才离去。和张能耿分手后，周芾棠陪同，去应天塔下，和畅堂秋瑾故居门前，以及都昌坊几处石桥，走走看看，一路听他介绍。约九点，两人才分手。”

又过一年的 4 月，我重去杭州，参与《中国现代文学作品选评》编务会议，得以利用会议间隙，再赴绍兴参观、会友。仍抄录个人当天日记(1987 年 4 月 25 日)：

“约十一点，到达绍兴汽车站。步行去鲁迅纪念馆，在纪念馆办公室，找到了馆长裘士雄同志。首先谈了集资建鲁迅纪念铜像的情况，当场赠款二十元，他给办了手续，还送了两本他们自编的资料。随后参观陈列厅的展览(比去年有所修改)，在售品部买了十多元的书。晚饭后，会见周芾棠同志，又一同去张能耿同志家，再谈合作编写《鲁迅在绍兴生活和活动的地方》问题，至二十二时左右，回鲁迅纪念馆。经裘士雄同志安排，住在‘平(房)四号’。上两次住在‘平三号’，两室只隔一墙。这里过去也是鲁迅家族的房屋，卖给朱阆仙后，朱家重新改建了。”

1986年与1987年，两次与能耿等绍兴文友之聚，俱见于上面日记抄录，不必重述。所记合作编书的计划，后来没能实现。

此后过了近20年，我才得机缘，与能耿先生再相会，这是最后一次聚首。2006年5月下旬，我受邀赴沪，在上海鲁迅纪念馆，参加黄源先生诞辰百年纪念会。嗣后我去杭州，登上葛岭，单独瞻仰了黄源故居。15日至绍兴，下榻老台门客栈。在鲁迅故里内，巧遇裘士雄先生，受赠其著作，并承士雄先生代为联系，约定当晚拜访能耿先生。是日晚，与芾棠先生一起，同至能耿先生新住小区，但他另有贵干。我登门看望能耿老友，畅叙别情。谈话间，主人以其近年著作馈赠，有《鲁迅家世》(与张款合著)《鲁迅亲友寻访录》《孙氏兄弟谈鲁迅》(与裘士雄等合编)等五种，一一题词留念。在我的纪念册上，写道：

多年老友
难得一见
至为珍贵
友谊永恒

张能耿
2006年5月15日

又过12年，即2018年1月，我以新出拙著《鲁海求索集》数本，拜托红亚女史代为转致绍兴朋友，如能耿、芾棠、士雄等先生。不料得知，能耿先生竟已作古。即请红亚女史将我的一本赠书转给能耿先生的女儿张款老师，作为对老友的迟到纪念。

故人已逝，存者思念。张能耿先生，我一生中，有幸遇到的同好兼良友，是鲁迅与鲁学，把我们连接起来，息息相通，铭记心间；你将以自己的独特贡献，活在鲁学事业中。

忆老马

余慧娟

马蹄疾先生是一位值得敬佩和感动的乡人。他博学多才，凭着勤奋自学，成了中国鲁迅研究界的学者专家，并有多部研究著作留存于世。他平易近人的态度，使我们都亲切地叫他“老马”。

我与老马接触始于20世纪90年代初，老马1996年去世后，我与他的夫人薛贵岚大姐也一直保持联系。虽然老马去世已经20多年了，但他的一言一行留给我的深刻印象一直印在我的脑海中。

鲁迅曾说，他是把别人喝咖啡的时间都用在工作和学习上的。老马也是那样的珍惜时间。曾经有段时间，因老马的父亲年迈多病，需常回绍探望老父及处理相关事宜，他就利用这个机会挤时间来我们馆查阅搜集鲁迅研究方面的资料。早上我们资料室的同事还未上班，他总是面带微笑早早地等在那里，等人一到即刻恭敬地递上纸条，上面写着的是这一天所要借阅的资料书目，简短地询问几句，赶紧抱着一叠书籍去查找他所需素材（那时馆里有规章制度，外来人员查阅库房内保存的资料，必须当天借阅当天归还，以防遗失），所以在下班之际他会及时归还。这时他会谈及当天查阅的收获，同时他会列出第二天还须查阅的内容，使资料室的同志早做准备，免得浪费时间。为了方便和节省费用起见，他居住在当时我们馆里的一个简易的招待所内。那是一个景色不错的小院，可老马从没在那里欣赏风景，他总是在伏案疾书，别人过往也不受影响，时间对他来说太重要了。对他来说连吃饭都是浪费时间。老马有一个堂弟在纪念馆旁边开了一家面馆，老马经常叫堂弟送阳春面到招待所，就这么简单地解决了吃饭问题。我有时跟他开玩笑，这样也太节约了吧！可他却说到外面吃饭跑来跑去的，碰到熟人还得闲聊几句，太浪费时间，这样挺好。他珍惜着点滴的宝贵时间，难怪短短几年就有那么多的研究专著问世，真令人佩服。

《鲁迅生活中的女性》是老马的遗作，此书发行之时老马已经离开人世了，是他的夫人薛贵岚大姐将此书赠送给我留作纪念，我也认真地拜读了两遍，从中看到了一位情感丰富细腻的马蹄疾先生。老马在书中对鲁迅生活和工作中接触的不同女性作了详尽描述和分析，既有新的理论观点，又有较强的可读性。在现实生活中，老马同样感情细腻又专一。他对夫人照顾极为周到，去外地出差，只要时间不是太紧张，都会带上薛大姐一同去，让她一起看外面的世界，如不能同往，则会购些服饰或其他纪念品犒劳薛大姐，生怕因他不在家而委屈了她，接触过老马的朋友大约都会有同感吧！老马不仅在学术上成就多多，在日常生活中也是一个多面手，许多手工活都是拿手戏，家中的活大都亲自动手，做饭、做菜，事无巨细样样能干，连儿子结婚的婚房也是他亲手布置的，对妻子、儿子、儿媳真是关怀备至，唯独对自己的生活总是大大咧咧非常随意，以致健康受到损害都未引起重视，最终酿成大病。

老马在绍兴曾有一个既是邻居好友又是年轻时代的初恋，叫夏菁荪，由于种种历史原因，未能终成眷属。直至老马病重期间，回忆起往事，牵挂着夏女士。早先老马曾将此事告诉过薛大姐，时过那么久，再提及，薛大姐作为女性，对这个问题是比较敏感的，就产生了误解，怀疑家里的钱会不会外流。那时老马的经济比较拮据，仅有工资收入和微薄的稿费，自己一家人，以及老马的父母和岳父的赡养费都需要开支，余下不多的钱还要购买研究用的各种史料、书籍等等，基本没有什么结余了。受薛大姐之托，为解开疑团，我们通过多方打听，找到了夏女士，当时她定居在萧山一乡村，与当地一农民结婚，育有一子一女，且都已成家，丈夫和夏女士均有退休工资，一家人生活得比较温馨。她回忆说在绍兴和老马分别后，一直没有见面，早期通过两三次书信，在经济上也没有往来，结婚后就没有再联系。在征得夏女士同意后，我们第二次陪同薛大姐前往拜访，告之她老马病逝及生前的有些情况，完成了老马生前牵挂的遗愿，也解开了薛大姐的疑团。

老马被病魔夺去生命后，薛大姐为失去一位好丈夫而悲痛欲绝，天天以泪洗面。在众多亲朋好友的劝慰下，薛大姐选择了坚持和坚强，做了许多老马未完成的事，按照老马的遗愿将他生前的有关鲁迅研究著作及收藏的有关研究资料共四百余册书籍捐赠给了我们绍兴鲁迅纪念馆。

老马是鲁迅研究界的一位精英，我们为过早地失去他而深感痛惜。

三味论坛

昨夜星辰依旧灿烂

——“五四潮·中国梦——鲁迅与同时期绍兴乡贤”策展记

杨晔城

绍兴古称“越”，近一百多年来，这里涌现出了一大批可歌可泣、彪炳史册的仁人志士。

资料显示，现在的越城区、柯桥区、上虞区、诸暨市、新昌县、嵊州市和当时隶属绍兴府的萧山、余姚，就有50位“五四”名人，其中蔡元培是五四运动的发动者，罗家伦是北京五四运动的学生领袖，邵力子是上海五四运动的发动者，朱仲华是上海五四运动的学生领袖，周恩来和孙越崎分别是天津五四运动的发动者和领导人，俞秀松、宣中华是杭州五四运动的领导人，何赤华、董秋芳是“五四”时期的绍兴学运领袖，而鲁迅更是“五四”新文化运动的主将。

2019年是五四运动百年祭。如何通过办展的形式，把“五四”时期绍兴乡贤的事迹集中展示出来，讲述“五四”时期的鲁迅和乡贤故事，弘扬先贤精神和名士之乡的优秀传统文化？绍兴鲁迅纪念馆承担了这项光荣的使命。组建策展团队进行越地红色之旅，笔者有幸参与其中。

诸暨：侠情满中华

位于诸暨市北部的店口镇，是中国共产党民族和统战工作的开拓者宣侠父的出生地。

宣侠父故居为诸暨传统台门式民居，两层回廊式砖木结构，占地三百平方米，里面修葺一新，布置着反映宣侠父人生经历的陈列，不仅史料较为详尽，还有一些多媒体的高科技辅助设施，使人耳目一新。据说当时为了修复故居，村民们踊跃募捐集资，村支书还专程到宣侠父生前曾经工作生活过的甘南藏区考察取经。这个以宣侠父烈士名字命名的村庄非常重视红色文化的保护与利用工作。故居全天开放并有专门的管理人员负责接待和讲解。听说我们为宣传“五四”先贤而来，村里派人全程陪同，还毫无保留地提供了介绍宣侠父生平的全套电子资料。一方山水养一方人，宣侠父故居旁边的宣氏宗祠集中展示了侠父村厚重的文化底蕴，尤其是世代相传“奉先思孝，处下思恭；倾己勤劳，以行德义”的家训，为先贤爱国主义思想的形成提供了成长的土壤。

离开侠父村，我们来到诸暨次坞镇溪埭村的俞秀松故居。俞秀松是中国共产党早期杰出的革命活动家，杭州五四运动的领导人；上海共产主义小组（中共历史上第一个共产主义小组）的五个发起人之一；中国共产党成立发起人之一，中国社会主义青年团（共青团）创始人；中国共产党首次出席莫斯科国际会议和首批留苏俄学习深造的共产党人；也是我党最早参加与军阀作战的军事工作者，对创建中国共产党和青年团作出过卓越的贡献。

故居坐北朝南，占地面积458平方米，属晚清四合院式楼房建筑，现为省级文物保护单位，东侧厢房楼上就是俞秀松的出生地，透过老眠床上那顶破旧的蚊帐，似乎能听到洪亮的婴儿啼哭声撕破了旧中国的黑暗长空。管理故居的俞秀松侄子俞志华老人热情地为我们讲解烈士生平事迹，2019年是俞秀松烈士诞辰120周年，听老人讲，故居不远处的俞秀松纪念馆正在抓紧建设中。在故居我们还看到了1962年毛泽东主席亲自颁发的一张革命烈士证书，客堂正中一幅“热血荐轩辕”的书法作品让人联想到鲁迅精神“我以我血荐轩辕”，正是共同的理想和信念，表达了先贤们对中华民族的无限热爱，即使流血牺牲也义无反顾。

张秋人烈士墓在诸暨牌头镇同文村水霞张自然村南面，到达时已近中午，因事先没有预约，经说明情况后，才得以入内。我们站成一排向张秋人烈士鞠躬默哀，旁边立于20世纪70年代的一块墓碑上“张秋人烈士永垂不朽”一行大字催人泪下，上面记述了烈士生平简要事迹：秋人烈士1921年参加中国共产党，在第一次国内革命战争时期曾任黄埔军校政治教官，广州政治周报编辑，北伐战争失败后又任苏浙区党委书记，1927年秋在杭州为国民党反动派所捕，坚贞不屈壮烈牺牲。

整修后的诸暨革命烈士纪念馆系统展出了诸暨各个历史时期牺牲的革命先烈的英勇事迹、历史图片、珍贵遗物等。在这里我们不仅见到了俞秀松烈士当年戴过的绒帽、背心等实物，还有《浙江革命烈士书信选》《诸暨烈士事迹专辑》《诸暨革命史话》《红色会稽》《张秋人》《诸暨革命故事选》等早期编辑的革命类图书，众多史料和实物充实了“五四”前后绍兴革命历史，如介绍中国共产党创立时期和大革命时期的历史。1919年北京爆发五四爱国运动，一批诸暨籍青年知识分子崭露头角，宣传新文化新思想，诸暨历史上第一张报纸《诸暨民报》诞生。1921年7月，中国共产党诞生不久，中共党团组织相继在诸暨建立，成为诸暨新民主主义革命的核心，涌现出了俞秀松、宣中华、杨眉山等一大批革命先烈。值得一提的是，纪念馆采用先进声光电技术，采用幻影成像技术还原墨城坞战役场景，以动态虚拟成像呈现诸暨人民的英勇坚韧品格，用数字化手段生动再现各地雨后春笋般发展的革命运动等等，这些对于我们今后的策展工作带来有益的启迪。

诸暨市史志办公室是诸暨之行的最后一站，主要想看有否重要资料需要增补。卢文荣副主任热情接待了我们，不仅送给我们一些最新出版的诸暨党史研究成果，还提供给我们一批电子版诸暨党史资料，即将离开时，卢主任又提供了其他几个史志办党史办的电话，方便我们联系。

新昌：法从柏台起

梁柏台烈士是中国共产党早期革命活动家，中华苏维埃共和国临时中央政府重要领导干部，我国人民法制和人民司法的开拓者。

位于新昌县新林乡查林村的梁柏台故居前几年因建设钦寸水库需要异地迁建。据悉，移地重建的梁柏台红色教育基地建设项目作为新昌县2018年政府投资项目之一，一期项目总投资1 000万元。因还在施工中，我们无缘瞻仰，庆幸的是2011年笔者曾在绍兴晚报组织下去过新林采风，拍摄了大量梁柏台故居照片和村庄周边人文环境照片，以及当年梁柏台大姐梁小芬用来珍藏梁柏台学习用品、课本、作文、日记等物品的竹书箱、梁柏台赴苏俄前与陈莲芝完婚的新房原物、在杭州参加五四运动和“一师风潮”的珍贵手稿等。

在新昌档案馆，我们查到很多有关记录“五四”前后时期先贤活动的原始材料，以及一些珍贵的文物手稿。像其中有一本20世纪80年代宣传部门汇编的小册子《宣传情况——革命烈士传略》，有《五四时期的绍兴学运领袖——何赤华烈士传略》《民族的号手，革命的音乐家——任光烈士传略》等，又如1926年1月16日梁柏台写给母亲的一封信，信件内容是梁柏台在得知父亲去世的消息后，仍忍痛坚持工作，没有归里奔丧，还在信中以“国家事大，家庭事小”的道理劝慰母亲。这样意外的收获太让人激动了。正是无数先烈抛家舍业，舍小家顾“大家”，才成就了今日和平繁荣之盛景。把烈士们的革命精神和优秀品德学习好、传承好，在烈士故乡这片热土上，创造出无愧于先烈、无愧于历史、无愧于时代的新的、更大的业绩，当是举办本次展览的目的所在。

嵊州：最早弄潮人

嵊州市党史陈列馆位于城隍山南隅鹿山公园西南侧。在陈列馆“党的创建和大革命时期”板块，我们找到了1919年11月浙江省立第一师范嵊籍学生商逵参与创刊的浙江最早宣传马克思主义刊物《浙江新潮》，1920年12月嵊籍“一师”学生钱耕莘、魏金枝担任编辑的浙江第一张工人报纸《曲江工潮》，以及当时浙江各地声援“五四”运动、传播马克思主义思想的相关报道。值得一提的是，在中国的现代音乐发展过程中，嵊籍革命音乐家任光做出了重要贡献，留下了《渔光曲》《彩云追月》《打回老家去》《新四军东进曲》等不朽经典作品，被音乐界称为“民族的号手”，这次陈列馆工作人员送给我们一部中国文史出版社新出版的《任光纪念全集》。这些新发现的“五四”人物、史料及研究成果，对丰富展览内容无疑具有重要的作用。

在嵊州市档案馆我们同样得到了热情接待，工作人员一次次不厌其烦地去库房为我们提取相关史料。“今后还有什么需要你们尽管开口，大家保持联系。”离开时一位工作人员微笑着对我们说。

如果说革命先烈舍生忘死对五四运动做出了不可磨灭的历史功绩，那么，“五四”时期的文化名人重在思想教育领域方面对五四运动的发展做出了杰出贡献。

上虞：春晖沐华夏

上虞春晖中学坐落在风景秀丽的白马湖畔。早期的春晖中学，荟萃了一大批名师硕彦，夏丏尊、朱自清、朱光潜、丰子恺等先后在此执教，弘一法师、蔡元培、黄宾虹、张大千等名人雅士曾在这里讲学、休憩。校园内至今完好保存着一批20世纪20年代的经典建筑。如弘一大师的晚晴山房、丰子恺旧居“小杨柳屋”、夏丏尊故居"平屋"、朱自清旧居、纪念陈春澜的春社及山边一楼等，连同古色古香的校史馆和拍摄过知名电视连续剧《围城》的曲院西式楼房，现为全国重点文物保护单位的春晖中学旧址，等等，成为"人文春晖""人文上虞"的一张名片。2018 年适逢春晖中学建校 110 周年，听陪同的严老师介绍，学校对这些旧居进行了重新出新和布展。

无论是经亨颐在春晖试验和实践他的"纯正的教育"，推行人格教育，确立与时俱进的春晖校训，还是夏丏尊在春晖译成《爱的教育》，使春晖成为爱的教育的发源地，丰子恺在春晖发表他的《教育的信仰》，留下脍炙人口的美文《春晖的一月》，朱光潜在春晖写出他的美学处女作《无言之美》，和丰子恺一起扛起了"美的教育"的旗帜……与鲁迅所倡导的"立人教育"一脉相承，人立而后凡事举，这是春晖人的信仰，也是每个中国人的信仰。

在上虞丰惠，我们参观了叶天底故居、胡愈之故居、王一飞故居，以及上虞革命史迹陈列馆、丰惠文化馆等"五四"有关的人文景点。

寻访过程中，还意外发现了鲁迅和"五四"乡贤早期的一些交集，如在胡愈之故居，展板上有关"胡愈之尊师改错"的介绍。内容如下：

> 那年正月二十日清晨，15 岁的胡愈之赶到绍兴城，报考绍兴府中学堂。成绩公布，他以第一名的成绩，被录取在实科二年级。
>
> 当时，鲁迅正在该堂任学监，兼博物教员。主要管理学习纪律，并在实科二年级每周上一堂卫生课，此外，差不多每天晚上都要在自修室巡查。一次，晚自习课时，胡愈之"童心"驱动，写了一篇戏谑同学的游戏文章，不巧被鲁迅发现了，但鲁迅并没有批评他，只瞥了一眼就走了。鲁迅这威严

的一瞥，在胡愈之脑海里留下了深刻的印象。

过了很长一段时间，胡愈之的老毛病又犯了。那时候，学校里有一股取绰号的风气，不管老师、学生，几乎个个都有绰号。一天晚自习时，胡愈之将老师和同学的绰号编成对仗句，然后联写成一篇题为《绰号》的游戏文章。正当他大作告成、洋洋自得的时候，不料鲁迅从他背后走来。胡愈之虽然感到十分尴尬，但还是抱着侥幸的心理，急忙将课本盖在那篇文章上面，装成认真读书的样子。其实，他的一举一动早被鲁迅看得一清二楚。鲁迅什么也不说，只是动手从课本下抽出那篇"杰作"，看了一下，就继续巡查去了。

胡愈之第二次受到鲁迅无声的批评后，心里十分内疚。他责备自己不该浪费时间、戏谑别人，深感有愧老师的教诲和亲人的期望。从此，他再也不写这类无聊的游戏文章了。

联想到少年学生时代鲁迅刻"早"字，先贤也非圣人，知错就改永远是不嫌迟的，这些对鲁迅研究和胡愈之研究具有一定的史料价值。

柯桥：越崎达康庄

孙越崎纪念馆在柯桥区档案局(馆)内，我们到达时受到许国良副局长的热情接待。孙越崎原名毓麒，1915 年日本提出灭亡中国的"二十一条"后愤而改名越崎，以示"国家越崎岖而达康庄"之意。与其他乡贤不同，孙越崎走的是一条实业报国之路，并取得卓越成就。从 20 世纪 20 年代起，孙越崎先后创建和领导过一批煤矿和油矿，像 1941 年建起我国第一座石油基地——玉门油矿，其产量几乎是国产油的全部，被誉为"中国的煤油大王"。中华人民共和国成立后，孙越崎在国家能源管理部门担任重要职务，作为中国现代煤炭工业的奠基人之一，对推动、改革煤炭工业管理体制、加强煤炭立法工作做出了重要贡献。80年代孙越崎就长江流域治理和与三峡工程相关的一系列问题提出建设性意见,促进了各方面对建设三峡工程认识的深化。纪念馆建筑面积350平方米,以照片、实物等为展示内容,运用声、光、电等多媒体现代化技术与展板、展柜等传统手法相结合,多角度、立体化全面展示孙越崎的一生,以及为中国近现代能源事业发展做出的突出贡献。让我们感奋的是,纪念馆展出了大量珍贵的实物展品,如著名画家常书鸿及其夫人李承仙创作的“仿敦煌莫高窟唐人画飞天献寿图”、江泽民主席赠送的石章,很多展品背后还有一个个生动的故事。像其中一尊瓷质寿星是周恩来总理为庆贺孙越崎百年寿诞提前准备的生日礼品,总理生前特地叮嘱夫人邓颖超:“如果我去世了就请你代交给孙老。”总理和邓颖超先后去世后,最后这件贺礼由总理办公室秘书转交给了孙越崎,成为一桩美谈。自始至终,许局长都全程陪同着我们,亲自给我们讲解,指示业务科室同志帮助解决我们提出的一些问题。“你们可以把五四巡回展到我们这里来办,我们加强业务交流。”许局长还热情发出邀请。一个小的插曲是,回馆后我们发现了孙越崎纪念馆展板上的一处瑕疵,及时反馈给柯桥区档案局,得到对方重视和感谢。

柯桥区经济发达,曾连续多年位列全国县域经济基本竞争力十强,连续多次荣获“中国全面小康十大示范县”称号。孙越崎先生“国家越崎岖而达康庄”的心愿终于成为现实,这是对孙越崎先生最好的纪念。这次我们去档案局,恰逢一楼大厅正在举办“光荣足迹——绍兴市柯桥区档案局馆藏历史图片展”和“民国照片记忆”两场主题临展,在新旧对比中,强烈感受到改革开放以来这块热土上正在发生翻天覆地的巨变。

越城:文潮省天下

蜚声中外的鲁迅出生于绍兴府会稽县东昌坊口新台门周家,

也即现在的绍兴市越城区鲁迅故里。在五四运动前，鲁迅就写了很多包括《狂人日记》在内的小说杂文，提倡民主和科学，五四运动发生当月又在《新青年》上发表小说《药》，通过作品明确告诉人们——要革命成功，首先必须做好思想发动工作。这些不朽经典，因“表现的深切和格式的特别”，感人肺腑，发人深省，尤其在青年读者中引起强烈的共鸣，在革命斗争中发挥了巨大的教育和鼓舞作用，被蔡元培评为“新文学开山”。

蔡元培、周恩来、邵力子、鲁迅、周作人、马叙伦、张宗麟、朱自清……，绍兴市越城区“五四”先贤众多，以文化名人为主。他们或著书立说，或授业解惑，通过思想领域的身体力行，力倡爱国、进步、民主、科学的“五四”精神，掀起一股新文化的热潮。

被毛泽东誉为“学界泰斗，人世楷模”的蔡元培，1916 年任北大校长后，积极支持新文化运动，主张“思想自由，兼容并包”的办学方针，使当时一大批具有新文化、新思想的代表人物进入北大，北大因此成为中国思想活跃、学术兴盛的最高学府。五四前夕，蔡元培积极引导北大学生的爱国运动，使北大成为五四运动的主阵地。在五四运动中又积极支持学生爱国行动，多方营救被捕学生。

在周恩来纪念馆、蔡元培故居、邵力子故居的寻访过程中，我们莫不感受到先贤们为了国家前途那种百忧在心、千折不回、万难不辞的坚韧品格、闪光人格和爱国情怀。绍兴市委党史研究室主任赵玲华在座谈时，对浙江省立第一师范学校（简称“一师”）和上虞春晖的由来、“一师风潮”和“白马湖现象”的渊源作了简要的梳理，指出“五四”绍兴先贤在文化创新中发挥了重要的作用，继续和发扬务实创新的优良传统，对于今天绍兴城市文化建设同样能够带来深刻的启迪。在回顾“五四”先贤的革命历程时，赵玲华说，先贤们离开家乡接受先进思想熏陶，踏上革命道路，成为党的早期革命人物，在绍、沪、杭等地播撒马克思主义火种，长三角地区融合发展的红色文化基因源远流长，这对推动各地开展教育、旅游、商贸等多元化合作将起到积极的作用。她认为绍兴鲁迅纪念馆承办此次“五四”专题展，既是宣传绍兴名士之乡的一个良好契机，也是对绍兴党史的专题补充。她建议大家认真学习把握近年来习近平总书记“五四”青年节的重要讲话精神，提高展览层次，通过办展讲好先贤故事，引导观众朋友特别是青少年学生树立远大的理想信念。

这是一趟难忘的心灵之旅，穿越百年时空，感悟先贤开创美好未来的执着；这是一趟见证改革开放四十年辉煌成就的名人故里行。城市精神文明建设，美丽乡村创建，浓郁的先贤家风文化，先贤文化成为地方文化的一张“名片”。回想起来，很多单位为我们此行一路绿灯，有的故居直接抬起展柜让我们翻拍史料实物原件，有的慷慨为我们“晒宝”，绍兴图书馆近距离让我们“触摸”民国史，绍兴文理学院图书馆馆长室临时成了电子阅览室，北京鲁迅博物馆（北京新文化运动纪念馆）提供新文化运动陈列大纲和相关的史料照片，有助于我们了解五四运动的时代背景，省委党史和文献研究室编研处同志百忙中带我们去资料室查阅相关史料，上虞区丰惠镇人民政府提供当地红色之旅的视频资料，中共杭州小组纪念馆所在的杭州上城区小营街道力所能及的帮助，包晓峰、赵玲华、裘士雄、徐东波……很多馆内外专家对展览大纲撰写提出建设性的意见和建议，线上和线下，这样的感动无处不在。依照五四运动发生的背景、过程和影响，讲述以鲁迅为代表的绍兴先贤在五四时期的奋斗事迹，传承先贤精神，礼赞青春，放飞梦想，汲取新时代新担当新作为的无穷力量，一部“五四”大片呼之欲出。

习近平总书记指出，广大青年对五四运动的最好纪念，就是在党的领导下，勇做走在时代前列的奋进者、开拓者、奉献者，以执着的信念、优良的品德、丰富的知识、过硬的本领，同全国各族人民一道，担负起历史重任，让五四精神放射出更加夺目的时代光芒。

在鲁迅故乡这一片孕育了无数先贤的土地上，正发生着日新月异的变化。

编后记

2019年是五四100周年,《"百年五四"与鲁迅文学》一文,将时间放置在五四这一节点,这既是鲁迅沉默十年后的终点,也是开启鲁迅"立人"思想这一文化初心的起点。作者阐述了鲁迅文学与五四新文化运动有着共同的时代主题:中华民族的存亡和振兴。鲁迅留日时期所写的几篇文言论文,正是他思想形成的源头,鲁迅思想与五四精神的内在关联和现实意义,均以救亡图存为旨归,其根基在于使国人的精神在现代社会中得以成功转型,其核心在于国人精神的振拔,摆脱"愚弱的国民"枷锁,完成"立人"和"兴国"的使命。

《摩罗的神思:〈狂人日记〉中的神圣、疯狂、宣说、隐默与"传统自反性"》(下)继续本刊去年所未刊登的部分,作者以"'吃人'的文明化:哀歌式的呼号与无法逍遥的悲愿"和"'颓败线的颤动':希腊悲剧式的隐默与'被吃'的存在性恐惧"两个标题,来论述鲁迅的《狂人日记》。

鲁迅的一生并非只有挑灯写作,他也有着娱乐休闲的一面。在上海时期,观看电影是他最喜欢的娱乐活动之一。《鲁迅观影谈》系统地梳理了鲁迅观看的几家电影院的位置,主要是就近为主,而在所看影片内容的选择上,偏爱美国的探险类影片,遇到喜欢的电影,不但多次欣赏,还邀请亲戚、友人一起观看。在鲁迅的作品中,对所看电影发表评论的情况不多,可见,鲁迅确实是将观看电影作为他繁忙的工作之余的休息。

作为现代文学之父的鲁迅,对当代回族作家也有着深厚的影响力,《回族诗歌中的鲁迅形象书写与精神价值体认》选取回族作家所撰写的诗歌中的鲁迅形象，从一个特定的角度可以窥见鲁迅对回族作家创作的影响，以及这些影响所发生的变化脉络，同时也反映了少数民族知识分子的价值诉求与思想召唤。

《台静农集外的文稿和书信疏证》的作者将目光关注于2015年海燕出版社出版的《台静农全集》，指出其失收的多封台静农致许广平、孔另境等人的书信及与小说同名的散文《人彘》、台静农在第二次被捕入狱时所撰写的请求发还被没收的书籍的呈文等手稿，并加以注释说明。同时作者也再次呼吁，在为文化名家编辑全集时，务必认真、仔细，尽可能地减少失误和错讹。

《新版〈鲁迅全集〉文本指误并注释补正二十则》以2005年人民文学出版社出版的《鲁迅全集》作为文本对象，指出其错讹之处，这也为以后的再版提供了正确的线索。

《关于鲁迅对中医中药的看法》(下)延续本刊去年的内容，从许广平与周海婴眼中鲁迅对中医中药的看法、鲁迅阅读或收藏的医学方面的书籍、鲁迅请医生看病以及鲁迅亲自治疗疾病几个方面来探析鲁迅对中医中药的看法，认为鲁迅早年中医给他不良的印象，以及他自身看中医的经验少，也是造成鲁迅对中医有不满，持否定态度的原因，但对中药，还是认可某些药物的疗效，并不是全盘否定的。

鲁迅是大家的鲁迅，正因为有许许多多一代又一代热爱鲁迅人士的研究，才使得鲁学成为一门显学。《我与绍兴五十年》的作者，以娓娓道来的笔调，回忆了他与绍兴五十年的鲁迅情，而《因鲁迅而结缘——回忆我与张能耿先生的交往》《忆老马》两文，则追忆了两位已离我们而去的鲁迅研究专家在鲁学上的孜孜追求。

本刊欢迎鲁迅研究界同仁及其他对鲁迅研究感兴趣的人士赐稿。

为扩大本刊及作者知识信息交流渠道，本刊已加入“中国知网”（光盘版）电子期刊出版系统，作者的著作权使用费与本刊稿费将一次性给付，如作者不同意编入该数据库，请于提交论文时向本刊说明。凡在投稿时未作特别声明的，本刊视同作者已认可其论文入编有关电子出版物。

编者

2019 年 5 月

主　　编：周玉儿　汤晓风

编　　委（按姓氏笔画为序）：

王　建　汤晓风　沈　泓　李秋叶

杨晔城　周玉儿　徐东波　顾红亚

夏劲风　诸宏艳　谢依娜

责任编委：顾红亚

封面设计：陈建明　赵国华

图书在版编目(CIP)数据

绍兴鲁迅研究. 2019 / 绍兴鲁迅纪念馆，绍兴市鲁迅研究中心编. —上海：上海社会科学院出版社，2019
ISBN 978-7-5520-2912-3

Ⅰ.①绍… Ⅱ.①绍… ②绍… Ⅲ.①鲁迅(1881—2019)—人物研究—文集②鲁迅著作研究—文集
Ⅳ.①K825.6-53②I210.97-53

中国版本图书馆 CIP 数据核字(2019)第 177201 号

绍兴鲁迅研究 2019

绍兴鲁迅纪念馆、绍兴市鲁迅研究中心编
责任编辑：章斯睿
封面设计：陈建明　赵国华
出版发行：上海社会科学院出版社
上海顺昌路 622 号　邮编 200025
电话总机 021-63315947　销售热线 021-53063735
http：//www.sassp.org.cn　E-mail：sassp@sassp.cn
照　　排：南京前锦排版服务有限公司
印　　刷：上海新文印刷厂
开　　本：890×1240 毫米　1/32 开
印　　张：10
插　　页：2
字　　数：250 千字
版　　次：2019 年 9 月第 1 版　2019 年 9 月第 1 次印刷

ISBN 978-7-5520-2912-3/K·525　定价：68.00 元